a	*u*	*o*
ky	きゃ kya	きゅ kyu	きょ kyo
sh	しゃ sha	しゅ shu	しょ sho
ch	ちゃ cha	ちゅ chu	ちょ cho
ny	にゃ nya	にゅ nyu	にょ nyo
hy	ひゃ hya	ひゅ hyu	ひょ hyo
my	みゃ mya	みゅ myu	みょ myo
ry	りゃ rya	りゅ ryu	りょ ryo
gy	ぎゃ gya	ぎゅ gyu	ぎょ gyo
j	じゃ ja	じゅ ju	じょ jo
by	びゃ bya	びゅ byu	びょ byo
py	ぴゃ pya	ぴゅ pyu	ぴょ pyo

GENKI

CURSO INTEGRADO DE JAPONÉS BÁSICO
TERCERA EDICIÓN

VERSIÓN EN ESPAÑOL

坂野永理・池田庸子・大野裕・品川恭子・渡嘉敷恭子
Eri Banno / Yoko Ikeda / Yutaka Ohno / Chikako Shinagawa / Kyoko Tokashiki

the japan times PUBLISHING

¡PROHIBIDO ESCANEAR Y SUBIR A INTERNET!
- Escanear este libro y subir los archivos a Internet es una violación de los derechos de autor.
- La lista de libros electrónicos GENKI con licencia oficial de The Japan Times Publishing se encuentra en nuestro sitio web.

初級日本語 げんき I（第3版）スペイン語版
GENKI: Curso integrado de japonés básico I (Tercera edición) Versión en español

2025年5月5日　初版発行

著　者：坂野永理・池田庸子・大野裕・品川恭子・渡嘉敷恭子
発行者：伊藤秀樹
発行所：株式会社 ジャパンタイムズ出版
　　　　〒102-0082 東京都千代田区一番町 2-2　一番町第二 TG ビル 2F
本書の無断複製は著作権法上の例外を除き禁じられています。

Copyright ©2025 by Eri Banno, Yoko Ikeda, Yutaka Ohno, Chikako Shinagawa, and Kyoko Tokashiki.

All rights reserved. No part of this publication may be reproduced, stored in a retrieval system, or transmitted in any form or by any means, electronic, mechanical, photocopying, recording, or otherwise, without the prior written permission of the publisher.

First edition: May 2025

Illustrations: Noriko Udagawa and Reiko Maruyama
Photos: Imagenavi, Pixta, and Photolibrary
Spanish translations and copyreading: Amitt Co., Ltd.
Copyreading (Grammar): Carolina Sánchez Sánchez
Narrators: Miho Nagahori, Kosuke Katayama, Toshitada Kitagawa, Miharu Muto, and María Yolanda Fernández Herboso
Recordings: The English Language Education Council, Inc.
Typesetting: guild
Cover art and editorial design: Nakayama Design Office (Gin-o Nakayama and Akihito Kaneko)
Printing: Nikkei Printing Inc.

Published by The Japan Times Publishing, Ltd.
2F Ichibancho Daini TG Bldg., 2-2 Ichibancho, Chiyoda-ku, Tokyo 102-0082, Japan

Website: https://jtpublishing.co.jp/
Genki-Online: https://genki3.japantimes.co.jp/

ISBN978-4-7890-1840-1

Printed in Japan

はじめに

　本書は『初級日本語げんき』の改訂第3版です。『げんき』は長年、世界中の日本語学習者に愛用されてきました。

　『げんき』は関西外国語大学で教えていた同僚の私たちが、教師にとっても学習者にとっても使いやすく、楽しく日本語を学べる教科書を目指して作ったものです。テキストのほか、ワークブック、音声教材、教師用指導書など必要な教材が揃っています。そして、豊富なイラストで楽しく練習しながら、基本から応用へと無理なく日本語能力が身に付く教材になっています。また、『げんき』では日本に留学しているメアリーとその仲間のストーリーが展開されます。彼女たちは多くの学習者に日本語学習の友達として愛されてきました。

　社会の変化、学習者の多様化に伴い、『げんき』も変化してきました。この改訂版では、語彙、練習などの改訂に加え、教科書の電子版や音声アプリを提供することにしました。また、登場人物の多様性にも留意しました。私たちが、初版から目指していた「学びやすさ」「教えやすさ」が、さらに改善できたと感じています。

　この改訂は『げんき』を使用してくださった多くの先生方や学習者の方々の貴重なご意見なしではかないませんでした。心より感謝いたします。また、本書のトレードマークとも言えるイラストを描いてくださった宇田川のり子さん、愛らしいメアリーさんの声をご担当の永堀美穂さん、ジャパンタイムズ出版の皆様、そして、初版以来ずっと労を注いでくださったジャパンタイムズ出版の関戸千明さんに、著者一同心より感謝いたします。さらに新しくなった『げんき』で、いっそう楽しく日本語を学んでいただけることを心から願っています。

2020年2月　著者一同

Prefacio

Este libro es la tercera edición de *GENKI: Curso integrado de japonés básico*, que ha sido durante mucho tiempo el libro de texto favorito de los estudiantes de japonés en todas partes del mundo.

Nos inspiramos para crear *GENKI* durante nuestros días como profesores de idiomas en la Universidad Kansai Gaidai. Nuestra idea era concebir un libro de texto que no solo fuera fácil de usar para profesores y alumnos, sino que también hiciera que aprender japonés fuese divertido. También desarrollamos libros de ejercicios, materiales de audio, un manual para el profesor y otros recursos para aprovechar al máximo las lecciones del libro de texto.

Al ofrecer muchas ilustraciones divertidas y otras características de fácil uso, *GENKI* proporciona un enfoque sin presiones para que los estudiantes progresen desde lo más básico hasta la comunicación aplicada de sus habilidades en japonés. Para que los alumnos se identifiquen más con el material presentado, *GENKI* se centra en la historia de Mary, una estudiante extranjera que vive en Japón, y de sus amigos y conocidos. Para muchos estudiantes, estos personajes se han convertido en los amigos íntimos de su viaje en el idioma japonés.

A lo largo de los años, *GENKI* ha evolucionado para mantenerse al día con los tiempos y la diversificación de los alumnos. La tercera edición continúa esta evolución con mejoras como la revisión del vocabulario y las prácticas, además de la adición de una versión en libro electrónico y una aplicación de audio. Además, el elenco de personajes se ha diversificado. Creemos que estos cambios han acercado a *GENKI* a nuestro objetivo original, ya que facilitan aún más el estudio y la enseñanza.

Esta nueva edición ha sido posible gracias a los valiosos comentarios de muchos profesores y alumnos que han utilizado *GENKI*. También estamos muy agradecidos a Noriko Udagawa, cuyas ilustraciones se han convertido en un rasgo característico de esta serie, a Miho Nagahori, que puso la adorable voz de Mary, y a Chiaki Sekido, de The Japan Times Publishing, que ha corregido incansablemente *GENKI* desde el primer día. ¡Esperamos que esta edición y sus nuevas mejoras hagan que estudiar japonés sea más divertido que nunca!

Los autores
Febrero de 2020

初級日本語 [げんき] I

もくじ

はじめに／Prefacio·············3

Introducción·············12

El sistema de escritura japonés·············20

Personajes principales de este libro（登場人物紹介）·············28

会話・文法編　Conversación y gramática

あいさつ **Saludos**·············30

Notas culturales あいさつと おじぎ Saludos y reverencias·············32

すうじ **Números**·············35

第1課 LECCIÓN 1　あたらしいともだち Nuevos amigos　36

1　XはYです

2　Oraciones interrogativas

3　Sustantivo$_1$ の Sustantivo$_2$

Notas culturales にほんじんの なまえ Los nombres japoneses·············45

Expresiones útiles じかん La hora·············55

第2課 LECCIÓN 2　かいもの Las compras　56

1　これ／それ／あれ／どれ

2　この／その／あの／どの＋Sustantivo

3　ここ／そこ／あそこ／どこ

4　だれの Sustantivo

5　Sustantivo も

6　Sustantivo じゃないです

7　〜ね／〜よ

Notas culturales にほんの おかね La moneda japonesa·············66

調べてみよう Averigüémoslo Comparar precios·············78

Expresiones útiles きょうしつ En el aula·············81

もくじ ◀ 7

第3課 LECCIÓN 3　デートの約束 Concertar una cita　82
やく そく

1　Conjugaciones verbales

2　Tipos de verbos y el «tiempo presente»

3　Partículas

4　Referencias temporales

5　～ませんか

6　Adverbios de frecuencia

7　Orden de las palabras

8　La partícula temática は

Notas culturales 日本の家 Las casas japonesas·················101
に ほん　いえ

第4課 LECCIÓN 4　初めてのデート La primera cita　102
はじ

1　Xがあります/います

2　Describir dónde están las cosas

3　El pasado de です

4　Tiempo pasado de los verbos

5　も

6　一時間
いち じ かん

7　たくさん

8　と

Notas culturales 日本の祝日 Los días festivos en Japón··············114
に ほん　しゅくじつ

調べてみよう Averigüémoslo Investigación universitaria··············125
しら

Expresiones útiles 日・週・月・年 Días/semanas/meses/años··············127
ひ　しゅう　つき　とし

第5課 LECCIÓN 5　沖縄旅行 Un viaje a Okinawa　128
おき なわ りょ こう

1　Adjetivos (presente)

2　Adjetivos (pasado)

3　Adjetivos (modificación del sustantivo)

4　好き（な）/きらい（な）
す

5　～ましょう/～ましょうか

6　Contar

Notas culturales 日本の祭り Los festivales japoneses··············145
に ほん　まつ

第6課 LECCIÓN 6 ロバートさんの一日 Un día en la vida de Robert　　146

1 Forma-*te*

2 〜てください

3 Describir dos actividades

4 〜てもいいです

5 〜てはいけません

6 〜から

7 〜ましょうか (Ofrecer ayuda)

> **Notas culturales** 日本の教育制度 (1) El sistema educativo de Japón (1)··············154
>
> **Expresiones útiles** 道を聞く/教える Pedir y dar direcciones··············165

第7課 LECCIÓN 7 家族の写真 Foto familiar　　166

1 〜ている (Acción en curso)

2 〜ている (Resultado de un cambio)

3 メアリーさんは髪が長いです

4 Formas-*te* de adjetivos/sustantivos para unir oraciones

5 Raíz verbal + に行く

6 Contar personas

> **Notas culturales** 家族の呼び方 Los términos de parentesco··············184
>
> **Expresiones útiles** 体の部分 Las partes del cuerpo··············185

第8課 LECCIÓN 8 バーベキュー Barbacoa　　186

1 Formas cortas

2 Formas cortas en habla informal

3 Formas cortas en el estilo directo: 〜と思います

4 Formas cortas en el estilo directo: 〜と言っていました

5 〜ないでください

6 Verbo のが好きです/上手です

7 La partícula de sujeto が

8 何か y 何も

> **調べてみよう Averigüémoslo** Fiesta de cocina japonesa··············207
>
> **Notas culturales** 日本の食べ物 La comida en Japón··············208
>
> **Expresiones útiles** スーパーで En el supermercado··············209

もくじ ▶ 9

第9課 LECCIÓN 9　かぶき Kabuki　　210

1　Formas cortas del pasado
2　Formas cortas del pasado en habla informal
3　Formas cortas del pasado en el estilo directo: 〜と思います
4　Formas cortas del pasado en el estilo directo: 〜と言っていました
5　Calificar sustantivos con verbos y adjetivos
6　もう〜ました y まだ〜ていません
7　Explicación から、Situación

Notas culturales 日本の伝統文化 La cultura tradicional japonesa·············228

Expresiones útiles 色 Los colores·············229

第10課 LECCIÓN 10　冬休みの予定 Planes para las vacaciones de invierno　　230

1　Comparación entre dos cosas
2　Comparación entre tres o más cosas
3　Adjetivo/sustantivo + の
4　〜つもりだ
5　Adjetivo + なる
6　どこかに / どこにも
7　で

調べてみよう Averigüémoslo Viaje a Japón·············250

Notas culturales 日本の交通機関 El transporte público en Japón·············251

Expresiones útiles 駅で En la estación·············252

第11課 LECCIÓN 11　休みのあと Después de las vacaciones　　254

1　〜たい
2　〜たり〜たりする
3　〜ことがある
4　Sustantivo A や Sustantivo B

Notas culturales お正月 Año Nuevo·············270

Expresiones útiles 日本語のクラスで En clase de japonés·············271

第12課
LECCIÓN 12 病気 Sentirse enfermo　　　　272

1 〜んです
2 〜すぎる
3 〜ほうがいいです
4 〜ので
5 〜なければいけません / 〜なきゃいけません
6 〜でしょうか

Notas culturales 日本の気候 El clima en Japón……………292
Expresiones útiles 健康と病気 Salud y enfermedad……………293

読み書き編　　　Lectura y escritura

第1課
LECCIÓN 1 ひらがな Hiragana　　　　296

第2課
LECCIÓN 2 カタカナ Katakana　　　　300

第3課
LECCIÓN 3 まいにちのせいかつ La vida cotidiana　　　　304

一 二 三 四 五 六 七 八 九 十 百 千 万 円 時

第4課
LECCIÓN 4 メアリーさんのしゅうまつ El fin de semana de Mary　　　　308

日 本 人 月 火 水 木 金 土 曜 上 下 中 半

第5課
LECCIÓN 5 りょこう Viaje　　　　312

山 川 元 気 天 私 今 田 女 男 見 行 食 飲

第6課
LECCIÓN 6 私のすきなレストラン Mi restaurante favorito　　　　318

東 西 南 北 口 出 右 左 分 先 生 大 学 外 国

もくじ ◀ 11

| 第7課 LECCIÓN 7 | メアリーさんのてがみ La carta de Mary | 324 |

京 子 小 会 社 父 母 高 校 毎 語 文 帰 入

| 第8課 LECCIÓN 8 | 日本の会社員 Los oficinistas japoneses | 329 |

員 新 聞 作 仕 事 電 車 休 言 読 思 次 何

| 第9課 LECCIÓN 9 | ソラさんの日記 El diario de Sora | 334 |

午 後 前 名 白 雨 書 友 間 家 話 少 古 知 来

| 第10課 LECCIÓN 10 | 昔話「かさじぞう」 El cuento popular *Kasajizo* | 340 |

住 正 年 売 買 町 長 道 雪 立 自 夜 朝 持

| 第11課 LECCIÓN 11 | 友だち・メンバー募集 Buscar amigos/socios | 346 |

手 紙 好 近 明 病 院 映 画 歌 市 所 勉 強 有 旅

| 第12課 LECCIÓN 12 | 七夕 Festival de *Tanabata* | 352 |

昔 々 神 早 起 牛 使 働 連 別 度 赤 青 色

巻末 Apéndice

文法さくいん Índice gramatical ⋯⋯⋯⋯⋯ 358
単語さくいん１ Índice de vocabulario (Jp-Es) ⋯⋯⋯⋯⋯ 360
単語さくいん２ Índice de vocabulario (Es-Jp) ⋯⋯⋯⋯⋯ 369
日本地図 Mapa de Japón ⋯⋯⋯⋯⋯ 378
数 Números ⋯⋯⋯⋯⋯ 380
活用表 Tabla de conjugación ⋯⋯⋯⋯⋯ 382

Introducción

I ¿Qué es GENKI?

GENKI: Curso integrado de japonés básico es un recurso de estudio para las personas que comienzan a aprender japonés. El libro está pensado principalmente para su uso en cursos universitarios, pero también es eficaz para estudiantes de secundaria superior y adultos que se inician en el aprendizaje del japonés, ya sea en una escuela o por su cuenta. Está diseñado para desarrollar de forma integral las competencias comunicativas en las cuatro áreas de habilidad: escuchar, hablar, leer y escribir. Se ha hecho hincapié en equilibrar la precisión, la fluidez y la complejidad para que los estudiantes que utilicen el material no terminen hablando con precisión, pero de forma rebuscada; o con fluidez, pero empleando solo estructuras gramaticales sencillas.

GENKI consta de 23 lecciones, divididas en dos volúmenes de libros de texto y de ejercicios. El Vol. 1 contiene las lecciones 1-12 y el Vol. 2 cubre las lecciones 13-23. El material de audio de los libros de texto y de ejercicios se puede descargar y reproducir en dispositivos móviles mediante una aplicación llamada OTO Navi. La información sobre cómo adquirir esta aplicación se encuentra en la última página de este libro.

Terminar el Vol. 1 debería situarte en un nivel de destreza equivalente al N5 del JLPT o al A1 del MCER. El Vol. 2 está destinado a elevar aún más tus habilidades a N4 o A2.

Estructura del libro de texto

Cada volumen del libro de texto se divide en dos secciones principales: Conversación y gramática, y Lectura y escritura.

> **Conversación y gramática:**
> Desarrolla las habilidades de hablar y escuchar, al mismo tiempo que crea una base de conocimientos gramaticales y vocabulario.
> **Lectura y escritura:**
> Cultiva las habilidades de lectura y escritura, incluyendo el dominio de *hiragana*, *katakana* y kanji.

El libro de texto 1 presenta las lecciones 1-12 en ambas secciones. La estructura general del libro de texto 1 es la siguiente.

Libro de texto *GENKI* Vol. 1

♪ Archivos de audio disponibles

Antes de la lección	◆ El sistema de escritura japonés ♪	
Conversación y gramática	Saludos ♪	Números (1 to 100) ♪
	Lecciones 1-12	Objetivos de la lección (En esta lección, vamos a…) **Diálogo** ♪ **Vocabulario** (50 a 60 palabras por lección) ♪ **Gramática** **Práctica** ♪
		(Información adicional/tareas) ● Notas culturales ● Expresiones útiles ● Averigüémoslo (temas de investigación)
Lectura y escritura	Lección 1	Tabla de *Hiragana* Práctica de *Hiragana* ♪ / Práctica de lectura ♪ / Práctica de escritura
	Lección 2	Tabla de *Katakana* Práctica de *Katakana* ♪ / Práctica de lectura ♪ / Práctica de escritura
	Lecciones 3-12	Lista de kanji (14 a 16 kanji por lección) Práctica de kanji / Práctica de lectura ♪ / Práctica de escritura
Appendix		Índice gramatical Índice de vocabulario 1 y 2 (Jp-Es / Es-Jp) Mapa de Japón Números Tabla de conjugación

III Cómo utilizar *GENKI*

1. Conversación y gramática / Lectura y escritura

Como se ha señalado anteriormente, este libro de texto está dividido en dos secciones principales: Conversación y gramática, y Lectura y escritura. Para cada lección, revisa primero la lección de la sección Conversación y gramática, y luego procede a la lección correspondiente de la sección Lectura y escritura. Sin embargo, si no necesitas trabajar la lectura y escritura, puedes estudiar la sección de Conversación y gramática de forma independiente.

2. Ortografía

No se utilizan kanji en las lecciones 1 y 2 de la sección de Conversación y gramática, sino que el texto japonés está escrito únicamente en *hiragana/katakana* con sus lecturas en alfabeto romanizado. A partir de la lección 3, esta sección utiliza kanji y deja de proporcionar lecturas romanizadas, por lo que debes esforzarte para lograr leer todos los *hiragana* y *katakana* al final de la lección 2. Sin embargo, las lecturas de todos los kanji se dan en *hiragana* para que quienes no necesitan aprender kanji puedan de todas formas estudiar esta sección. La sección de Lectura y escritura no proporciona lecturas en *hiragana* para los kanji ya estudiados.

3. Estudiar la escritura japonesa

Intenta dominar todo el *hiragana* mientras trabajas en la lección 1, y lo mismo con el *katakana* durante la lección 2. Comienza por leer la sección «El sistema de escritura japonés» (pp. 20-27) para familiarizarte con los fundamentos de la ortografía japonesa. Después, empieza a practicar cómo leer y escribir *hiragana/katakana*, utilizando los siguientes recursos.

Fichas: Las tablas de *hiragana/katakana* de la sección El sistema de escritura japonés pueden recortarse en fichas para facilitar la práctica. (Libro de ejercicios: véanse las pp. 11-12 para *hiragana* y las pp. 23-24 para *katakana*).

Práctica de escritura de *Kana*: Las lecciones 1 y 2 de la sección de Lectura y escritura del libro de ejercicios ofrecen ejercicios para escribir en *hiragana* y *katakana*. (Libro de ejercicios: véanse las pp. 121-127 para *hiragana* y las pp. 128-132 para *katakana*).

Práctica de lectura y escritura: Las lecciones 1 y 2 de la sección de Lectura y escritura del libro de texto incluyen prácticas de lectura y escritura en *hiragana/katakana* como parte de palabras y oraciones.

Los kanji se estudian a partir de la lección 3 en la sección de Lectura y escritura.

4. Uso de la sección de Conversación y gramática

● Diálogo

Los diálogos contienen los nuevos objetivos de aprendizaje de la lección. Apréndelos después de estudiar el vocabulario y los aspectos gramaticales presentados en la lección.

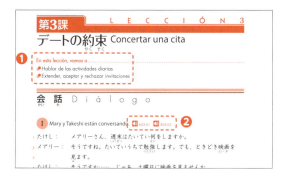

❶ Cada lección comienza con un avance de las habilidades que se enseñarán.

❷ Cada diálogo tiene dos grabaciones de audio. La primera está grabada como una conversación normal y en la segunda se añade una pausa después de cada oración para practicar.

● Vocabulario

Es una lista de las palabras y expresiones que aparecen en los diálogos y prácticas. Una buena manera de aprenderlos es repasar repetidamente unos cuantos a la vez.

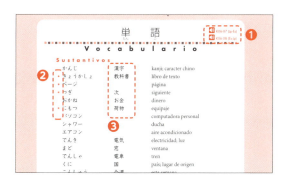

❶ Hay dos grabaciones de audio con el vocabulario y las traducciones al español. La primera presenta cada entrada en japonés seguida de su equivalente en español y la segunda está en el orden inverso. Utiliza las grabaciones para aprender las palabras de oído.

❷ Las palabras que aparecen en los diálogos están marcadas con un asterisco.

❸ No es necesario memorizar los kanji de la lista.

● Gramática / Expresiones lingüísticas

La sección Gramática explica los aspectos gramaticales presentados en la lección. Las Expresiones lingüísticas del final ofrecen comentarios sobre expresiones y palabras no incluidas en los puntos gramaticales.

● Práctica

La sección de Práctica contiene ejercicios relacionados con los puntos tratados en la sección de Gramática. El libro de ejercicios también ofrece prácticas para los puntos gramaticales tratados en la lección. Primero haz las prácticas del libro de texto y luego comprueba tu dominio haciendo las del libro de ejercicios.

❶ El número de serie del elemento gramatical correspondiente aparece junto al título de cada práctica. Asegúrate de leer la explicación gramatical antes de hacer la práctica.

❷ Los ejercicios marcados con el icono de un altavoz 🔊 tienen grabaciones de audio de las pistas y las respuestas. Escucha la grabación mientras practicas.

● Información adicional

Algunas lecciones incluyen el siguiente contenido extra.

Expresiones útiles: Listas de palabras y expresiones asociadas a un tema específico.
Notas culturales: Comentarios sobre la cultura y estilo de vida de Japón, por ejemplo.
Averigüémoslo: Tareas que requieren que busques alguna información sobre Japón.

Expresiones útiles	Notas culturales	Averigüémoslo

5. Uso de la sección de Lectura y escritura

La sección de Lectura y escritura cubre el *hiragana* en la lección 1, el *katakana* en la lección 2 y el kanji en las demás lecciones.

● Lista de kanji

La lección 3 y las siguientes presentan al principio una tabla de kanji. Intenta aprender los caracteres repasando unos cuantos a la vez. Debes memorizar las lecturas y palabras sombreadas.

La sección de Lectura y escritura del libro de ejercicios incluye hojas para practicar kanji.

● Práctica de kanji

Haz estos ejercicios después de memorizar el kanji objetivo de cada lección.

● Práctica de lectura

Las prácticas de lectura suponen que has aprendido los puntos gramaticales y el vocabulario presentados en la lección correspondiente de la sección Conversación y gramática.

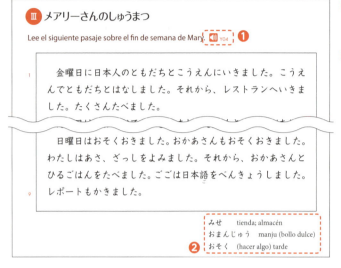

❶ Cada lectura tiene una grabación de audio disponible.

❷ Se proporcionan traducciones al español de las palabras que aún no se han revisado.

● Práctica de escritura

Escribe sobre el tema indicado utilizando las expresiones y los kanji que has aprendido.

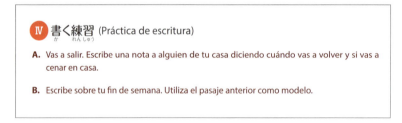

6. Apéndice

● Índice gramatical

Este índice enumera las entradas de gramática de todas las lecciones, así como los elementos gramaticales de las Notas de expresión, las Expresiones útiles y las Notas culturales.

● Índice de vocabulario (Jp-Es / Es-Jp)

Las entradas de vocabulario presentadas en este libro de texto aparecen en el Índice de vocabulario 1 (un índice japonés-español en orden *a-i-u-e-o*) y en el Índice de vocabulario 2 (un índice español-japonés en orden alfabético).

● Mapa de Japón / Números / Tabla de conjugación

Como referencia, el apéndice también incluye un mapa de Japón con una lista de todas las prefecturas y una tabla de números y contadores japoneses que muestra los cambios en la pronunciación, además de una tabla de conjugaciones verbales.

Introducción ◂ 19

 Fuentes utilizadas en este libro

El texto en japonés de este libro está redactado principalmente con la fuente Textbook, que se parece mucho a la escritura a mano. Obsérvese que en Japón se utilizan muchas fuentes diferentes (abajo se muestran algunos ejemplos) y que la forma de un determinado carácter puede variar en función del tipo de fuente utilizada. Por ejemplo, algunas fuentes representan los dos trazos de さ como un solo trazo.

Ejemplo						
	Fuente Textbook	さ	う	り	ふ	や
	Fuente *Mincho*	さ	う	り	ふ	や
	Fuente Gothic	さ	う	り	ふ	や
	Escritura a mano	さ	う	り	ふ	や

 Otros recursos de GENKI

● GENKI-Online (https://genki3.japantimes.co.jp/)
GENKI-Online es un sitio web que ofrece materiales adicionales de GENKI tanto para profesores como para alumnos.

● Aplicaciones GENKI
También están disponibles las siguientes aplicaciones para ayudarte a estudiar con *GENKI*. (Las traducciones y ejemplos de la aplicación están en inglés).

> **GENKI Vocab Cards for 3rd Ed.** (iOS/Android)
> Fichas digitales de vocabulario que te ayudarán a aprender todas las palabras y expresiones estudiadas en *GENKI* I y II.
> **GENKI Kanji Cards for 3rd Ed.** (iOS/Android)
> Fichas digitales que te ayudarán a estudiar las lecturas y formas de los 317 kanji incluidos en *GENKI* I y II. Incluyen alrededor de 1100 palabras en kanji, además de ilustraciones para ayudarte a memorizar las formas de los kanji.
> **GENKI Conjugation Cards** (iOS/Android)
> Una aplicación para dominar la conjugación de verbos y adjetivos. Las grabaciones de audio, las oraciones de ejemplo y las ilustraciones te ayudarán a aprender eficazmente 28 patrones de conjugación.

El sistema de escritura japonés

Hay tres tipos de caracteres en japonés: *hiragana*, *katakana* y kanji.[1] Estos tres tipos pueden aparecer en una misma oración.

テ　レ　ビ　を　見　ま　す。　　*Veo la televisión.*
<u>katakana</u>　　　kanji　<u>hiragana</u>

Al igual que en nuestro alfabeto, el *hiragana* y el *katakana* representan sonidos. Como puedes ver en el ejemplo anterior, el *hiragana* consta de trazos redondeados y se utiliza para las terminaciones de conjugación, las palabras funcionales y las palabras nativas del japonés a las que no se aplica el kanji. El *katakana*, que consta de líneas más bien rectas, se utiliza normalmente para escribir préstamos lingüísticos y nombres extranjeros. Por ejemplo, la palabra japonesa para «televisión» se escribe en *katakana* como テレビ (*terebi*). Los kanji, o caracteres chinos, no solo representan sonidos, sino que también significados. Los kanji se utilizan sobre todo para los sustantivos y las raíces de los verbos y adjetivos.

Ⅰ Hiragana

1. Sílabas básicas del *Hiragana*

Existen cuarenta y seis sílabas básicas de *hiragana*, que se muestran a continuación. Una vez que memorices esta tabla, podrás transcribir todos los sonidos japoneses. (Se muestra la romanización como referencia general para la pronunciación).

🔊 JWS-01

あ *a*	い *i*	う *u*	え *e*	お *o*
か *ka*	き *ki*	く *ku*	け *ke*	こ *ko*
さ *sa*	し **shi*	す *su*	せ *se*	そ *so*
た *ta*	ち **chi*	つ **tsu*	て *te*	と *to*
な *na*	に *ni*	ぬ *nu*	ね *ne*	の *no*
は *ha*	ひ *hi*	ふ **fu*	へ *he*	ほ *ho*

* Las sílabas し, ち, つ y ふ se romanizan como *shi, chi, tsu* y *fu* respectivamente para ser más fieles a su pronunciación.

---

[1] Existe otro sistema de escritura llamado *rōmaji* (letras romanas), que se utiliza para los nombres de las estaciones, las señales, etc.

ま ma	み mi	む mu	め me	も mo
や ya		ゆ yu		よ yo
ら ra	り ri	る ru	れ re	ろ ro
わ wa				を **o
ん n				

** を también se pronuncia «wo».

2. *Hiragana* con marcas diacríticas

Añadiendo marcas diacríticas, se pueden transcribir 23 sonidos adicionales. Con un par de trazos diagonales cortos (˝), las consonantes sordas *k*, *s*, *t* y *h* se convierten en consonantes sonoras *g*, *z*, *d* y *b* respectivamente. La consonante *h* se convierte en *p* con la adición de un pequeño círculo (˚).

が ga	ぎ gi	ぐ gu	げ ge	ご go
ざ za	じ ji	ず zu	ぜ ze	ぞ zo
だ da	*ぢ ji	*づ zu	で de	ど do
ば ba	び bi	ぶ bu	べ be	ぼ bo
ぱ pa	ぴ pi	ぷ pu	ぺ pe	ぽ po

 JWS-02

* ぢ (*ji*) y づ (*zu*) se pronuncian igual que じ (*ji*) y ず (*zu*), respectivamente, y tienen un uso limitado.

3. Transcripción de los sonidos contraídos

Las pequeñas や, ゆ y よ siguen a las letras de la segunda columna (*hiragana* con vocal *i*, excepto い) y se utilizan para transcribir sonidos contraídos. El sonido contraído representa una sola sílaba.

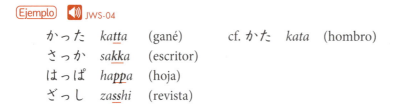

4. Transcripción de las consonantes dobles

Existe otra letra pequeña, つ, que se utiliza al transcribir consonantes dobles como *tt* y *pp*.

Ejemplo JWS-04

かった　ka*tt*a　(gané)　cf. かた　kata　(hombro)
さっか　sa*kk*a　(escritor)
はっぱ　ha*pp*a　(hoja)
ざっし　za*ssh*i　(revista)

Obsérvese que la consonante doble *n*, como en *sannen* (tres años) se escriben con ん + un *hiragana* con sonido *n* inicial (な, に, ぬ, ね y の).

Ejemplo JWS-05

さんねん　sa*nn*en　(tres años)
あんない　a*nn*ai　(guía)

5. Otras aspectos relacionados con la transcripción y la pronunciación

A. Las vocales largas

Cuando la misma vocal se coloca una a continuación de la otra, la pronunciación de la vocal se vuelve aproximadamente dos veces más larga que la vocal única. Asegúrate de mantener el sonido lo suficiente porque la longitud de la vocal puede convertir una palabra en otra.

El sistema de escritura japonés ◄ 23

🔊 JWS-06

aa	おばあさん	*ob**aa**san*	(abuela)	cf. おばさん	*obasan*	(tía)
ii	おじいさん	*oj**ii**san*	(abuelo)	cf. おじさん	*ojisan*	(tío)
uu	すうじ	*s**uu**ji*	(número)			

ee El sonido largo *ee* se suele transcribir añadiendo una い a un *hiragana* de vocal -*e*. Sin embargo, hay algunas palabras en las que se utiliza え en lugar de い.

| | えいが | *eega* | (película) |
| | おねえさん | *on**ee**san* | (hermana mayor) |

oo El sonido *oo* largo se transcribe en la mayoría de los casos añadiendo una う a un *hiragana* de vocal-*o*. Sin embargo, hay palabras en las que la vocal larga se transcribe con una お por razones históricas.

| | ほうりつ | *h**oo**ritsu* | (derecho) |
| | とお | *t**oo** | (diez) |

B. La pronunciación de ん

ん (*n*) se trata como una sílaba completa en términos de longitud. Sin embargo, su pronunciación varía en función del sonido que le sigue. Los hablantes de japonés no suelen ser conscientes de los diferentes valores sonoros de ん. Por lo tanto, no hay que preocuparse demasiado por su pronunciación.[2]

C. Vocales suprimidas

A veces, las vocales *i* y *u* se suprimen cuando se colocan entre consonantes sordas (*k*, *s*, *t*, *p* y *h*) o al final de un enunciado precedido por consonantes sordas.

Ejemplo 🔊 JWS-07

すきです *s(u)kides(u)* (Me gusta).

D. El acento en japonés

El japonés tiene acento tonal: todas las sílabas se pronuncian básicamente en tono alto o bajo. A diferencia del acento prosódico en español, en el que las sílabas acentuadas tienden a pronunciarse con mayor longitud e intensidad, en japonés cada sílaba se pronuncia aproximadamente con la misma longitud y acento. Los patrones de tono en japonés varían mucho dependiendo de la región del país.

---

[2]Vale la pena discutir aquí una variedad de la pronunciación ん. Cuando va seguida de una vocal o al final de un enunciado, ん indica que la vocal precedente es larga y nasalizada. (Las vocales nasalizadas se muestran aquí con una virgulilla sobre las vocales. Puedes oír vocales nasalizadas en palabras francesas como «bon», o en la interjección inglesa «uh-uh» cuando significa «no»).

Ej. れんあい *rēai* (romance)   ほん *hõ* (libro)

Seguida de los sonidos *n, t, d, s* y *z*, ん se pronuncia como «n».   **Ej.** おんな *onna*   (mujer)

Seguido de los sonidos *m, p* y *b*, ん se pronuncia como «m».   **Ej.** さんぽ *sampo*   (paseo)

Seguida de los sonidos *k* y *g*, ん se pronuncia como «ng», como en «song» en inglés.

Ej. まんが *maŋga*   (cómics)

Ejemplo 🔊 JWS-08

あさ　　a‾sa　　(en la mañana)

なまえ　na‾ma e‾　(nombre)

たかい　ta‾ka‾i　(alto)

● Ⅱ Katakana

1. Sílabas básicas del Katakana

🔊 JWS-09

ア a	イ i	ウ u	エ e	オ o
カ ka	キ ki	ク ku	ケ ke	コ ko
サ sa	シ *shi	ス su	セ se	ソ so
タ ta	チ *chi	ツ *tsu	テ te	ト to
ナ na	ニ ni	ヌ nu	ネ ne	ノ no
ハ ha	ヒ hi	フ *fu	ヘ he	ホ ho
マ ma	ミ mi	ム mu	メ me	モ mo
ヤ ya		ユ yu		ヨ yo
ラ ra	リ ri	ル ru	レ re	ロ ro
ワ wa				ヲ o
ン n				

*Las sílabas シ, チ, ツ y フ se romanizan como *shi, chi, tsu* y *fu*, respectivamente, para ser más fieles a su pronunciación.

El sistema de escritura japonés ◄ 25

2. *Katakana* con marcas diacríticas

JWS-10

ガ *ga*	ギ *gi*	グ *gu*	ゲ *ge*	ゴ *go*
ザ *za*	ジ *ji*	ズ *zu*	ゼ *ze*	ゾ *zo*
ダ *da*	*ヂ *ji*	*ヅ *zu*	デ *de*	ド *do*
バ *ba*	ビ *bi*	ブ *bu*	ベ *be*	ボ *bo*
パ *pa*	ピ *pi*	プ *pu*	ペ *pe*	ポ *po*

*ヂ (*ji*) y ヅ (*zu*) se pronuncian igual que ジ (*ji*) y ズ (*zu*), respectivamente, y tienen un uso limitado.

3. Transcripción de los sonidos contraídos

JWS-11

キャ *kya*	キュ *kyu*	キョ *kyo*
シャ *sha*	シュ *shu*	ショ *sho*
チャ *cha*	チュ *chu*	チョ *cho*
ニャ *nya*	ニュ *nyu*	ニョ *nyo*
ヒャ *hya*	ヒュ *hyu*	ヒョ *hyo*
ミャ *mya*	ミュ *myu*	ミョ *myo*
リャ *rya*	リュ *ryu*	リョ *ryo*

ギャ *gya*	ギュ *gyu*	ギョ *gyo*
ジャ *ja*	ジュ *ju*	ジョ *jo*

ビャ *bya*	ビュ *byu*	ビョ *byo*
ピャ *pya*	ピュ *pyu*	ピョ *pyo*

4. Otros aspectos relacionados con la transcripción y la pronunciación

La pronunciación del *katakana* y sus combinaciones son las mismas que las del *hiragana*, excepto en los siguientes casos.

A. Las vocales largas

Las vocales largas se escriben con ー.

26

Ejemplo))) JWS-12

カー	*kaa*	(coche [*car*])	ケーキ	*keeki*	(pastel [*cake*])
スキー	*sukii*	(esquí [*ski*])	ボール	*booru*	(pelota [*ball*])
スーツ	*suutsu*	(traje [*suit*])			

Cuando se escribe en vertical, la marca ー debe escribirse también en vertical.

ボール → ボ
ー
ル

B. Transcripción de sonidos extranjeros

Se usan combinaciones adicionales con letras vocales pequeñas para transcribir sonidos extranjeros que originalmente no existían en japonés.

Ejemplo))) JWS-13

ウィ	ハロウィーン	*harowiin*	(Halloween)
ウェ	ハイウェイ	*haiwee*	(autopista [*highway*])
ウォ	ミネラルウォーター	*mineraruwootaa*	(agua mineral [*mineral water*])
シェ	シェフ	*shefu*	(chef)
ジェ	ジェームス	*Jeemusu*	(James)
チェ	チェック	*chekku*	(comprobar [*check*])
ファ	ファッション	*fasshon*	(moda [*fashion*])
フィ	フィリピン	*Firipin*	(Filipinas [*Philippines*])
フェ	カフェ	*kafe*	(cafetería)
フォ	フォーク	*fooku*	(tenedor [*fork*])
ティ	パーティー	*paatii*	(fiesta [*party*])
ディ	ディズニーランド	*Dizuniirando*	(Disneyland)
デュ	デュエット	*dyuetto*	(dúo [*duet*])

El sonido «v» se escribe a veces con ヴ. Por ejemplo, la palabra «Venus» se escribe a veces como ビーナス o ヴィーナス.

Ⅲ **K a n j i**

Los kanji son caracteres chinos que se introdujeron en Japón hace más de 1500 años, cuando el japonés no tenía un sistema de escritura. El *hiragana* y el *katakana* evolucionaron posteriormente en Japón a partir de la simplificación de los caracteres chinos.

Los kanji representan tanto significados como sonidos. La mayoría de los kanji poseen múltiples lecturas, que se dividen en dos tipos: *on-yomi* (lecturas chinas) y *kun-yomi* (lecturas japonesas). Las *on-yomi* se derivan de las pronunciaciones utilizadas en China. Algunos kanji tienen más de un *on-yomi* debido a las variaciones históricas y regionales de la pronunciación china. Las *kun-*

yomi son lecturas japonesas. Cuando la gente empezó a utilizar los kanji para escribir palabras nativas japonesas, se añadieron lecturas japonesas (*kun-yomi*) a los kanji.

Al terminar la secundaria superior, los japoneses deben conocer los 2136 kanji que han sido designados por el Ministerio de Educación como kanji de uso común (llamados *jōyō kanji*). Un total de 1006 kanji se enseñan en la escuela primaria y la mayoría de los restantes se enseña en la secundaria.

Existen aproximadamente cuatro tipos de kanji, según su naturaleza.

A. Pictogramas
Algunos kanji están hechos a partir de imágenes:

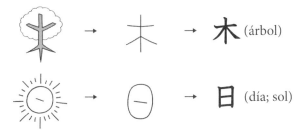

B. Ideogramas simples
Algunos kanji están formados por puntos y líneas para representar números o conceptos abstractos.

二 → 三 (tres)　　　　· → 上 (arriba)

C. Ideogramas complejos
Algunos kanji están hechos de la combinación de dos o más kanji.

日 (día; sol) + 月 (luna) → 明 (brillante)

人 (persona) + 木 (árbol) → 休 (descansar)

D. Caracteres fonético-ideográficos
Algunos kanji se componen de un elemento semántico y un elemento fonético.

Elemento semántico　　Elemento fonético　　*On-yomi*

氵 (agua) + 青 *sei* (azul) → 清 *sei* (limpio)

日 (día; sol) + 青 *sei* (azul) → 晴 *sei* (cielo claro)

Personajes principales de este libro

登場人物紹介
とうじょうじんぶつしょうかい

メアリー・ハート
Hart, Mary
Una estudiante de intercambio de los EE.UU.

木村たけし
きむら
Kimura, Takeshi
Un estudiante japonés

ソラ・キム
Kim, Sora
Una estudiante de intercambio de Corea

ロバート・スミス
Smith, Robert
Un estudiante de intercambio del Reino Unido.

ジョン・ワン
Wang, John
Un estudiante de intercambio de Australia

山下先生
やましたせんせい
Prof. Yamashita
Un profesor japonés

鈴木健
すずきけん
Suzuki, Ken
Un estudiante japonés

山川ゆい
やまかわ
Yamakawa, Yui
Una estudiante japonesa

お父さん
とう
El padre anfitrión de Mary

お母さん
かあ
La madre anfitriona de Mary

会話・文法編

かい　　わ　　ぶん　ぼう　へん

Conversación y gramática

あいさつ Saludos ———————————— 30

すうじ Números ———————————— 35

第1課 あたらしいともだち Nuevos amigos ———————— 36

第2課 かいもの Las compras ————————————— 56

第3課 デートの約束 Concertar una cita ——————— 82
やくそく

第4課 初めてのデート La primera cita ——————— 102
はじ

第5課 沖縄旅行 Un viaje a Okinawa ————————— 128
おきなわりょこう

第6課 ロバートさんの一日 Un día en la vida de Robert ——— 146
いちにち

第7課 家族の写真 Foto familiar ————————————— 166
か ぞく　しゃしん

第8課 バーベキュー Barbacoa —————————————— 186

第9課 かぶき Kabuki ———————————————————— 210

第10課 冬休みの予定 Planes para las vacaciones de invierno —— 230
ふゆやす　　よ てい

第11課 休みのあと Después de las vacaciones ——————— 254
やす

第12課 病気 Sentirse enfermo ———————————————— 272
びょう き

あいさつ
Saludos

おはよう。
Ohayoo.

おはよう ございます。
Ohayoo gozaimasu.

こんにちは。
Konnichiwa.

こんばんは。
Konbanwa.

さようなら。
Sayoonara.

おやすみなさい。
Oyasumi nasai.

ありがとう。
Arigatoo.

ありがとう ございます。
Arigatoo gozaimasu.

おはよう。	Ohayoo.	Buenos días.
おはよう ございます。	Ohayoo gozaimasu.	Buenos días (cortés).
こんにちは。*	Konnichiwa.*	Buenas tardes.
こんばんは。*	Konbanwa.*	Buenas tardes/noches.
さようなら。	Sayoonara.	Adiós.
おやすみ（なさい）。	Oyasumi (nasai).	Buenas noches (antes de irse a dormir).
ありがとう。	Arigatoo.	Gracias.
ありがとう ございます。	Arigatoo gozaimasu.	Gracias (cortés).
すみません。	Sumimasen.	Disculpe.; Lo siento.
いいえ。	Iie.	No.; En absoluto.
いってきます。	Itte kimasu.	Voy y vuelvo.
いってらっしゃい。	Itterasshai.	Que te vaya bien (lit., ve y vuelve).
ただいま。	Tadaima.	Ya llegué (a casa).
おかえり（なさい）。	Okaeri (nasai).	Bienvenido (a casa).
いただきます。	Itadakimasu.	Gracias por la comida (antes de comer).
ごちそうさま（でした）。	Gochisoosama (deshita).	Gracias por la comida (después de comer).
はじめまして。	Hajimemashite.	Mucho gusto.
〜です。	. . . desu.	Yo soy …
よろしく おねがいします。	Yoroshiku onegai shimasu.	Encantado de conocerte.

*La última sílaba de *konnichiwa* y *konbanwa* se escribe con は en lugar de わ.

Notas culturales

あいさつと おじぎ Saludos y reverencias
Aisatsu to ojigi

Los japoneses se saludan con una reverencia, aunque esta tiene muchas otras funciones, como expresar respeto, gratitud o disculpas. Hay diferentes formas de inclinarse, desde un ligero movimiento de cabeza hasta una inclinación de 45 grados en la cintura. Por lo general, cuanto más larga y profunda sea la reverencia, más formal y respetuosa parecerá a los demás.

Muchos japoneses tienden a sentirse incómodos con el contacto físico, aunque el apretón de manos se está convirtiendo en algo bastante común en las situaciones de negocios, especialmente las que involucran a extranjeros.

Cuando se conoce a alguien en una situación de negocios por primera vez, es costumbre intercambiar *meeshi* (tarjetas de visita) con una pequeña reverencia. Las guías de etiqueta enumeran un gran número de normas y consejos, pero recuerda que lo importante es mostrar claramente tu respeto al intercambiar *meeshi*.

あいさつ ◀ 33

Expresiones lingüísticas

1

表現ノート
ひょう　げん

おはよう/ありがとう ▶ *Ohayoo* se utiliza entre amigos y familiares, mientras que *ohayoo gozaimasu* se utiliza entre conocidos menos íntimos, de forma similar a *arigatoo* y *arigatoo gozaimasu*. La regla general es: si te tuteas con alguien, opta por las versiones más cortas. Si te diriges a alguien como Sr. o Sra., utiliza las versiones más largas.

Ohayoo es el saludo que se utiliza antes del mediodía, pero algunas personas lo utilizan en entornos informales por la tarde o incluso por la noche cuando ven a sus compañeros de clase o de trabajo por primera vez ese día.

さようなら ▶ Existen varias expresiones de despedida en japonés, cuya elección depende del grado de la separación. *Sayoonara* indica que el hablante no espera ver a la persona a la que se dirige antes de «pasar una página de su vida»; no hasta que llegue un nuevo día o hasta que el destino los vuelva a unir. Suena dramático y ceremonioso, y su uso cotidiano se limita en gran medida a los escolares que se despiden de sus profesores.

じゃあ、また。　　Jaa, mata.
(entre amigos, esperando volver a verse muy pronto)

しつれいします。　Shitsureeshimasu.
(al salir del despacho de un profesor, por ejemplo)

すみません ▶ *Sumimasen* significa (1) «Disculpe», para llamar la atención de otra persona, (2) «Lo siento», para disculparse por las molestias que uno ha causado, o (3) «Gracias», para mostrar agradecimiento por lo que alguien ha hecho por uno.

いいえ ▶ *Iie* es básicamente «No», una respuesta negativa a una pregunta. En el diálogo, se utiliza para expresar frases en español como «no hay de qué» o «de nada» para señalar que uno no debe sentirse en deuda por el favor recibido.

いってらっしゃい/いってきます/ただいま/おかえりなさい ▶ *Itte kimasu* e *itterasshai* son un intercambio común utilizado en casa cuando sale un miembro de la familia. La persona que se va dice *itte kimasu*, que literalmente significa «voy y vuelvo». Y los familiares responden con *itterasshai*, que significa «Que te vaya bien (lit. ve y vuelve).»

Tadaima y *okaeri* se utilizan cuando una persona vuelve a casa. La persona que llega dice *tadaima* (estoy en casa ahora mismo) a los miembros de la familia y ellos responden con *okaerinasai* (Bienvenido [a casa]).

●れんしゅう Práctica

A. Representa las siguientes situaciones con tus compañeros de clase.

1. Es la una de la tarde. Ves a tu vecino, el Sr. Yamada.

2. Vienes a clases por la mañana. Saluda a tu profesor. Saluda a tus amigos.

3. En un tren lleno de gente, le has pisado el pie a alguien.

4. Se te cayó el libro. Alguien te lo recogió.

5. Son las ocho de la noche. Te encuentras con tu profesor en la tienda de conveniencia.

6. Estás viendo la televisión con tu familia anfitriona. Es hora de ir a dormir.

7. Te vas de casa.

8. Has vuelto a casa.

9. Vas a empezar a comer.

10. Has terminado de comer.

B. Actividad en clase: conocer a alguien por primera vez

Pasea por el aula y preséntate a tus compañeros utilizando el siguiente ejemplo. Conoce al mayor número posible de compañeros de clase.

Ejemplo　Ａ：はじめまして。きむらたけしです。よろしくおねがいします。
　　　　　　　Hajimemashite.　　　Kimura Takeshi desu.　　　Yoroshiku onegaishimasu.

　　　　　　Ｂ：ほんだあいです。よろしくおねがいします。
　　　　　　　Honda Ai desu.　　　Yoroshiku onegaishimasu.

すうじ

🔊 K00-02

N ú m e r o s

0　ゼロ／れい
ゼろ
zero　ree

1	いち ichi	11	じゅういち juuichi	30	さんじゅう sanjuu
2	に ni	12	じゅうに juuni	40	よんじゅう yonjuu
3	さん san	13	じゅうさん juusan	50	ごじゅう gojuu
4	よん／し／（よ） yon　shi　(yo)	14	じゅうよん／じゅうし juuyon　juushi	60	ろくじゅう rokujuu
5	ご go	15	じゅうご juugo	70	ななじゅう nanajuu
6	ろく roku	16	じゅうろく juuroku	80	はちじゅう hachijuu
7	なな／しち nana　shichi	17	じゅうなな／じゅうしち juunana　juushichi	90	きゅうじゅう kyuujuu
8	はち hachi	18	じゅうはち juuhachi	100	ひゃく hyaku
9	きゅう／く kyuu　ku	19	じゅうきゅう／じゅうく juukyuu　juuku		
10	じゅう juu	20	にじゅう nijuu		

● れんしゅう Práctica

A. Lee los siguientes números. 🔊 K00-03

(a) 5　　(b) 9　　(c) 7　　(d) 1　　(e) 10

(f) 8　　(g) 2　　(h) 6　　(i) 4　　(j) 3

B. Lee los siguientes números. 🔊 K00-04

(a) 45　　(b) 83　　(c) 19　　(d) 76　　(e) 52

(f) 100　　(g) 38　　(h) 61　　(i) 24　　(j) 97

C. ¿Cuáles son los resultados? 🔊 K00-05

(a) $5+3$　　(b) $9+1$　　(c) $3+4$　　(d) $6-6$　　(e) $10+9$

(f) $8-7$　　(g) $40-25$

第1課 だいいっか
あたらしいともだち Nuevos amigos

LECCIÓN 1

En esta lección, vamos a...
- Presentarnos
- Preguntar y decir los nombres de las personas, las especialidades en la universidad, la hora, etc.

かいわ Diálogo

I Mary, una estudiante extranjera que acaba de llegar a Japón, conoce a Takeshi, un estudiante japonés, en una orientación escolar. 🔊 K01-01 🔊 K01-02

1 たけし： こんにちは。きむら たけしです。
　Takeshi　Konnichiwa.　Kimura Takeshi desu.

2 メアリー： メアリー・ハートです。あのう、りゅうがくせいですか。
　Mearii　Mearii Haato desu.　Anoo, ryuugakusee desu ka.

3 たけし： いいえ、にほんじんです。
　Takeshi　Iie, nihonjin desu.

4 メアリー： そうですか。なんねんせいですか。
　Mearii　Soo desu ka. Nannensee desu ka.

5 たけし： よねんせいです。
　Takeshi　Yonensee desu.

II En la orientación, Mary se presenta a los demás. 🔊 K01-03 🔊 K01-04

1 メアリー： はじめまして。メアリー・ハートです。
　　Mearii　　　Hajimemashite.　　Mearii Haato desu.

2 　　　　　　アリゾナだいがくの がくせいです。にねんせいです。
　　　　　　　Arizona daigaku no　　gakusee desu.　　Ninensee desu.

3 　　　　　　せんこうは にほんごです。じゅうきゅうさいです。
　　　　　　　Senkoo wa　nihongo desu.　　Juukyuusai desu.

4 　　　　　　よろしく おねがいします。
　　　　　　　Yoroshiku　onegai shimasu.

Ⓘ

Takeshi: Hola. Soy Takeshi Kimura.

Mary: Soy Mary Hart. Um... ¿eres un estudiante extranjero?

Takeshi: No, yo soy japonés.

Mary: Ya veo. ¿En qué año de universidad estás?

Takeshi: Soy estudiante de cuarto año.

Ⅱ

Mary: Mucho gusto. Soy Mary Hart.

　　　Soy estudiante de la Universidad de Arizona. Estoy en segundo año.

　　　Mi especialidad es el japonés. Tengo 19 años.

　　　Encantada de conocerlos.

たんご

Vocabulario

Escuela
* だいがく	daigaku	universidad; instituto
こうこう	kookoo	escuela secundaria superior
* がくせい	gakusee	estudiante
だいがくせい	daigakusee	estudiante universitario
* りゅうがくせい	ryuugakusee	estudiante extranjero/ra
せんせい	sensee	profesor/ra
* ～ねんせい	...nensee	estudiante de ... año
いちねんせい	ichinensee	estudiante de primer año
* せんこう	senkoo	especialidad

Persona
わたし	watashi	yo
ともだち	tomodachi	amigo/ga
～さん	...san	Sr./Sra. ...
* ～じん	...jin	persona de ... [como gentilicio]
にほんじん	nihonjin	los japoneses

La hora
いま	ima	ahora
ごぜん	gozen	a.m.
ごご	gogo	p.m.
～じ	...ji	en punto
いちじ	ichiji	la una
はん	han	y media
にじはん	niji han	las dos y media

Otros
* にほん	Nihon	Japón
アメリカ	Amerika	EE.UU.
* ～ご	...go	idioma ...
にほんご	nihongo	idioma japonés
* ～さい	...sai	... años de edad
でんわ	denwa	teléfono
～ばん	...ban	número ...

＊ Palabras que aparecen en el diálogo

ばんごう	bangoo	número
なまえ	namae	nombre
* なん／なに	nan/nani	qué

Expresiones

* あのう	anoo	um...
はい	hai	sí
そうです	soo desu	Así es.
* そうですか	soo desu ka	Ya veo.; ¿Es así?

VOCABULARIO ADICIONAL

Aprende palabras relevantes para tu vida.

Países (くに kuni)

イギリス	Igirisu	Gran Bretaña
オーストラリア	Oosutoraria	Australia
かんこく	Kankoku	Corea (del Sur)
カナダ	Kanada	Canadá
ちゅうごく	Chuugoku	China
インド	Indo	la India
エジプト	Ejiputo	Egipto
フィリピン	Firipin	Filipinas

Especialidades (せんこう senkoo)

アジアけんきゅう	ajia kenkyuu	estudios asiáticos
けいざい	keezai	economía
こうがく	koogaku	ingeniería
こくさいかんけい	kokusaikankee	relaciones internacionales
コンピューター	konpyuutaa	informática
せいじ	seeji	política
せいぶつがく	seebutsugaku	biología
ビジネス	bijinesu	negocios
ぶんがく	bungaku	literatura
れきし	rekishi	historia

Trabajos (しごと shigoto)

いしゃ	isha	doctor/ra
かいしゃいん	kaishain	oficinista

かんごし	kangoshi	enfermero/ra
こうこうせい	kookoosee	estudiante de secundaria superior
しゅふ	shufu	ama de casa
だいがくいんせい	daigakuinsee	estudiante de posgrado
べんごし	bengoshi	abogado/da

Familia (かぞく kazoku)

おかあさん	okaasan	madre
おとうさん	otoosan	padre
おねえさん	oneesan	hermana mayor
おにいさん	oniisan	hermano mayor
いもうと	imooto	hermana menor
おとうと	otooto	hermano menor

ぶんぽう Gramática

1 X は Y です

«Soy estudiante.» «Mi especialidad es el japonés.» «Son las 12:30.»: Estas oraciones se traducen al japonés utilizando el sustantivo apropiado y la palabra *desu*.

| ～です。 | Es ... |

がくせいです。　　　(Yo) soy estudiante.
Gakusee desu.

にほんごです。　　　(Mi especialidad) es el japonés.
Nihongo desu.

じゅうにじはんです。　Son las doce y media.
Juuniji han desu.

Obsérvese que ninguna de estas oraciones tiene un «sujeto», como el «yo» o «mi especialidad» presentes en sus homólogas en español. Las oraciones sin sujeto son muy comunes en japonés, de hecho, sus hablantes tienden a omitir los sujetos cuando consideran que queda claro para el oyente a qué o a quién se refieren.

Si la situación o el contexto anterior no dejan claro de qué se está hablando, se puede empezar una oración con un «tema» marcado con *wa*. Obsérvese que al escribir en *hiragana* se utiliza la letra は para la marca de tema *wa* siguiendo la ortografía clásica.[1]

| X は Y です。 | X es Y. En cuanto a X, es Y. |

せんこうは にほんごです。　　　Mi especialidad es el japonés.
Senkoo wa   nihongo desu.

わたしは ソラ・キムです。　　　Yo soy Sora Kim.
Watashi wa Sora Kimu desu.

やましたさんは せんせいです。　El Sr. Yamashita es profesor.
Yamashita san wa   sensee desu.

メアリーさんは アメリカじんです。Mary es americana.
Mearii san wa   amerikajin desu.

---

[1] El *hiragana* は tiene, pues, dos pronunciaciones: *wa* (para la marca de tema) y *ha* (en la mayoría de las demás posiciones). Hay algunas excepciones, como *konnichiwa* (buenas tardes) y *konbanwa* (buenas tardes/noches) que se suelen escribir así: こんにち<u>は</u> y こんばん<u>は</u>.

42 ▶ 会話・文法編

Wa pertenece a la clase de palabras llamadas «partículas». También lo es la palabra *no*, a la que nos referiremos más adelante en esta lección. Se añaden partículas a las frases sustantivas para indicar cómo se relacionan con el resto de la oración.

Obsérvese también que sustantivos como *gakusee* y *sensee* en los ejemplos anteriores van solos a diferencia de sus traducciones al español «estudiante» y «profesor», que van precedidos de «un». En japonés no hay ningún elemento que corresponda a un artículo ni tampoco hay ningún elemento que corresponda al plural «-s» al final de un sustantivo. Por lo tanto, sin más contexto, una oración como *gakusee desu* es ambigua en cuanto a las interpretaciones del singular y del plural.

2 Oraciones interrogativas

Basta con añadir *ka* al final de una afirmación para convertirla en una pregunta.

りゅうがくせいです。
Ryuugakusee desu.
(Soy) un estudiante extranjero.

りゅうがくせいです<u>か</u>。[2]
Ryuugakusee desu ka.
¿(Eres) un estudiante extranjero?

La oración anterior, *Ryuugakusee desu ka*, es una pregunta de sí o no. Las oraciones interrogativas también pueden contener un interrogativo como *nan*[3] (qué). En esta lección, aprenderemos a formular y responder preguntas utilizando las siguientes partículas interrogativas: *nanji* (a qué hora), *nansai* (cuántos años), *nannensee* (en qué año escolar) y *nanban* (qué número).

A：せんこうは <u>なん</u>ですか。
　　Senkoo wa　 nan desu ka.
　　¿Cuál es tu especialidad?

B：（せんこうは） <u>えいご</u>です。
　　(Senkoo wa)　 eego desu.
　　(Mi especialidad es) el inglés.

A：いま <u>なんじ</u>ですか。
　　Ima　 nanji desu ka.
　　¿Qué hora es ahora?

B：（いま） <u>くじ</u>です。
　　(Ima)　 kuji desu.
　　Son las nueve.

A：メアリーさんは <u>なんさい</u>ですか。
　　Mearii san wa　 nansai desu ka.
　　¿Cuántos años tienes, Mary?

B：<u>じゅうきゅうさい</u>です。
　　Juukyuusai desu.
　　Tengo diecinueve años.

A：<u>なんねんせい</u>ですか。
　　Nannensee desu ka.
　　¿En qué año de universidad estás?

B：<u>にねんせい</u>です。
　　Ninensee desu.
　　Soy estudiante de segundo año.

---

[2] En japonés no es habitual escribir un signo de interrogación al final de una oración interrogativa.

[3] La partícula interrogativa que equivale a «qué» en japonés tiene dos pronunciaciones: *nan* y *nani*. *Nan* se utiliza inmediatamente antes de *desu* o antes de un «contador» como *ji* (hora). La otra forma, *nani*, se utiliza antes de una partícula. *Nani* también se utiliza en la combinación *nanijin* (persona de qué nacionalidad).

A：でんわばんごうは なんばんですか。　　B：867-5309です。
　　Denwa bangoo wa   nanban desu ka.　　　　Hachi roku nana go san zero kyuu desu.
　　¿Cuál es tu número de teléfono?　　　　　　Es el 867-5309.

3 Sustantivo₁ の Sustantivo₂

La partícula *no* sirve para conectar dos sustantivos. La frase *Sakura daigaku no gakusee* significa «un estudiante de la universidad de Sakura» El segundo sustantivo *gakusee* proporciona la idea principal[4] (ser estudiante) y el primero *Sakura daigaku* lo hace más específico (no es un estudiante de instituto, sino de universidad). Se puede usar *no* como posesivo («de Takeshi»), como en el primer ejemplo de abajo. Estos son algunos ejemplos de *no* entre dos sustantivos. El tema principal es siempre el sustantivo₂, mientras que el sustantivo1 proporciona restricciones, especificaciones, etc.

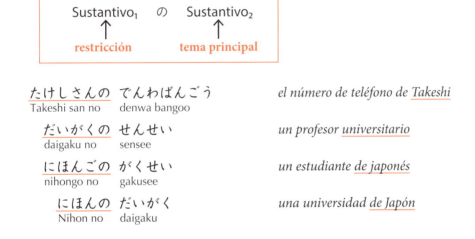

Una frase de la forma «sustantivo₁ *no* sustantivo₂» actúa más o menos como un solo gran sustantivo. Se puede poner donde sea que se pueda poner un sustantivo, como en el siguiente ejemplo:

---

[4] Esto es lo que se entiende por «tema principal». En la frase *Takeshi san no denwa bangoo* (el número de teléfono de Takeshi), el sustantivo *denwa bangoo* (número de teléfono) es el tema principal, en el sentido de que, si algo es el número de teléfono de Takeshi, es ser un número de teléfono. El otro sustantivo *Takeshi san* no es el tema principal, porque el número de teléfono de Takeshi no es Takeshi.

Expresiones lingüísticas **2**

表現ノート
ひょう　げん

あのう▶*Anoo* indica que se tiene algunas reservas para decir lo que se está por decir a continuación. Puede que preocupe interrumpir algo que alguien esté haciendo en ese momento o parecer grosero y descortés por hacer preguntas personales, por ejemplo. También se pronuncia como *ano* con una vocal corta.

そうですか▶*Soo desu ka* permite dar a conocer que se ha entendido lo que se acaba de decir. «¿Es así?» (con entonación ascendente) o «Ya veo» (con entonación descendente).

Números▶Muchos contadores tienen más de una pronunciación. Consultar la tabla de las pp. 380-381 para obtener una visión general.

0　ゼロ y れい se utilizan habitualmente los dos.
ぜ ろ

1　いち, pero pronunciado いっ en いっぷん (un minuto) y いっさい (un año de edad).

2　に siempre. Cuando se lee cada dígito por separado, como cuando se da el número de teléfono, puede pronunciarse con una vocal larga, como にい.

3　さん siempre. La parte que le sigue puede cambiar de sonido, como en さんぷん, en lugar de さんふん.

4　よん es la más básica, pero estudiante de cuarto año es よねんせい y en las cuatro en punto se pronuncia よじ. En algunas combinaciones que aprenderemos más adelante, se lee し (como en しがつ, abril). También puede cambiar de sonido la parte que sigue a este número, como en よんぷん.

5　ご siempre. Cuando se lee por separado, puede pronunciarse con una vocal larga, como ごう.

6　ろく, pero se pronuncia ろっ en ろっぷん.

7　なな es la más básica, pero en las siete en punto se pronuncia しちじ.

8　はち, pero suele pronunciarse はっ en はっぷん y はっさい.

9　きゅう es la más básica, pero en las nueve en punto se pronuncia くじ.

10　じゅう, pero se pronuncia じゅっ o じっ en じゅっぷん/じっぷん y じゅっさい/じっさい.

せんせい▶La palabra *sensee* suele reservarse para describir el trabajo de otra persona. *Watashi wa sensee desu* tiene sentido pero puede sonar ligeramente arrogante porque la palabra *sensee* significa en realidad un «maestro honorable». Si uno mismo (o alguien de la familia) es profesor y se quiere ser realmente modesto, se puede utilizar la palabra *kyooshi* en su lugar.

Expresiones lingüísticas

さん ▶ *San* se pone después de un nombre como título genérico. Se usa tanto en nombres como en apellidos. A los niños (entendiéndose niños y niñas) se les llama *chan* (y a los niños, en particular, *kun*), en lugar de *san*. Los profesores, médicos, abogados y otros «profesionales de alto nivel» suelen denominarse con el título *sensee* en lugar de *san*. *San* y otras palabras de tratamiento nunca se usan en referencia a uno mismo.

Referirse a la persona con la que se está conversando ▶ La palabra para «usted», *anata*, no se usa mucho en japonés. En cambio, se utiliza el nombre y un título como *san* o *sensee* para referirse a la persona con la que se está conversando. Por lo tanto, una oración como «Sra. Hart, ¿es usted canadiense?» sería:

ハートさんは カナダじんですか。
Haato san wa   kanadajin desu ka.

en lugar de ハートさん、あなたは カナダじんですか。
Haato san,   anata wa   kanadajin desu ka.

Notas culturales

にほんじんの なまえ Los nombres japoneses
Nihonjin no namae

Cuando los japoneses dan su nombre, mencionan primero su apellido y después su nombre (no existen los segundos nombres ni segundos apellidos). Al presentarse, suelen decir solo su apellido. Estos son algunos típicos nombres japoneses.

Apellido		Nombre			
		Hombres		Mujeres	
さとう	Satoo	ゆうと	Yuuto	さくら	Sakura
すずき	Suzuki	かいと	Kaito	ゆい	Yui
たかはし	Takahashi	そうた	Soota	あおい	Aoi
たなか	Tanaka	はるき	Haruki	りん	Rin
いとう	Itoo	だいすけ	Daisuke	かな	Kana

La mayoría de los nombres japoneses se escriben en kanji. Por ejemplo, Tanaka suele escribirse 田中, que significa «en medio del campo de arroz». Los apellidos suelen estar relacionados con la naturaleza o los accidentes geográficos. Debido a que muchos kanji comparten la misma lectura, nombres con la misma pronunciación pueden escribirse con diferentes kanji, como 裕子 y 優子 para el nombre femenino *Yuuko*.

れんしゅう Práctica

I メアリーさんは アメリカじんです　☞Gramática 1

	Hart, Mary	きむら たけし Kimura Takeshi	Kim, Sora	Smith, Robert	やましたせんせい Yamashita sensee
Nacionalidad	Estadounidense	Japonesa	Coreana (かんこくじん) kankokujin	Británica (イギリスじん) igirisujin	Japonesa
Año	2.º año	4.º año	3.er año	4.º año	
Edad	19	22	20	22	47

A. Observa la tabla anterior y describe la nacionalidad de cada persona. 🔊 K01-09

Ejemplo　メアリーさん　→　メアリーさんは アメリカじんです。
　　　　　Mearii san　　　　　Mearii san wa　　　　amerikajin desu.

1. たけしさん　2. ソラさん　3. ロバートさん　4. やましたせんせい
　 Takeshi san　　 Sora san　　　Robaato san　　　　Yamashita sensee

B. Di en qué año están en la escuela. 🔊 K01-10

〜ねんせい　(estudiante de ... año)
nensee

1　いちねんせい　　3　さんねんせい　　5　ごねんせい
　　ichinensee　　　　 sannensee　　　　　gonensee
2　にねんせい　　　4　よねんせい　　　6　ろくねんせい
　　ninensee　　　　　 yonensee　　　　　 rokunensee

Ejemplo　メアリーさん　→　メアリーさんは にねんせいです。
　　　　　Mearii san　　　　　Mearii san wa　　　　ninensee desu.

1. たけしさん　2. ソラさん　3. ロバートさん
　 Takeshi san　　 Sora san　　　Robaato san

C. Di la edad que tienen. 🔊 K01-11

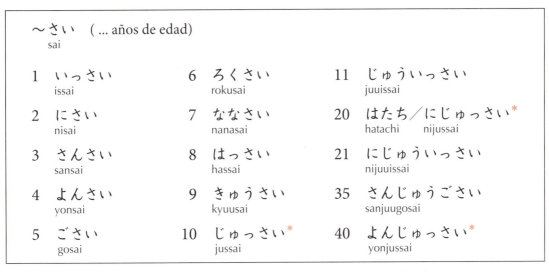

* じゅっさい (*jussai*), にじゅっさい (*nijussai*), etc., también se pronuncian じっさい (*jissai*), にじっさい (*nijissai*), etc.

[Ejemplo] メアリーさん → メアリーさんは じゅうきゅうさいです。
　　　　　Mearii san　　　Mearii san wa　　juukyuusai desu.

1. たけしさん　2. ソラさん　3. ロバートさん　4. やましたせんせい
　 Takeshi san　　Sora san　　Robaato san　　Yamashita sensee

D. Trabajo en grupo: di a los miembros de tu grupo (1) tu nombre, (2) tu nacionalidad, (3) en qué año de la escuela estás y (4) tu edad.

[Ejemplo] （わたしは）メアリーです。アメリカじんです。
　　　　　(Watashi wa)　Mearii desu.　　Amerikajin desu.

　　　　　にねんせいです。じゅうきゅうさいです。
　　　　　Ninensee desu.　　Juukyuusai desu.

Ⅱ　メアリーさんは アメリカじんですか　☞ Gramática 2

A. Haz preguntas y respóndelas utilizando las pistas dadas. 🔊 K01-12

[Ejemplo 1] メアリーさん／アメリカじん
　　　　　　Mearii san　　amerikajin

→ Q：メアリーさんは アメリカじんですか。
　　　　Mearii san wa　　amerikajin desu ka.
　　A：はい、そうです。
　　　　Hai,　soo desu.

48 ▶ 会話・文法編

(Ejemplo 2) メアリーさん／さんねんせい
Mearii san　　　　　　sannensee

→　Q：メアリーさんは　さんねんせいですか。
　　　　Mearii san　　　　　　sannensee desu ka.

A：いいえ、にねんせいです。
　　　Iie,　　　ninensee desu.

1. メアリーさん／いちねんせい
Mearii san　　　　　　ichinensee

2. たけしさん／にほんじん
Takeshi san　　　　nihonjin

3. たけしさん／じゅうきゅうさい
Takeshi san　　　　juukyuusai

4. ソラさん／アメリカじん
Sora san　　　　amerikajin

5. ロバートさん／よねんせい
Robaato san　　　　yonensee

6. ロバートさん／にじゅういっさい
Robaato san　　　　nijuuissai

7. やましたせんせい／にほんじん
Yamashita sensee　　　　nihonjin

B. Pregunta por sus edades y en qué año de escuela están.

(a) Edad 🔊 K01-13

(Ejemplo) メアリーさん　→　Q：メアリーさんは　なんさいですか。
　　　　　　Mearii san　　　　　　　Mearii san wa　　　　nansai desu ka.

A：じゅうきゅうさいです。
　　　Juukyuusai desu.

1. たけしさん　　2. ソラさん　　3. ロバートさん　　4. やましたせんせい
Takeshi san　　　　Sora san　　　　Robaato san　　　　Yamashita sensee

(b) Año de escuela 🔊 K01-14

(Ejemplo) メアリーさん　→　Q：メアリーさんは　なんねんせいですか。
　　　　　　Mearii san　　　　　　　Mearii san wa　　　　nannensee desu ka.

A：にねんせいです。
　　　Ninensee desu.

1. たけしさん　　2. ソラさん　　3. ロバートさん
Takeshi san　　　　Sora san　　　　Robaato san

C. Mira el cuadro sobre la familia anfitriona de Mary y responde las preguntas. K01-15

La familia anfitriona de Mary

	おとうさん otoosan (padre)	おかあさん okaasan (madre)	おにいさん oniisan (hermano mayor)	いもうと imooto (hermana menor)
Trabajo/ Escuela	かいしゃいん kaishain (trabaja en una empresa)	かんごし kangoshi (enfermera)	だいがくいんせい daigakuinsee (estudiante de posgrado)	こうこうせい kookoosee (estudiante de secundaria superior)
Edad	48	45	23	16

1. おとうさんは かいしゃいんですか。
   Otoosan wa   kaishain desu ka.

2. おとうさんは なんさいですか。
   Otoosan wa   nansai desu ka.

3. おかあさんは せんせいですか。
   Okaasan wa   sensee desu ka.

4. おかあさんは なんさいですか。
   Okaasan wa   nansai desu ka.

5. おにいさんは かいしゃいんですか。
   Oniisan wa   kaishain desu ka.

6. おにいさんは なんさいですか。
   Oniisan wa   nansai desu ka.

7. いもうとは だいがくせいですか。
   Imooto wa   daigakusee desu ka.

8. いもうとは なんさいですか。
   Imooto wa   nansai desu ka.

III にほんごの がくせいです 👉Gramática 3

A. Traduce al japonés las siguientes frases utilizando の (no). 🔊 K01-16

> Ejemplo: estudiante de japonés → にほんごの がくせい
> nihongo no gakusee

1. mi profesor
2. mi número de teléfono
3. mi nombre
4. la especialidad de Takeshi
5. el amigo de Mary
6. estudiante de la Universidad de Londres
7. profesor de japonés
8. profesor de secundaria superior

B. Observa el cuadro y describe a cada persona utilizando las pistas dadas.

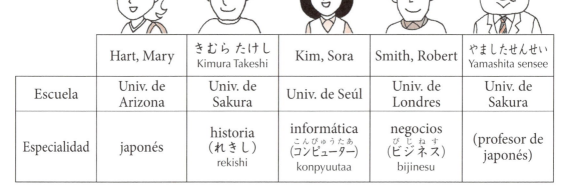

	Hart, Mary	きむら たけし Kimura Takeshi	Kim, Sora	Smith, Robert	やました せんせい Yamashita sensee
Escuela	Univ. de Arizona	Univ. de Sakura	Univ. de Seúl	Univ. de Londres	Univ. de Sakura
Especialidad	japonés	historia (れきし) rekishi	informática (コンピューター) konpyuutaa	negocios (ビジネス) bijinesu	(profesor de japonés)

(a) Escuela 🔊 K01-17

> Ejemplo: メアリーさん → メアリーさんは アリゾナだいがくの がくせいです。
> Mearii san   Mearii san wa Arizona daigaku no gakusee desu.

1. たけしさん (Takeshi san)
2. ソラさん (Sora san)
3. ロバートさん (Robaato san)
4. やましたせんせい (Yamashita sensee)

(b) Especialidad 🔊 K01-18

> Ejemplo: メアリーさん → メアリーさんの せんこうは にほんごです。
> Mearii san   Mearii san no senkoo wa nihongo desu.

1. たけしさん (Takeshi san)
2. ソラさん (Sora san)
3. ロバートさん (Robaato san)

第1課 ◂ 51

会
L1

C. Responde las siguientes preguntas. 🔊 K01-19

1. メアリーさんの せんこうは ビジネスですか。
　Mearii san no　　　　senkoo wa　　　bijinesu desu ka.

2. たけしさんは アリゾナだいがくの がくせいですか。
　Takeshi san wa　　Arizona daigaku no　　　gakusee desu ka.

3. たけしさんの せんこうは なんですか。
　Takeshi san no　　senkoo wa　　nan desu ka.

4. ロバートさんは ロンドンだいがくの がくせいですか。
　Robaato san wa　　Rondon daigaku no　　　gakusee desu ka.

5. ロバートさんの せんこうは なんですか。
　Robaato san no　　senkoo wa　　nan desu ka.

6. ソラさんの せんこうは けいざい (economics) ですか。
　Sora san no　　senkoo wa　　keezai desu ka.

7. やましたせんせいは にほんだいがくの せんせいですか。
　Yamashita sensee wa　　Nihon daigaku no　　sensee desu ka.

D. Trabajo en grupo: pregunta a los miembros del grupo como en el apartado C anterior.

Ⅳ でんわばんごう (Números de teléfono)

A. Trabajo en parejas: lee el siguiente diálogo con tu compañero. 🔊 K01-20

Ａ：でんわばんごうは なんばんですか。
　　Denwa bangoo wa　　nanban desu ka.

Ｂ：283-9547です。
　　Ni hachi san kyuu go yon nana desu.

Ａ：283-9547ですね。*　　　(*ね＝¿verdad?)
　　Ni hachi san kyuu go yon nana desu ne.

Ｂ：はい、そうです。
　　Hai,　　soo desu.

B. Trabajo en grupo: utiliza el diálogo anterior y pregunta a tres compañeros su número de teléfono.

nombre	número de teléfono
(　　　　　　　)	(　　　　　　　　　　)
(　　　　　　　)	(　　　　　　　　　　)
(　　　　　　　)	(　　　　　　　　　　)

V じかん (La hora)

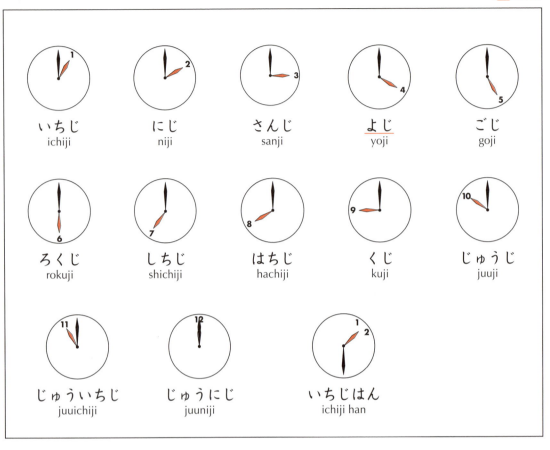

A. Mira las siguientes imágenes y di la hora.

[Ejemplo] いちじはんです。
Ichiji han desu.

Ej.

(1) 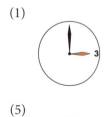 (2) 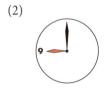 (3)  (4)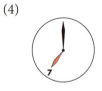

(5)   (6)  (7)   (8)

B. Trabajo en parejas: utilizando las imágenes de A, pregunta la hora como en el ejemplo.

(Ejemplo) A：すみません。いま なんじですか。
　　　　　　 Sumimasen.　　 Ima　 nanji desu ka.

　　　　　 B：いちじはんです。
　　　　　　 Ichiji han desu.

　　　　　 A：ありがとう ございます。
　　　　　　 Arigatoo　　　 gozaimasu.

　　　　　 B：いいえ。
　　　　　　 Iie.

C. Mira el mapa y responde las preguntas. 🔊 K01-23

(Ejemplo) Q：とうきょうは いま なんじですか。
　　　　　　 Tookyoo wa　　 ima　 nanji desu ka.

　　　　　 A：ごぜん さんじです。
　　　　　　 Gozen　 sanji desu.

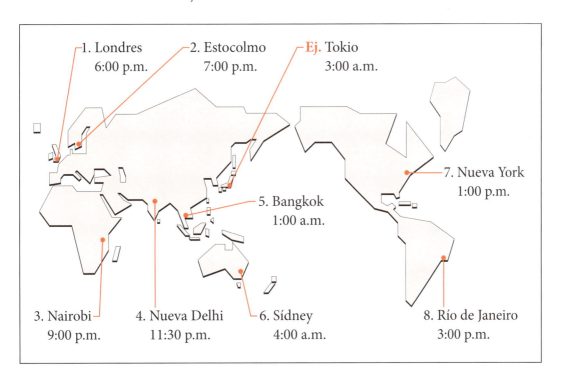

1. Londres 6:00 p.m.
2. Estocolmo 7:00 p.m.
Ej. Tokio 3:00 a.m.
3. Nairobi 9:00 p.m.
4. Nueva Delhi 11:30 p.m.
5. Bangkok 1:00 a.m.
6. Sídney 4:00 a.m.
7. Nueva York 1:00 p.m.
8. Río de Janeiro 3:00 p.m.

54 ▶ 会話・文法編

Ⅵ まとめの れんしゅう (Ejercicios de repaso)

A. Actividad en clase: pregunta a cinco compañeros de clase y completa la siguiente tabla.

🔊 K01-24

(Ejemplo)

Q：おなまえは？(¿Cuál es tu nombre?)
Onamae wa?

A：メアリー・ハートです。
Mearii Haato desu.

Q：ごしゅっしんは？(¿De dónde vienes?)
Goshusshin wa?

A：アリゾナです。
Arizona desu.

Q：おしごとは？(¿A qué te dedicas?)
Oshigoto wa?

A：がくせいです。
Gakusee desu.

Q：なんねんせいですか。
Nannensee desu ka.

A：にねんせいです。
Ninensee desu.

Q：なんさいですか。
Nansai desu ka.

A：じゅうきゅうさいです。
Juukyuusai desu.

Q：せんこうは　なんですか。
Senkoo wa　nan desu ka.

A：にほんごです。
Nihongo desu.

Nombre	Nacionalidad/ Lugar de origen	Trabajo/Escuela	Edad	Especialidad u otros

B. Juego de roles: acabas de conocer a alguien y quieres llegar a conocerle. Haz una representación utilizando el Diálogo Ⅰ como modelo.

C. Presentación personal: preséntate a la clase utilizando el Diálogo Ⅱ como modelo.

Expresiones útiles

じかん
La hora

Horas

1	いちじ	ichiji
2	にじ	niji
3	さんじ	sanji
4	よじ	yoji
5	ごじ	goji
6	ろくじ	rokuji
7	しちじ	shichiji
8	はちじ	hachiji
9	くじ	kuji
10	じゅうじ	juuji
11	じゅういちじ	juuichiji
12	じゅうにじ	juuniji

Minutos

1	いっぷん	ippun	11	じゅういっぷん	juuippun
2	にふん	nifun	12	じゅうにふん	juunifun
3	さんぷん	sanpun	13	じゅうさんぷん	juusanpun
4	よんぷん	yonpun	14	じゅうよんぷん	juuyonpun
5	ごふん	gofun	15	じゅうごふん	juugofun
6	ろっぷん	roppun	16	じゅうろっぷん	juuroppun
7	ななふん	nanafun	17	じゅうななふん	juunanafun
8	はっぷん／はちふん	happun／hachifun	18	じゅうはっぷん／じゅうはちふん	juuhappun／juuhachifun
9	きゅうふん	kyuufun	19	じゅうきゅうふん	juukyuufun
10	じゅっぷん*	juppun	20	にじゅっぷん*	nijuppun
			30	さんじゅっぷん*	sanjuppun

*じゅっぷん (*juppun*), にじゅっぷん (*nijuppun*), さんじゅっぷん (*sanjuppun*), etc., también se pronuncian じっぷん (*jippun*), にじっぷん (*nijippun*), さんじっぷん (*sanjippun*), etc.

ごぜん　くじ　じゅうはっぷん
gozen　kuji　juuhappun

ごご　さんじ
gogo　sanji

いちじ　ごじゅうごふん
ichiji　gojuugofun

よじはん／よじ　さんじゅっぷん
yoji han　yoji　sanjuppun

56 ▶ 会話・文法編

第2課
だい に か

かいもの Las compras

En esta lección, vamos a...

🍊 Preguntar y responder cuánto cuestan las cosas

🍊 Hacer la compra

🍊 Pedir comida en un restaurante

かいわ Diálogo

Ⅰ Mary va a un mercadillo. 🔊 K02-01 🔊 K02-02

1 メアリー： すみません。これは いくらですか。
　めありい
　Mearii　　　Sumimasen.　　Kore wa　ikura desu ka.

2 みせのひと： それは さんぜんえんです。
　Mise no hito　　Sore wa　sanzen en desu.

3 メアリー： たかいですね。じゃあ、あのとけいは いくらですか。
　めありい
　Mearii　　　Takai desu ne.　　Jaa,　　ano tokee wa　　ikura desu ka.

4 みせのひと： あれは さんぜんごひゃくえんです。
　Mise no hito　　Are wa　sanzengohyaku en desu.

5 メアリー： そうですか。あれも たかいですね。
　めありい
　Mearii　　　Soo desu ka.　　Are mo　takai desu ne.

6 みせのひと： これは せんはっぴゃくえんですよ。
　Mise no hito　　Kore wa　senhappyaku en desu yo.

7 メアリー： じゃあ、そのとけいを ください。
　めありい
　Mearii　　　Jaa,　　sono tokee o　　kudasai.

　　　　　　　　　*　　　*　　　*

Un hombre encuentra una billetera en el suelo.

8 しらないひと：これは だれの さいふですか。
　Shiranai hito　　Kore wa　dare no　saifu desu ka.

9 メアリー： わたしの さいふです。
　めありい
　Mearii　　　Watashi no　saifu desu.

10 　　　　　 ありがとう ございます。
　　　　　　 Arigatoo　　gozaimasu.

第2課 ◀ 57

Ⅱ Después de comprar, Mary va a un restaurante. 🔊 K02-03 🔊 K02-04

会
L2

1 みせのひと： いらっしゃいませ。メニューを どうぞ。
Mise no hito　　Irasshaimase.　　　Menyuu o　　doozo.

2 メアリー：　どうも。これは なんですか。
Mearii　　　　Doomo.　　Kore wa　nan desu ka.

3 みせのひと：どれですか。ああ、とんかつです。
Mise no hito　Dore desu ka.　Aa,　　tonkatsu desu.

4 メアリー：　とんかつ？ さかなですか。
Mearii　　　　Tonkatsu?　　Sakana desu ka.

5 みせのひと：いいえ、さかなじゃないです。にくです。おいしいですよ。
Mise no hito　Iie,　　sakana ja nai desu.　　Niku desu.　Oishii desu yo.

6 メアリー：　じゃあ、これを おねがいします。
Mearii　　　　Jaa,　　kore o　onegaishimasu.

*　　　*　　　*

7 メアリー：　すみません。トイレは どこですか。
Mearii　　　　Sumimasen.　Toire wa　doko desu ka.

8 みせのひと：あそこです。
Mise no hito　Asoko desu.

9 メアリー：　ありがとう ございます。
Mearii　　　　Arigatoo　gozaimasu.

Ⅰ

Mary: Disculpe. ¿Cuánto cuesta esto?

Vendedor: Cuesta 3000 yenes.

Mary: Es caro. Entonces, ¿cuánto cuesta ese reloj?

Vendedor: Ese cuesta 3500 yenes.

Mary: Ya veo. También es caro.

Vendedor: Este cuesta 1800 yenes.

Mary: Entonces, me llevaré ese reloj.

*　　*　　*

Un desconocido: ¿De quién es esta billetera?

Mary: Es mi billetera. Muchas gracias.

Ⅱ

El encargado del restaurante: Bienvenida. Este es el menú.

Mary: Gracias. ¿Qué es esto?

El encargado del restaurante: ¿Cuál? Ah, es tonkatsu (chuleta de cerdo).

Mary: ¿Tonkatsu? ¿Es pescado?

El encargado del restaurante: No, no es pescado. Es carne. Es delicioso.

Mary: Entonces, pediré esto.

*　　*　　*

Mary: Disculpe. ¿Dónde está el baño?

El encargado del restaurante: Por allí.

Mary: Muchas gracias.

たんご

Vocabulario

Palabras para señalar

* これ	kore	este
* それ	sore	ese
* あれ	are	aquel (el de allí)
* どれ	dore	cuál
この	kono	este …
* その	sono	ese …
* あの	ano	aquel … (de allí)
どの	dono	cuál …
ここ	koko	aquí
そこ	soko	ahí
* あそこ	asoko	allí/á
* どこ	doko	dónde
* だれ	dare	quién

Comida

* おいしい	oishii	delicioso
* さかな	sakana	pescado
* とんかつ	tonkatsu	chuleta de cerdo
* にく	niku	carne
* メニュー (めにゅう)	menyuu	menú
やさい	yasai	verdura

Cosas

かさ	kasa	paraguas
かばん	kaban	bolsa; bolso
くつ	kutsu	zapatos
* さいふ	saifu	cartera; billetera
ジーンズ (じいんず)	jiinzu	*jeans*; vaqueros
じてんしゃ	jitensha	bicicleta
しんぶん	shinbun	periódico
スマホ (すまほ)	sumaho	smartphone; móvil; celular
Tシャツ (ていいしゃつ)	tiishatsu	camiseta; playera
* とけい	tokee	reloj
ノート (のおと)	nooto	cuaderno

* Palabras que aparecen en el diálogo

ペン	pen	pluma; bolígrafo
ぼうし	booshi	sombrero; gorra
ほん	hon	libro

Lugares

ぎんこう	ginkoo	banco
コンビニ	konbini	tienda de conveniencia
* トイレ	toire	cuarto de baño; WC
としょかん	toshokan	biblioteca
ゆうびんきょく	yuubinkyoku	oficina de correos

Países

イギリス	Igirisu	Gran Bretaña
かんこく	Kankoku	Corea (del Sur)
ちゅうごく	Chuugoku	China

Especialidades

えいご	eego	inglés (idioma)
けいざい	keezai	economía
コンピューター	konpyuutaa	informática
ビジネス	bijinesu	negocios
れきし	rekishi	historia

Familia

| おかあさん | okaasan | madre |
| おとうさん | otoosan | padre |

Cuestiones de dinero

* いくら	ikura	cuánto
* ～えん	. . . en	... yenes
* たかい	takai	caro; alto

Expresiones

* いらっしゃいませ	irasshaimase	Bienvenido (a nuestra tienda).
* (～を)おねがいします	(. . . o) onegaishimasu	..., por favor.
* (～を)ください	(. . . o) kudasai	Por favor, deme ...
* じゃあ	jaa	entonces ...; si ese es el caso, ...
* どうぞ	doozo	Por favor.; Aquí tiene.
* どうも	doomo	Gracias.

ぶんぽう Gramática

1 これ / それ / あれ / どれ

Cuando se quiere hablar de pronombres demostrativos como «este/esta/esto», «ese/esa/eso», «aquél/aquella/aquello» se puede utilizar *kore*, *sore* y *are*.

これは いくらですか。 ¿Cuánto cuesta esto?
Kore wa ikura desu ka.

それは さんぜんえんです。 Eso cuesta 3000 yenes.
Sore wa sanzen en desu.

Hay una palabra para «este/esta/esto», una para «ese/esa/eso» y otra para «aquél/aquella/aquello». *Kore* se refiere a una cosa que está cerca de uno, el hablante («esto de aquí»). *Sore* es algo que está cerca de la persona con la que se conversa («eso que tienes delante») y *are* se refiere a una cosa que no está ni cerca del hablante ni del oyente («aquello de allá»).

あれは わたしの ペンです。
Are wa watashi no pen desu.

これは わたしの ペンです。   それは わたしの ペンです。
Kore wa watashi no pen desu.   Sore wa watashi no pen desu.

También está la palabra *dore* para «cuál».[1]

どれですか。 ¿Cuál es?
Dore desu ka.

Se debe evitar utilizar las palabras de la serie *re* para referirse a personas que estén en el rango de escucha. Por ejemplo, al presentarlas:

×これは ともだちの メアリーさんです。 *Ésta* es mi amiga Mary[2]
Kore wa tomodachi no Mearii san desu.

2 この / その / あの / どの + Sustantivo

En la última sección, aprendimos que *kore*, *sore* y *are* significan «este/esta/esto», «ese/esa/eso», «aquél/aquella/aquello». Si se quiere decir «este libro», «ese reloj», etc., se puede usar *kono*, *sono* y *ano* junto con el sustantivo. En otras palabras, la serie *re* es independiente y va seguida directamente de *wa*, mientras que la serie *no* debe ir seguida de un sustantivo antes de conectarse con *wa*. Se puede utilizar *kono*, *sono* y *ano* más el sustantivo para referirse a personas y cosas, a diferencia de *kore*, *sore* y *are*, que a veces se consideran de mala educación si se utilizan para referirse a personas.

このとけいは　いくらですか。　　　*¿Cuánto cuesta este reloj?*
Kono tokee wa 　ikura desu ka.

そのとけいは　さんぜんえんです。　　*Ese reloj cuesta 3000 yenes.*
Sono tokee wa　sanzen en desu.

あのがくせいは　りゅうがくせいです。　*Aquel estudiante de allí es extranjero*
Ano gakusee wa　ryuugakusee desu.

Si ya se sabe que uno de los alumnos es japonés, pero no se sabe cuál, se puede decir:

どのがくせいが³　にほんじんですか。　*¿Qué estudiante es japonés?*
Dono gakusee ga　nihonjin desu ka.

En resumen:

これ（は〜）	この sustantivo（は〜）	cerca de la persona que habla
それ（は〜）	その sustantivo（は〜）	cerca de la persona que escucha
あれ（は〜）	あの sustantivo（は〜）	lejos de ambos
どれ（が〜）	どの sustantivo（が〜）	no se sabe

---

[1] Los interrogativos como *dore* y *nani* no pueden ir seguidos de la partícula *wa*. En su lugar, se debe utilizar la partícula *ga* y decir: *Dore ga anata no pen desu ka.* (¿Cuál es tu pluma/bolígrafo?) En la lección 8 abordaremos este tema.

[2] Se pueden utilizar las palabras de la serie *re* con personas, para referirse a alguien que ya ha aparecido previamente en la conversación o si se está señalando una imagen de dicha persona.

[3] Dado que *dono* es un interrogativo, al igual que *dore* del que hablamos en la nota 1, no se puede usar la partícula *wa* con él, hay que usar *ga*.

62 ▶ 会話・文法編

3 ここ / そこ / あそこ / どこ

Vamos a aprender otro conjunto *ko-so-a-do*: *koko*, *soko*, *asoko* y *doko* son las palabras para designar lugares.

ここ	*aquí, acá, cerca de mí*
そこ	*ahí, cerca de ti*
あそこ	*allí, allá*
どこ	*dónde*

Se pueden pedir indicaciones diciendo:

すみません。ゆうびんきょくは どこですか。　　*Disculpe. ¿Dónde está la oficina de correos?*
Sumimasen.　Yuubinkyoku wa　　doko desu ka.

Y señalar la oficina de correos respondiendo:

（ゆうびんきょくは）あそこです。　　*(La oficina de correos está) allí.*
　(Yuubinkyoku wa)　　　asoko desu.

Aprenderemos a dar instrucciones más específicas en la lección 4.

4 だれの Sustantivo

En la lección 1, aprendimos a decir cosas como *Mearii san no denwa bangoo* (el número de teléfono de Mary) y *Takeshi san no okaasan* (la madre de Takeshi). Ahora aprenderemos a preguntar a quién pertenece algo. El interrogativo para «quién» es *dare*, y para «de quién», se añade la partícula *no* y se dice *dare no*.

A：これは だれの かばんですか。　　*¿De quién es este bolso?*
　　Kore wa　dare no　kaban desu ka.

B：それは ソラさんの かばんです。　　*Ése es el bolso de Sora.*
　　Sore wa　Sora san no　kaban desu.

5 Sustantivo も

En la lección 1, aprendimos a decir «A es esto, B es aquello». Ahora aprenderemos a decir «A es esto y B es esto también». El adverbio «también» en japonés es la partícula *mo*.

たけしさんは にほんじんです。　　*Takeshi es japonés.*
Takeshi san wa　nihonjin desu.

ゆいさん<u>も</u> にほんじんです。　　*Yui es japonesa, <u>también</u>.*
Yui san mo　nihonjin desu.

第2課 ◀ 63

Es necesario prestar atención a la ubicación de la partícula. En español la palabra «también» puede colocarse al final de la oración, como en la traducción anterior. En japonés solo se puede poner mo directamente después del elemento que es igual al que se ha mencionado antes. En el ejemplo anterior, *Yui san* recibe *mo* porque es el elemento «comparado» que comparte con *Takeshi san* el atributo de ser una persona japonesa.[4]

会
L2

A	は	X	です。	*A es X.*
B	<u>も</u>	X	です。	*B <u>también</u> es X.*

6 Sustantivo じゃないです

Para negar una afirmación de la forma *X wa Y desu*, donde Y es un sustantivo, se sustituye *desu* por ja *nai desu.*[5]

やまださんは がくせいじゃないです。   *El Sr. Yamada no es estudiante.*
Yamada san wa   gakusee ja nai desu.

En las oraciones negativas hay diversas variantes estilísticas. *Ja nai desu* es muy coloquial. La sustitución más formal de *nai desu* es *arimasen*. *Ja* es una contracción de *dewa*, que es más formal y más apropiada en el lenguaje escrito. Así, además de la frase anterior, también existen:

やまださんは がくせい<u>じゃありません</u>。 (estilo hablado más formal)
Yamada san wa   gakusee ja arimasen.

やまださんは がくせい<u>ではありません</u>。 (formal, apropiado para el lenguaje escrito)
Yamada san wa   gakusee de wa arimasen.

---

[4] No se puede utilizar *mo* para describir una situación como la siguiente: Nuestra amiga Pat tiene doble nacionalidad; Pat es japonesa, pero al mismo tiempo es estadounidense. Para describir la segunda parte de esta situación, no se dice *Patto mo amerikajin desu* porque significaría que Pat, además de alguien que ya ha sido mencionado, es estadounidense. Tampoco se puede decir *Patto wa amerikajin mo desu.* (Los japoneses dirían: *Patto wa amerikajin demo arimasu*).

[5] En los diálogos hay dos oraciones acabadas en *desu* que merecen especial atención: *Are mo takai desu ne* (Aquello también es caro) y *Oishii desu yo* (Está delicioso). Estas oraciones no se pueden negar sustituyendo *desu* por *ja nai desu* porque *takai* y *oishii* no son sustantivos. Por lo tanto, *mo takai ja nai desu* y *oishii ja nai desu* son gramaticalmente incorrectas. En su lugar, hay que decir *takaku nai desu* y *oishiku nai desu*. Aprenderemos el patrón para conjugar adjetivos en la lección 5.

64 ▶ 会話・文法編

Desu y *ja nai* deben ir siempre acompañados de un sustantivo. Por lo tanto, en respuesta a una pregunta, *desu* y *ja nai* no se pueden usar solos.

Ａ：にほんじんですか。　　　　　　　*¿Eres japonés?*
　　Nihonjin desu ka.

Ｂ：いいえ、にほんじんじゃないです。　*No, no soy japonés.*
　　Iie,　　　nihonjin ja nai desu.

　　×いいえ、じゃないです。
　　　Iie,　　　ja nai desu.

afirmativo:	（X は）Y です。		*X es Y.*
negativo:	（X は）Y	じゃないです。 じゃありません。 ではありません。	*X no es Y.*

7 〜ね / 〜よ

Los enunciados suelen terminar con las coletillas *ne* o *yo* dependiendo de la opinión del hablante sobre la interacción con el oyente. Si se quiere que el oyente confirme o acepte lo que se está diciendo, se añade *ne* («¿verdad?») a la oración.

リ^りーさんの せんこうは ぶんがくですね。　*Srta. Lee, su especialidad es la literatura,*
Rii san no　　　senkoo wa　　bungaku desu ne.　　*¿verdad?*

これは にくじゃないですね。　　　*Esto no es carne, ¿verdad?*
Kore wa　niku ja nai desu ne.

Si se quiere expresar al oyente que se está plenamente seguro de lo que se dice y que es mejor que lo crea, se utiliza *yo* («te digo») al final de la oración.

とんかつは さかなじゃないですよ。　*El «tonkatsu» no es pescado (te digo).*
Tonkatsu wa　　sakana ja nai desu yo.

スミスさんは イギリスじんですよ。　*El Sr. Smith es británico (que lo sepas).*
Sumisu san wa　　igirisujin desu yo.

Expresiones lingüísticas

（～を）ください ▶ *(... o) kudasai* es «Por favor, deme X». Se puede usar para pedir cosas (concretas) en general.

（～を）おねがいします ▶ *(... o) onegaishimasu* también es una petición de un objeto X. Cuando se utiliza para pedir un objeto concreto, *(... o) onegaishimasu* suena ligeramente más formal que *(... o) kudasai*. Se escucha a menudo cuando se pide comida en un restaurante («Tomaré...»). *(... o) onegaishimasu* también puede utilizarse para pedir «objetos abstractos», como reparaciones, explicaciones y comprensión.

（～を）どうぞ ▶ *(... o) doozo* se utiliza cuando se ofrece un objeto X. En el diálogo el encargado del restaurante lo utiliza cuando está por entregar el menú al cliente.

Sobre la pronunciación de los contadores ▶ Obsérvese que las palabras para 300, 600, 800, 3000 y 8000 implican cambios de sonido. Los «contadores» cuyo primer sonido es *h*, como *hyaku* (cien), generalmente cambian de sonido después de 3, 6 y 8. Algunos contadores que empiezan por *s*, como *sen* (mil), cambian de sonido después de 3 y 8. Consultar la tabla de las páginas 380-381.

Números grandes ▶ Además de los marcadores de dígitos para las decenas (*juu*), las centenas (*hyaku*) y los millares (*sen*), que también se encuentran en las lenguas occidentales, el japonés utiliza el marcador para las decenas de mil (*man*). Así, 20 000, por ejemplo, es *niman* (= 2 × 10 000), en lugar de *nijuusen* (= 20 × 1000). Mientras que el siguiente marcador de unidad en los idiomas occidentales es un millón, el japonés describe ese número como 100 × 10 000, es decir, *hyakuman*.

Los números más complicados pueden considerarse como sumas de números más pequeños, como en los siguientes ejemplos.

234 567	=	23 × 10 000	にじゅうさんまん	(*nijuusanman*)
		4 × 1000	よんせん	(*yonsen*)
		5 × 100	ごひゃく	(*gohyaku*)
		6 × 10	ろくじゅう	(*rokujuu*)
		7	なな	(*nana*)

Notas culturales

にほんの おかね La moneda japonesa
Nihon no okane

La moneda oficial de Japón es el *yen*, que en japonés se pronuncia en. Los billetes y monedas actualmente en circulación son los siguientes:

Billete de 10 000 yenes

Retrato de Eiichi Shibusawa (1840-1931), destacado industrial de finales del siglo XIX y principios del siglo XX.

Billete de 5000 yenes

Retrato de Umeko Tsuda (1864-1929), una de las primeras mujeres japonesas que estudió en el extranjero. Fundadora de la Academia Femenina Tsuda en Tokio.

Billete de 2000 yenes

Puerta de Shurei, la segunda puerta del castillo Shuri en Okinawa.

Billete de 1000 yenes

Retrato de Shibasaburo Kitasato (1853-1931), microbiólogo conocido como el «fundador de la medicina moderna en Japón».

Moneda de 500 yenes

Moneda de 100 yenes

Moneda de 50 yenes

Moneda de 10 yenes

Moneda de 5 yenes

Moneda de 1 yen

Todos los billetes y monedas tienen tamaños diferentes. Por ejemplo, los billetes disminuyen ligeramente en longitud desde los 10 000 hasta los 1000 yenes. Aunque las tarjetas de crédito y los pagos con el móvil están muy extendidos en Japón, es posible que algunos pequeños comercios y restaurantes no los acepten, incluso en las grandes ciudades. En consecuencia, la mayoría de las personas suelen llevar consigo una cierta cantidad de dinero en efectivo.

れんしゅう Práctica

I すうじ (Números)

100	ひゃく * hyaku	1000	せん * sen	10 000	いちまん * ichiman
200	にひゃく nihyaku	2000	にせん nisen	20 000	にまん niman
300	さんびゃく sanbyaku	3000	さんぜん sanzen	30 000	さんまん sanman
400	よんひゃく yonhyaku	4000	よんせん yonsen	40 000	よんまん yonman
500	ごひゃく gohyaku	5000	ごせん gosen	50 000	ごまん goman
600	ろっぴゃく roppyaku	6000	ろくせん rokusen	60 000	ろくまん rokuman
700	ななひゃく nanahyaku	7000	ななせん nanasen	70 000	ななまん nanaman
800	はっぴゃく happyaku	8000	はっせん hassen	80 000	はちまん hachiman
900	きゅうひゃく kyuuhyaku	9000	きゅうせん kyuusen	90 000	きゅうまん kyuuman

*Obsérvese que 10 000 es *ichiman* (no *man*), mientras que 10 es *juu*, 100 es *hyaku* y 1000 es *sen*.

A. Lee los siguientes números.

(a) 34　　(e) 125　　(i) 1300　　(m) 64 500

(b) 67　　(f) 515　　(j) 3400　　(n) 92 340

(c) 83　　(g) 603　　(k) 8900

(d) 99　　(h) 850　　(l) 35 000

B. Mira las imágenes y responde cuánto cuestan las cosas. K02-09

Ejemplo　Q：ペンは　いくらですか。
　　　　　　Pen wa　ikura desu ka.

　　　　　A：はちじゅうえんです。
　　　　　　Hachijuu en desu.

Ej. ペン

¥80

C. Trabajo en parejas: que uno mire la imagen A (p. 69) y el otro mire la imagen B (p. 79). Averigüen el precio de todos los artículos. (No miren la otra imagen).

Ejemplo A：ノートは いくらですか。
　　　　　　Nooto wa　　ikura desu ka.

　　　　 B：ひゃくえんです。
　　　　　　Hyaku en desu.

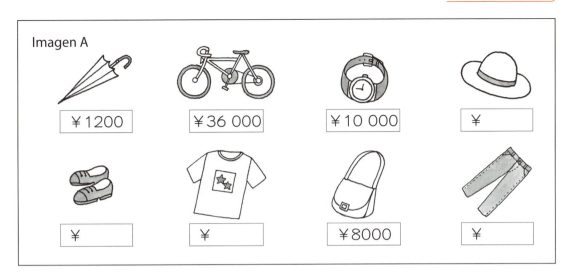

II. これは なんですか 👉 Gramática 1

A. Los elementos del (1) al (6) están cerca de ti y los elementos del (7) al (12) están cerca de tu amigo. Tu amigo te pregunta cómo se llaman estas cosas en japonés. Presta atención a これ (*kore*) y それ (*sore*). 🔊 K02-10

Ejemplo 1
Amigo: それは なんですか。
　　　　Sore wa　nan desu ka.
Tú: これは ペンです。
　　 Kore wa　pen desu.

Ejemplo 2
Amigo: これは なんですか。
　　　　Kore wa　nan desu ka.
Tú: それは Ｔシャツです。
　　 Sore wa　tiishatsu desu.

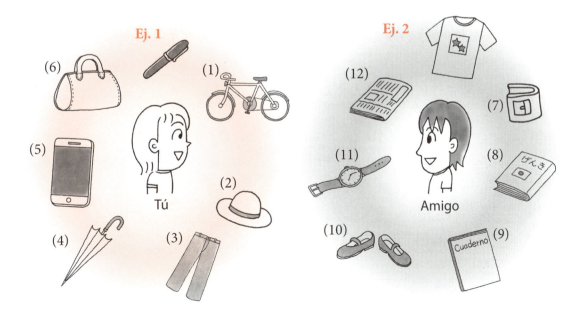

B. Observa la imagen y di qué es cada edificio. 🔊 K02-11

Ejemplo Q：あれは なんですか。
　　　　　　　Are wa　　nan desu ka.

　　　　　A：あれは としょかんです。
　　　　　　　Are wa　　toshokan desu.

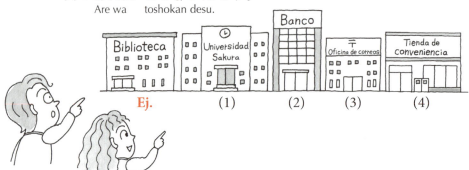

Ej.　　　(1)　　　(2)　　　(3)　　　(4)

C. Trabajo en parejas: señala cinco cosas en el aula y pregunta a tu compañero qué son utilizando これ (*kore*), それ (*sore*) o あれ (*are*). Consulta la imagen de la p. 81 para ver el vocabulario.

Ejemplo 1
A：あれは なんですか。
　　Are wa　　nan desu ka.
B：あれは とけいです。
　　Are wa　　tokee desu.

Ejemplo 2
A：それは なんですか。
　　Sore wa　　nan desu ka.
B：これは ペンです。
　　Kore wa　　pen desu.

Ⅲ このほんは いくらですか 👉Gramática 2

A. Observa las imágenes y haz oraciones utilizando この (*kono*), その (*sono*) o あの (*ano*).

 K02-12

Ejemplo　このとけいは ごせんえんです。
　　　　　　Kono tokee wa　　gosen en desu.

Ej.　　　(1)　　　(2)

¥5000　　　¥290　　　¥68 000

B. Trabajo en parejas: que uno mire la tarjeta A (y el otro mire la tarjeta B (p. 80)). Haz y responde las preguntas para conocer el precio de cada artículo. Utilicen この (kono), その (sono) o あの (ano) según corresponda. Después de averiguar el precio de todos los artículos, decide qué quieres comprar.

Ejemplo Cliente： すみません。このほんは いくらですか。
Sumimasen. Kono hon wa ikura desu ka.

Vendedor：にせんろっぴゃくえんです。
Nisen roppyaku en desu.

* * *

Cliente： じゃあ、そのかさを ください。
Jaa, sono kasa o kudasai.

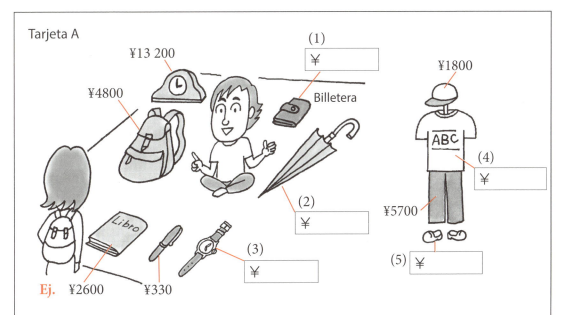

Parte I. Eres el vendedor en un mercadillo. Di al cliente cuánto cuesta cada artículo.
Parte II. Eres es el cliente. Pregunta por los precios de los artículos (1)-(5).

C. Trabajo en parejas: señala los objetos que tiene tu compañero y pregúntale cuánto cuestan.

[Ejemplo] Señalando la camiseta de tu compañero.

A：それは／そのＴシャツは いくらですか。
　　Sore wa　Sono tiishatsu wa　　ikura desu ka.

B：ごひゃくえんです。
　　Gohyaku en desu.

Ⅳ ぎんこうは あそこです　☞Gramática 3

Observa las imágenes y contesta dónde está lo siguiente. 🔊 K02-13

[Ejemplo]

B：すみません。ぎんこうは どこですか。
　　Sumimasen.　Ginkoo wa　doko desu ka.

A：あそこです。
　　Asoko desu.

B：ありがとう ございます。
　　Arigatoo　　gozaimasu.

Ej.

(1) トイレ
　　toire

(2) としょかん
　　toshokan

(3) くつ
　　kutsu

(4) やさい
　　yasai

(5) メニュー
　　menyuu

(6) えいごの ほん
　　eego no　hon

Ⅴ これは だれの かさですか 👉Gramática 4

Trabajo en parejas: señala cada uno de los objetos que aparecen a continuación (imagen A) y pregunta de quién son. Tu compañero consultará la imagen B (p. 79) y te dirá a quién pertenecen.

Ejemplo
A：これは だれの かさですか。
　　 Kore wa　dare no　 kasa desu ka.
B：メアリーさんの かさです。
　　 Mearii san no　　　kasa desu.

Imagen A

(1) 　(2) 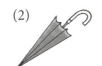　(3) 　(4) 　(5)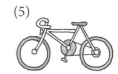

Cambia de papeles con tu compañero.

(6) 　(7) 　(8) 　(9) 　(10)

Ⅵ おかあさんも にほんじんです 👉Gramática 5

Observa las siguientes imágenes y descríbelas. 🔊 K02-14

Ej. japonés

Ejemplo
おとうさんは にほんじんです。
Otoosan wa　　nihonjin desu.
おかあさんも にほんじんです。
Okaasan mo　　nihonjin desu.

padre　　madre

(1) segundo año　　(2) ¥5800 　　(3) 22 años

Mary　　Masato

Takeshi　　Robert

(4) 7:00

Seúl　　Tokio

(5) verduras

(6) Estudiantes de la Univ. de Londres

Robert　Naomi

VII メアリーさんは にほんじんじゃないです　☞ Gramática 6

A. Observa el siguiente cuadro y responde las preguntas. 🔊 K02-15

	Hart, Mary	きむら たけし Kimura Takeshi	Kim, Sora	Smith, Robert	やましたせんせい Yamashita sensee
Nacionalidad	Estadounidense	Japonesa	Coreana	Británica	Japonesa
Escuela	Univ. de Arizona	Univ. de Sakura	Univ. de Seúl	Univ. de Londres	Univ. de Sakura
Especialidad	japonés	historia	informática	negocios	(profesor de japonés)
Año	2.º año	4.º año	3.er año	4.º año	

Ejemplo　Q：メアリーさんは にほんじんですか。
　　　　　　Mearii san wa　　　 nihonjin desu ka.
　　　　　A：いいえ、にほんじんじゃないです。アメリカじんです。
　　　　　　Iie,　　 nihonjin ja nai desu.　　　　Amerikajin desu.

1. たけしさんは ちゅうごくじんですか。
　 Takeshi san wa　　 chuugokujin desu ka.

2. ロバートさんは アメリカじんですか。
　 Robaato san wa　　 amerikajin desu ka.

3. やましたせんせいは かんこくじんですか。
　 Yamashita sensee wa　　 kankokujin desu ka.

4. たけしさんの せんこうは にほんごですか。
　 Takeshi san no　 senkoo wa　　 nihongo desu ka.

5. ソラさんの せんこうは けいざいですか。
   Sora san no senkoo wa keezai desu ka.

6. たけしさんは さくらだいがくの がくせいですか。
   Takeshi san wa Sakura daigaku no gakusee desu ka.

7. メアリーさんは ロンドンだいがくの がくせいですか。
   Mearii san wa Rondon daigaku no gakusee desu ka.

8. たけしさんは にねんせいですか。
   Takeshi san wa ninensee desu ka.

9. ソラさんは いちねんせいですか。
   Sora san wa ichinensee desu ka.

10. ロバートさんは よねんせいですか。
    Robaato san wa yonensee desu ka.

B. Trabajo en grupo: coloquen sus pertenencias (libro de texto, apuntes, bolígrafo, etc.) en una bolsa o caja y, por turnos, tomen un objeto y pregunten a quién pertenece.

Ejemplo　A：これは Bさんの ペンですか。
　　　　　　Kore wa B san no pen desu ka.

　　　　　B：いいえ、わたしの ペンじゃないです。
　　　　　　Iie, watashi no pen ja nai desu.
　　　　　　Cさんの ペンですか。
　　　　　　C san no pen desu ka.

　　　　　C：はい、わたしの ペンです。
　　　　　　Hai, watashi no pen desu.

C. Trabajo en parejas: hacerse mutuamente preguntas de sí o no, como el año de estudios, la especialidad, la edad, las pertenencias, etc.

Ejemplo　A：Bさんは さんねんせいですか。
　　　　　　B san wa sannensee desu ka.

　　　　　B：いいえ、さんねんせいじゃないです。にねんせいです。
　　　　　　Iie, sannensee ja nai desu. Ninensee desu.

VIII まとめの れんしゅう (Ejercicios de repaso)

A. Juego de roles: un alumno es el empleado de una tienda. El otro es un cliente. Usen el Diálogo I como modelo.

B. Juego de roles: un alumno es el empleado de un restaurante. El otro va a un restaurante. Mira el menú que aparece a continuación y pide algo de comida o bebida, utilizando el Diálogo II como modelo.

(Véase la nota cultural de la lección 8 [p. 208] para conocer más sobre la comida japonesa).

C. Traer fotos de sus amigos o familiares y preguntarse entre sí quién es cada persona. Después, añade más preguntas sobre su nacionalidad, ocupación y demás como en el ejemplo.

Ejemplo
A：これは だれですか。
Kore wa dare desu ka.
B：メアリーさんです。
Mearii san desu.
A：イギリスじんですか。
Igirisujin desu ka.
B：いいえ、イギリスじんじゃないです。
Iie, igirisujin ja nai desu.
アメリカじんです。
Amerikajin desu.
アリゾナだいがくの がくせいです。
Arizona daigaku no gakusee desu.
A：そうですか。
Soo desu ka.

D. Actividad en clase: encuentra a alguien...

                                                                       nombre

1. que sea de la misma edad   _____

2. que vaya al mismo curso en la escuela   _____

3. cuya especialidad sea la misma que la tuya   _____

4. que sea de la misma ciudad（しゅっしん）que tú _____
                              shusshin

Ejemplo Buscar a alguien que sea de la misma ciudad que tú.

A：しゅっしんは どこですか。
Shusshin wa doko desu ka.
B：ソウルです。
Souru desu.
A：そうですか。わたしもです。
Soo desu ka. Watashi mo desu.

→ Cuéntale a la clase usando 〜も.

わたしの しゅっしんは ソウルです。
Watashi no shusshin wa Souru desu.
Bさんの しゅっしんも ソウルです。
B san no shusshin mo Souru desu.

 **調べてみよう**

Comparar precios

Hay muchas franquicias de restaurantes/cafeterías de comida rápida de todo el mundo, como McDonald's y Starbucks. Elige un restaurante/cafetería que puedas encontrar tanto en Japón como en tu país y compara los precios de artículos parecidos. Puedes visitar el lugar (si vives en Japón) o consultar el menú en su página web.

Nombre del restaurante/cafetería _____

Productos	Precio en Japón	Precio en tu país (conviértelo a yenes)

写真提供：日本マクドナルド（株）

Trabajo en parejas I C. (p. 68)

Ejemplo A：ノートは いくらですか。
　　　　　　Nooto wa　ikura desu ka.
　　　　　B：ひゃくえんです。
　　　　　　Hyaku en desu.

￥100

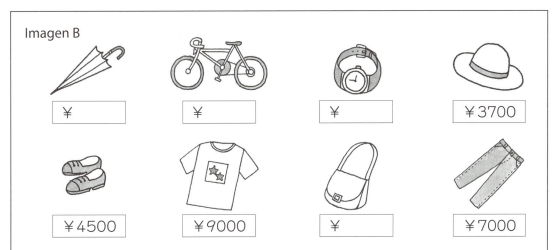

Imagen B

Trabajo en parejas V (p. 73)

Ejemplo A：これは だれの かさですか。
　　　　　　Kore wa　dare no　kasa desu ka.
　　　　　B：メアリーさんの かさです。
　　　　　　Mearii san no　　kasa desu.

Imagen B

Trabajo en parejas Ⅲ B. (p. 71)

Ejemplo
Cliente： すみません。このほんは いくらですか。
Sumimasen.　　Kono hon wa　ikura desu ka.

Vendedor： にせんろっぴゃくえんです。
Nisen roppyaku en desu.

　　　　　　　＊　　　＊　　　＊

Cliente： じゃあ、そのかさを ください。
Jaa,　　sono kasa o　　kudasai.

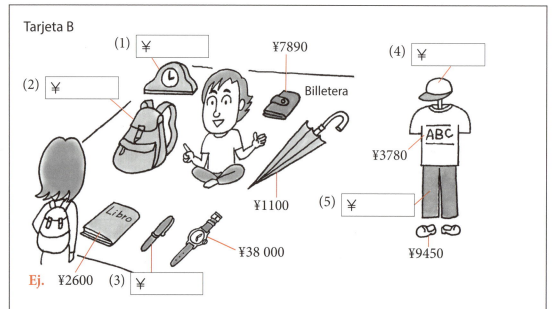

Parte I. Eres es el cliente. Pregunta por los precios de los artículos (1)-(5).
Parte II. Eres el vendedor en un mercadillo. Di al cliente cuánto cuesta cada artículo.

Expresiones útiles

きょうしつ
En el aula

わかりましたか。 Wakarimashita ka.	¿Entiendes?
わかりました。 Wakarimashita.	Entiendo./Entendí.
わかりません。 Wakarimasen.	No entiendo./No sé.
ゆっくり いってください。 Yukkuri itte kudasai.	Por favor, dígalo despacio.
もういちど いってください。 Moo ichido itte kudasai.	Por favor, repítalo.
ちょっと まってください。 Chotto matte kudasai.	Por favor, espere un momento.
きいてください。 Kiite kudasai.	Por favor, escuche./Por favor, pregunte.
10ページを みてください。 Juppeeji o mite kudasai.	Por favor, consulta la página 10.

82 ▶ 会話・文法編

第3課 LECCIÓN 3

デートの約束 Concertar una cita
やく そく

En esta lección, vamos a..

● Hablar de las actividades diarias
● Extender, aceptar y rechazar invitaciones

会 話 D i á l o g o
かい わ

I Mary y Takeshi están conversando. 🔊 K03-01 🔊 K03-02

1 たけし： メアリーさん、週末はたいてい何をしますか。
しゅうまつ なに

2 メアリー： そうですね。たいていうちで勉強します。でも、ときどき映画を
べんきょう えいが

3 見ます。
み

4 たけし： そうですか……。じゃあ、土曜日に映画を見ませんか。
どようび えいが み

5 メアリー： 土曜日はちょっと……。
どようび

6 たけし： じゃあ、日曜日はどうですか。
にちようび

7 メアリー： いいですね。

II Domingo por la mañana en casa de la familia anfitriona de Mary. 🔊 K03-03 🔊 K03-04

1 メアリー： おはようございます。

2 お母さん： おはよう。早いですね。
かあ はや

3 メアリー： ええ、今日は京都に行きます。京都で映画を見ます。
きょう きょうと い きょうと えいが み

4 お母さん： いいですね。何時ごろ帰りますか。
かあ なんじ かえ

5 メアリー： 九時ごろです。
くじ

6 お母さん： 晩ご飯は？
かあ ばん はん

7 メアリー： 食べません。
た

8 お母さん： そうですか。じゃあ、いってらっしゃい。
かあ

9 メアリー： いってきます。

Takeshi: Mary, ¿qué sueles hacer los fines de semana?

Mary: Veamos. Suelo estudiar en casa. Pero a veces veo películas.

Takeshi: Ya veo... Entonces, ¿te gustaría ver una película el sábado?

Mary: El sábado no me viene bien (lit., el sábado es un poco [inconveniente]...)

Takeshi: Entonces, ¿qué tal el domingo?

Mary: (El domingo) está bien.

Ⅱ

Mary: Buenos días.

Madre anfitriona: Buenos días. Has madrugado, ¿verdad?

Mary: Sí, es que hoy voy a Kioto. Veré una película en Kioto.

Madre anfitriona: Bien. ¿A qué hora más o menos volverás?

Mary: Alrededor de las nueve.

Madre anfitriona: ¿Vienes a cenar?

Mary: No voy a comer.

Madre anfitriona: Ya veo. Bueno, que tengas un buen día.

Mary: Adiós.

単語
たん ご

🔊 K03-05 (Jp-Es)
🔊 K03-06 (Es-Jp)

Vocabulario

Sustantivos

Entretenimiento y deportes

* えいが	映画	película
おんがく	音楽	música
ざっし	雑誌	revista
スポーツ		deportes
デート		cita (romántica)
テニス		tenis
テレビ		TV

Alimentos y bebidas

アイスクリーム		helado
ハンバーガー		hamburguesa
おさけ	お酒	sake; bebida alcohólica
おちゃ	お茶	té verde
コーヒー		café
みず	水	agua
あさごはん	朝ご飯	desayuno
ひるごはん	昼ご飯	almuerzo
* ばんごはん	晩ご飯	cena

Lugares

いえ	家	hogar; casa
* うち		hogar; casa; mi casa
がっこう	学校	escuela
カフェ		cafetería

Tiempo

あした	明日	mañana
* きょう	今日	hoy
あさ	朝	por la mañana
こんばん	今晩	esta noche
まいにち	毎日	todos los días
まいばん	毎晩	todas las noches
* しゅうまつ	週末	fin de semana
* どようび	土曜日	sábado

*Palabras que aparecen en el diálogo

* にちようび	日曜日	domingo
いつ		cuándo
* ～ごろ		sobre las ...

Verbos en -u

* いく	行く	ir（*destino* に/へ）
* かえる	帰る	volver; regresar（*destino* に/へ）
きく	聞く	escuchar; oír（～を）
のむ	飲む	tomar; beber（～を）
はなす	話す	hablar; conversar（*idioma* を/で）
よむ	読む	leer（～を）

Verbos en -ru

おきる	起きる	levantarse
* たべる	食べる	comer（～を）
ねる	寝る	dormir; irse a dormir
* みる	見る	ver; mirar; observar（～を）

Verbos irregulares

くる	来る	venir（*destino* に/へ）
* する		hacer（～を）
* べんきょうする	勉強する	estudiar（～を）

Adjetivos

* いい		bueno
* はやい	早い	temprano

Adverbios

あまり + negativo		no mucho; no tanto
ぜんぜん + negativo	全然	no, en absoluto
* たいてい		normalmente
* ちょっと		un poco
* ときどき	時々	a veces
よく		a menudo; mucho

Expresiones

* そうですね		Así es.; A ver.
* でも		pero
* どうですか		¿Qué tal...?; ¿Cómo es...?
* ええ		sí

文法 ぶん ぼう Gramática

1 Conjugaciones verbales

En esta lección, aprenderemos las formas diccionario[1], las formas afirmativas en presente y las formas negativas en presente.

Tres grupos de verbos

Los verbos japoneses se clasifican en tres grupos según su conjugación: los verbos en -*ru*, los verbos en -*u* y los verbos irregulares.

(1) Verbos en -*ru*

Los verbos en -*ru* están formados por una base que termina en *e* o en *i* más el sufijo *ru*. Por lo tanto, todos los verbos en -*ru* terminan en *eru* o *iru*. (Así, al ver un verbo que termina en *aru*, *oru* o *uru*, se puede estar seguro de que no son verbos en -*ru*[2]).

食べる (*tabe + ru*)　　寝る (*ne + ru*)　　　起きる (*oki + ru*)　　　見る (*mi + ru*)

(2) Verbos en -*u*

Los verbos en -*u* están formados por una base consonante-final más una *u* (por ejemplo, 飲む *nom + u*). Obsérvese que 帰る termina con una secuencia *eru*, pero no es un verbo en -*ru* como se definió anteriormente. El sonido *r* en 帰る proviene de la base y no del sufijo.

飲む (*nom + u*)　　　読む (*yom + u*)　　　話す (*hanas + u*)

聞く (*kik + u*)　　　　行く (*ik + u*)　　　　帰る (*kaer + u*)

(3) Verbos irregulares[3]

Hay dos «verbos irregulares», する y くる. する es un elemento muy útil. 勉強する es un ejemplo de verbo complejo formado por un sustantivo y する.

する (*suru*)　　　　　勉強する (*benkyoosuru*)　　　　　くる (*kuru*)

---

[1] Las formas diccionario se utilizan no solo para buscar en el diccionario, sino también en contextos reales.

[2] La regla no es válida en el otro sentido. No todos los verbos que terminan en *eru* o *iru* son verbos en -*ru*. Un ejemplo es el verbo 帰る de esta lección. Aprenderemos más verbos como éste en lecciones posteriores.

[3] No son siempre «irregulares». Solo siguen sus propias reglas.

[4] Además de las formas negativas estándares como 食べません y 行きません, entre los hablantes japoneses también pueden oírse otras formas negativas mucho más coloquiales como 食べないです y 行かないです.

Conjugación del presente

Pasemos ahora a la conjugación del presente. Con los verbos en *-ru*, simplemente se sustituye *-ru* por *masu* (afirmativo) o *masen* (negativo).[4]

Verbos en *-ru*

Forma diccionario	Presente, afirmativo	Presente, negativo
食べる	食べます	食べません
寝る	寝ます	寝ません
起きる	起きます	起きません
見る	見ます	見ません

Con los verbos en *-u*, se sustituye la *u* por *imasu* o *imasen*. Se puede pensar este cambio como si se subiera y bajara en la misma columna de *hiragana* (cambiando entre み y む en la columna まみむめも, por ejemplo).

Verbos en *-u*

Forma diccionario	Presente, afirmativo	Presente, negativo
飲む	飲みます	飲みません
読む	読みます	読みません
話す	話します	話しません
聞く	聞きます	聞きません
行く	行きます	行きません

帰る es un verbo en -u y la consonante final r de la base del verbo se mantiene en la conjugación del presente. Entonces, en lugar de ×帰ます, tenemos:

Forma diccionario: 帰る

Presente, afirmativo: 帰ります

Presente, negativo: 帰りません

En los verbos irregulares, la conjugación es la siguiente.

Verbos irregulares

Forma diccionario	Presente, afirmativo	Presente, negativo
する	します	しません
勉強する	勉強します	勉強しません
くる	きます	きません

Hay que asegurarse de recordar qué verbo pertenece a cada clase de conjugación. Es una buena idea, por lo tanto, memorizar cada verbo como un conjunto: en lugar de memorizar solo la forma diccionario, intentar memorizar también el presente afirmativo, como 行く—行きます.

Para recapitular las reglas para saber a qué clase pertenece cada verbo que termina con el *hiragana* る, se observa que si un verbo termina en

- *aru* u *oru*, es definitivamente un verbo en *-u*
- *uru*, puede ser un verbo irregular o un verbo en *-u*
- *iru* o *eru*, es más probable que sea un verbo en *-ru*, pero también puede que sea un verbo en *-u*.

2 Tipos de verbos y el «tiempo presente»

En esta lección aprenderemos una docena de verbos que describen acciones humanas básicas. A menudo se denominan «verbos de acción» y el «presente» de estos verbos significa (1) que una persona realiza estas actividades de forma habitual o regular o (2) que una persona realizará o planea realizar estas actividades en el futuro.[5]

Acciones habituales:

私はよくテレビを見ます。 *A menudo veo la televisión.*

メアリーさんはときどき朝ご飯を食べません。 *Mary a veces no desayuna.*

Acciones futuras:

私はあした京都に行きます。 *Mañana voy a Kioto.*

ソラさんは今日うちに帰りません。 *Sora no vuelve a casa hoy.*

3 Partículas

Los sustantivos utilizados en oraciones deben ir generalmente seguidos de partículas, que indican las relaciones que tienen con los verbos.[6] En esta lección, aprenderemos cuatro partículas: を, で, に y へ.

---

[5] Aprenderemos a describir acciones en curso con estos verbos en la lección 7.

[6] En el lenguaje hablado, las partículas a veces se omiten. Aprenderemos más sobre estos casos en la lección 15.

を (Objeto directo)　La partícula を indica «objetos directos», el tipo de cosas que están directamente involucradas o afectadas por la acción. Obsérvese que esta partícula se pronuncia «*o*».

コーヒーを飲みます。	*Bebo café.*
音楽を聞きます。	*Escucho música.*
テレビを見ます。	*Veo la televisión.*

で (Lugar de la acción)　La partícula で indica el lugar en el que tiene lugar la acción descrita por el verbo.

図書館で本を読みます。	*Leeré libros en la biblioteca.*
うちで昼ご飯を食べます。	*Comeré en casa.*

に　La partícula に tiene muchos significados, pero aquí aprenderemos dos: (1) el objetivo hacia el que se mueven las cosas y (2) el momento en el que se produce una acción.

(1) Objetivo del movimiento (para verbos como 行く, 来る y 帰る)

今日学校に行きません。	*Hoy no voy a la escuela.*
うちに帰ります。	*Volveré a casa.*

(2) El tiempo (esto se profundiza en la sección 4, a continuación)

日曜日に京都に行きます。	*Iré a Kioto el domingo.*
十一時に寝ます。	*Me acostaré a las once.*

Se pueden hacer referencias temporales aproximadas sustituyendo に por ごろ o ごろに. Así,

十一時ごろ／十一時ごろに 寝ます。	*Me acostaré sobre las once.*

へ (Objetivo del movimiento)　Con los verbos 行く, 来る y 帰る, se puede sustituir el objetivo del movimiento に por へ. No se puede sustituir に por へ cuando hace referencia temporal. Obsérvese que esta partícula se pronuncia «*e*».

今日学校へ行きません。	*Hoy no voy a la escuela.*
うちへ帰ります。	*Volveré a casa.*

90 ▶ 会話・文法編

4 Referencias temporales

Se necesita la partícula に con (1) los días de la semana, como «el domingo» y (2) expresiones horarias numéricas, como «a las 10:45» y «en septiembre».

日曜日に行きます。 *Iré el domingo.*

十時四十五分に起きます。 *Me levanto a las 10:45.*

九月に帰ります。 *Volveré en septiembre.*

No se utiliza la partícula に con (1) expresiones temporales definidas en relación con el momento presente, como «hoy» y «mañana», (2) expresiones que describen intervalos regulares, como «todos los días» y (3) la palabra «cuando».

あした来ます。 *Mañana vengo.*

毎晩テレビを見ます。 *Veo la televisión todas las noches.*

いつ行きますか。 *¿Cuándo vas a ir?*

Normalmente no se utiliza に con (1) las partes de un día, como «por la mañana» y «por la noche» ni con (2) la palabra para «fin de semana». Sin embargo, a diferencia de palabras como あした y 毎晩, éstas pueden ir seguidas de に, dependiendo del estilo, el énfasis y las preferencias personales.

朝（に）本を読みます。 *Leo un libro por la mañana.*

週末（に）何をしますか。 *¿Qué harás el fin de semana?*

5 〜ませんか

Se puede usar ませんか (= el verbo negativo en presente más la partícula interrogativa) para hacer una invitación. Cabe señalar que su contraparte afirmativa, ますか, no puede usarse de esta manera. Así, una oración como 昼ご飯を食べますか solo puede interpretarse como una pregunta, no como una invitación.

Ａ：昼ご飯を食べませんか。 *¿Qué te parece si almorzamos juntos?*

Ｂ：いいですね。 *Suena genial.*

Ａ：テニスをしませんか。 *¿Jugamos al tenis?*

Ｂ：うーん、ちょっと。 *Hum, es que... (no me conviene en este momento).*

6 Adverbios de frecuencia

Se puede añadir un adverbio de frecuencia como 毎日 (todos los días), よく (a menudo) y ときどき (a veces) a una oración para describir la frecuencia con la que se hace algo.

私はときどき図書館に行きます。   *A veces voy a la biblioteca.*

En esta lección, también aprenderemos dos adverbios que describen la *poca frecuencia* de una actividad o evento: ぜんぜん (nunca; en absoluto) y あまり (casi nunca; no mucho). Estos adverbios anticipan la negación del final de la oración. En otras palabras, si se usa ぜんぜん o あまり, se tiene que concluir la oración con ません.

私はぜんぜんテレビを見ません。   *No veo nada de televisión.*

たけしさんはあまり勉強しません。   *Takeshi no estudia mucho.*

7 Orden de las palabras

Las oraciones japonesas son bastante flexibles en cuanto a la disposición de sus elementos. Por lo general, las oraciones se componen de varias secuencias sustantivo-partícula seguidas de un verbo o un adjetivo. Por lo tanto, una oración típica se parece a la siguiente, pero también son posibles otras disposiciones de secuencias de sustantivo-partícula.

私は　　今日　　図書館で　　日本語を　　勉強します。
tema　**tiempo**　**lugar**　　**objeto**　　　**verbo**

Hoy voy a estudiar japonés en la biblioteca.

私は　　　よく　　　七時ごろ　　うちへ　　帰ります。
tema　**frecuencia**　　**tiempo**　**objetivo o destino**　**verbo**

Suelo volver a casa alrededor de las siete.

8 La partícula temática は

Como vimos en la lección 1, la partícula は presenta el tema del enunciado («En cuanto al elemento X, es tal que...»). Plantea aquello sobre lo que se quiere hablar. Se puede observar que las estructuras sintácticas de tema en oraciones como メアリーさんは二年生です (Mary es estudiante de segundo año) y 私の専攻は日本語です (Mi especialidad es el japonés) son los sujetos de esas oraciones. Sin embargo, una estructura sintáctica de tema no tiene por qué ser el sujeto de una oración. En el diálogo de esta lección vemos tres oraciones en las que las oraciones sin sujeto se convierten en temas con la ayuda de la partícula は.

メアリーさん、週末はたいてい何をしますか。

Mary, ¿qué sueles hacer los fines de semana?

今日は京都に行きます。

Hoy me voy a Kioto.

En los dos ejemplos anteriores, は presenta expresiones de tiempo como tema de cada oración. Sus efectos se pueden parafrasear así: «Hablemos de los fines de semana: ¿qué haces los fines de semana?» «Déjame decir lo que haré hoy: iré a Kioto».

A：晩ご飯は？

¿Y la cena?

B：食べません。

No voy a comer.

En este ejemplo, は se utiliza para dirigir la atención del oyente y así invitar a formular observaciones o a completar una oración. También puede observarse que el tema abordado, 晩ご飯, no está en relación de sujeto con el verbo, sino que es su objeto directo.

Expresiones lingüísticas

表現ノート
ひょうげん

ちょっと ▶ ちょっと significa literalmente «un poco», «una pequeña cantidad», como en ちょっとください (Por favor, dame un poco) y ちょっと待ってください (Por favor, espera un momento). Es comúnmente utilizado para una negativa cortés. En este caso, significa «inconveniente», «imposible», etc. Los japoneses no suelen rechazar las peticiones, sugerencias o invitaciones con いいえ (no) porque suena demasiado directo.

  A：土曜日に映画を見ませんか。 ¿Vamos a ver una película el sábado?
  どようび　　えいが　み

  B：土曜日は、ちょっと。   El sábado no me va bien
  どようび   (lit., el sábado es un poco).

はい/ええ ▶ Tanto *hai* como *ee* significan «sí» en respuesta a preguntas de sí o no. En comparación con *hai*, *ee* es más conversacional y casual. En situaciones más informales, se utiliza *un*.

Hai también se utiliza para responder cuando llaman a la puerta o dicen tu nombre, significando «aquí», como a continuación. (En este caso, no se puede reemplazar con *ee*).

  Profesor: スミスさん？ ¿Sr. Smith?
  Estudiante: はい。   Aquí.

練習 Práctica

I 食べます　☞Gramática 1・2

Conjuga los siguientes verbos a 〜ます y 〜ません. Ignora aquí la palabra en español.

🔊 K03-07　🔊 K03-08

Ejemplo　たべる　→　たべます
　　　　　たべる　→　たべません

Ej. たべる　　　　(1) きく　　　　(2) のむ　　　　(3) はなす

hamburguesa　　música　　　café　　　　japonés
del McDonald　　casa　　　　cafetería　　universidad
5:00　　　　　　4:30　　　　3:00　　　　todos los días

(4) よむ　　　(5) みる　　　(6) する　　　(7) べんきょうする

revista　　　TV　　　　　tenis　　　　japonés
biblioteca　　casa　　　　escuela　　　biblioteca
2:00　　　　esta noche　　sábado　　　fin de semana

(8) いく　　(9) かえる　　(10) くる　　(11) おきる　　(12) ねる

第3課 ◀ 95

Ⅱ 図書館で雑誌を読みます ☞Gramática 3
　　と しょ かん　 ざっ し　 よ

A. Observa las imágenes (1) a (7) de la página anterior y haz oraciones utilizando las indicaciones.

会
L3

(a) Añade los objetos directos. 🔊 K03-09

[Ejemplo] hamburguesa　→　ハンバーガーを食べます。
　　　　　　　　　　　　　　　　　　　　　　　　た

(b) Añade el lugar a las oraciones anteriores. 🔊 K03-10

[Ejemplo] McDonald's　→　マクドナルドでハンバーガーを食べます。
　　　　　　　　　　　　　　　　　　　　　　　　　　　　　　た

B. Trabajo en parejas: pregunta y responde a las siguientes preguntas, observando las imágenes en Ⅰ. Haz más preguntas.

1. メアリーさんは図書館で雑誌を読みますか。
　　　　　　　　　と しょ かん　 ざっ し　 よ
2. メアリーさんはうちでコーヒーを飲みますか。
　　　　　　　　　　　　　　　　　　　　　の
3. メアリーさんはどこでテニスをしますか。
4. メアリーさんはカフェで何を飲みますか。
　　　　　　　　　　　　　　なに　 の

C. Trabajo en parejas: pregunta a tu compañero sobre sus actividades diarias utilizando los verbos de Ⅰ.

[Ejemplo] A：雑誌を読みますか。
　　　　　　　　 ざっ し　 よ
　　　　　　　B：ええ、読みます。
　　　　　　　　　　　　 よ
　　　　　　　A：どこで読みますか。
　　　　　　　　　　　　　 よ
　　　　　　　B：図書館で読みます。
　　　　　　　　 と しょ かん　 よ

D. Trabajo en parejas: juego de adivinanzas

(1) Primero, elige un elemento de cada fila. No se lo muestres a tu compañero.

Ej. 〜を話します	chino	coreano	inglés	japonés
〜を見ます	deportes	películas	noticias (ニュース)	dibujos animados (アニメ)
〜を飲みます	sake	té verde	agua	café
〜を読みます	libro	periódico	revista	libro en japonés
〜をします	cita	estudio	teléfono	tenis

(2) Haz preguntas a tu compañero para saber qué elementos ha elegido utilizando el verbo de la izquierda. Puedes hacer como máximo dos preguntas con cada verbo. Si adivinas, ganas un punto.

Ejemplo　A：中国語を話しますか。
　　　　　B：いいえ、話しません。
　　　　　A：英語を話しますか。
　　　　　B：はい、話します。(¡Punto!)

(3) Calcula la puntuación. Ganas la partida si obtienes más puntos que tu compañero.

III 学校に行きます　☞ Gramática 3

A. Mira las siguientes imágenes y haz oraciones utilizando las indicaciones. 🔊 K03-11

Ejemplo　ir a la oficina de correos　→　ソラさんは郵便局に行きます。

Ej. ir a la oficina de correos　(1) ir a la biblioteca　(2) venir a mi casa

1:00　　　　　　　　　　3:00　　　　　　　　　domingo

(3) venir a la escuela　(4) regresar a casa　(5) volver a los EE.UU.

8:30　　　　　　　　　　5:30　　　　　　　　　mañana

B. Trabajo en parejas: haz preguntas observando las imágenes en A.

Ejemplo　Ａ：ソラさんはどこに行きますか。
　　　　　Ｂ：郵便局に行きます。

Ⅳ 何時に起きますか　☞Gramática 4

A. Mira el horario del profesor Yamashita y describe lo qué hace y cuándo.　🔊 K03-12

Ejemplo　山下先生は七時半に起きます。

Ej.	7:30 a.m.	levantarse
(1)	8:00	desayunar
(2)	8:30	ir a la universidad
(3)	12:00	almorzar
(4)	4:00 p.m.	beber café
(5)	6:00	volver a casa
(6)	7:30	cenar
(7)	11:30	acostarse

B. Trabajo en parejas: preguntar el uno al otro sobre el horario del profesor Yamashita.

Ejemplo　Ａ：山下先生は何時に起きますか。
　　　　　Ｂ：七時半に起きます。

C. Trabajo en parejas: pregunta a tu compañero a qué hora hace las siguientes cosas.

Ejemplo
Ａ：何時に起きますか。
Ｂ：たいてい八時ごろ起きます。

El horario de tu compañero

hora	
(　　)	levantarse
(　　)	desayunar
(　　)	ir a la escuela
(　　)	almorzar
(　　)	volver a casa
(　　)	acostarse

D. Observa las imágenes de Ⅰ (1)-(7) (p. 94) y Ⅲ-A (p. 96), y añade expresiones de tiempo a las oraciones. 🔊 K03-13 🔊 K03-14

Ejemplo （Ⅰ） 5:00 → 五時にマクドナルドでハンバーガーを食べます。
　　　　（Ⅲ-A） 1:00 → ソラさんは一時に郵便局に行きます。

Ⅴ コーヒーを飲みませんか　☛Gramática 5

A. Haz sugerencias utilizando las indicaciones que aparecen a continuación. 🔊 K03-15

Ejemplo　beber café　→　コーヒーを飲みませんか。

1. ver una película
2. venir a mi casa
3. ir a Kioto
4. cenar
5. estudiar en la biblioteca
6. conversar en una cafetería
7. tomar té en casa
8. escuchar música

B. Trabajo en parejas: invita a tu amigo a las actividades que aparecen en las imágenes. Asegúrate de incluir la hora y el lugar de las actividades, como en el siguiente ejemplo.

Ejemplo　Ａ：日曜日に図書館で勉強しませんか。
　　　　Ｂ：いいですね。／すみませんが、ちょっと……。

Ej. (1) (2) (3)

(4) (5) (6)

C. Trabajo en parejas: utiliza las indicaciones siguientes y haz sugerencias para hacer algo juntos. Tu compañero sugiere una alternativa.

Ejemplo　cafetería / biblioteca

→　　A：カフェで勉強しませんか。
　　　B：すみませんが、カフェはちょっと……。
　　　　　図書館はどうですか。
　　　A：いいですね。

1. café / té verde
2. tenis / bádminton（バドミントン）
3. sábado / domingo
4. McDonald's（マクドナルド）/ Mos Burger（モスバーガー）

VI 毎日本を読みます　☞Gramática 6

¿Con qué frecuencia realizas las siguientes actividades? Contesta a las preguntas utilizando las siguientes expresiones.

Ejemplo　Q：本を読みますか。
　　　　　A：はい、よく読みます。／いいえ、あまり読みません。

1. スポーツをしますか。
2. 雑誌を読みますか。
3. コンビニに行きますか。
4. 映画を見ますか。
5. コーヒーを飲みますか。
6. 日本の音楽を聞きますか。
7. 朝ご飯を食べますか。

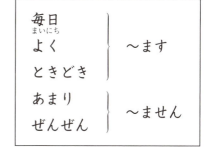

100 ▶ 会話・文法編

Ⅶ まとめの練習 (Ejercicios de repaso)

A. Responde las siguientes preguntas.

1. 何時に起きますか。
2. どこで勉強しますか。
3. いつテレビを見ますか。
4. スポーツをしますか。

5. 週末はどこに行きますか。
6. 朝、何を食べますか。
7. 今晩、何をしますか。
8. 毎晩、何時ごろ寝ますか。

B. Cuéntales a tus compañeros cuáles son tus planes para hoy/mañana/el fin de semana.

Ejemplo 今日は一時ごろ昼ご飯を食べます。
三時に図書館で日本語を勉強します。
六時ごろ家に帰ります。

C. Actividad en clase: encuentra a alguien que...

nombre

1. se levanta a las 7 _____
2. desayuna todos los días _____
3. habla chino _____
4. ve películas en casa _____
5. escucha música japonesa _____
6. juega al tenis _____

D. Propón a un compañero de clase hacer algo juntos durante el fin de semana. Utiliza el diálogo Ⅰ como modelo.

Ejemplo Ａ：Ｂさんはテニスをしますか。

Ｂ：はい。

Ａ：じゃあ、日曜日にテニスをしませんか。

Ｂ：日曜日はちょっと……。

Ａ：そうですか。じゃあ、土曜日はどうですか。

Ｂ：ええ、いいですね。

Notas culturales

日本の家 Las casas japonesas
にほん いえ

Tradicionalmente, las construcciones japonesas eran de madera. Las habitaciones tenían suelo de 畳 (tatami, esteras de paja) y estaban divididas por ふすま o 障子 (dos tipos de puertas correderas).
しょうじ

Las casas japonesas modernas tienen principalmente habitaciones de estilo occidental y están equipadas con inodoros de estilo occidental (algunos con rociadores de agua que se activan con un botón). Sin em-

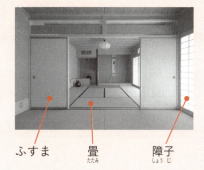

ふすま　　畳　　障子
　　　　たたみ　しょうじ

bargo, la mayoría de los cuartos de baño conservan las características tradicionales: están separados de los inodoros y lavabos y tienen un espacio para lavarse el cuerpo fuera de la bañera. Normalmente, todos los miembros de la familia comparten el agua de la bañera, por lo que es necesario limpiarse el cuerpo antes de meterse en ella.

Otra característica tradicional de las casas japonesas es el 玄関, un espacio en la entrada donde la gente se quita los zapatos.
げんかん

トイレ

お風呂 (Cuarto de baño)
ふろ

玄関
げんかん

写真提供（トイレ／お風呂）:（株）LIXIL

第4課
初めてのデート La primera cita

En esta lección, vamos a..
- Preguntar y describir dónde están las cosas/personas
- Hablar de cosas que sucedieron en el pasado
- Hablar de acciones habituales en el pasado

会話 Diálogo

I Mary va al centro. K04-01 K04-02

1. メアリー： すみません。マクドナルドはどこですか。
2. 知らない人： あそこにホテルがありますね。
3. 　　　　　　マクドナルドはあのホテルの前ですよ。
4. メアリー： ありがとうございます。

II Por la noche, en casa de la familia anfitriona de Mary. K04-03 K04-04

1. メアリー： ただいま。
2. お父さん： おかえりなさい。映画はどうでしたか。
3. メアリー： 見ませんでした。たけしさんは来ませんでした。
4. お父さん： えっ、どうしてですか。
5. メアリー： わかりません。だから、一人で本屋
6. 　　　　　　とお寺に行きました。
7. お父さん： 人がたくさんいましたか。
8. メアリー： はい。お寺で写真をたくさん撮り
9. 　　　　　　ました。
10. 　　　　　　公園にも行きました。
11. お父さん： そうですか。

第4課 ◀ 103

Ⅲ Takeshi llama a Mary por la noche. 🔊 K04-05 🔊 K04-06

1 たけし：　　もしもし、メアリーさん。

2 メアリー：　あっ、たけしさん。今日来ませんでしたね。
　　　　　　　　　　　　　　きょう き

3 たけし：　　行きましたよ。モスバーガーの前で一時間待ちました。
　　　　　　い　　　　　　　　　　　　　まえ　いちじかんま

4 メアリー：　モスバーガーじゃないですよ。マクドナルドですよ。

5 たけし：　　マクドナルド……ごめんなさい！

会
L4

Ⅰ

Mary: Disculpe. ¿Dónde está el McDonald's?

Un desconocido: Hay un hotel por allí. El McDonald's está delante del hotel.

Mary: Muchas gracias.

Ⅱ

Mary: Ya llegué (a casa).

Padre anfitrión: Bienvenido (a casa). ¿Qué tal la película?

Mary: No la vi. Takeshi no llegó.

Padre anfitrión: Oh, ¿por qué?

Mary: No lo sé. Entonces, fui a una librería y a un templo sola.

Padre anfitrión: ¿Había mucha gente?

Mary: Sí. Tomé muchas fotos en el templo. También fui a un parque.

Padre anfitrión: Ya veo.

Ⅲ

Takeshi: Hola, Mary.

Mary: Oh, Takeshi. No has venido hoy, ¿verdad?

Takeshi: Sí fui. Esperé una hora frente al local de Mos Burger.

Mary: No Mos Burger. ¡McDonald's!

Takeshi: McDonald's... ¡Perdón!

単語
Vocabulario

Sustantivos

Actividades

ゲーム		juego
アルバイト		trabajo a tiempo parcial (más coloquialmente, バイト)
かいもの	買い物	compras
クラス		clase

Personas y cosas

いぬ	犬	perro/rra
ねこ	猫	gato/ta
* ひと	人	persona
こども	子供	niño/ña
あなた		usted
いす		silla
つくえ	机	escritorio
* しゃしん	写真	imagen; fotografía
はな	花	flor
レポート		informe
ごはん	ご飯	arroz; comida
パン		pan

Lugares

* おてら	お寺	templo
* こうえん	公園	parque
スーパー		supermercado
バスてい	バス停	parada de autobús
びょういん	病院	hospital
* ホテル		hotel
* ほんや	本屋	librería
まち	町	pueblo; ciudad
レストラン		restaurante

* Palabras que aparecen en el diálogo

La hora

きのう	昨日	ayer
* ～じかん	～時間	... horas
いちじかん	一時間	una hora
せんしゅう	先週	la semana pasada
とき	時	cuando ... ; durante ... （～の）
げつようび	月曜日	lunes
かようび	火曜日	martes
すいようび	水曜日	miércoles
もくようび	木曜日	jueves
きんようび	金曜日	viernes

Verbos en -u

あう	会う	conocer; ver (a una persona) （*persona* に）
* ある		hay ... (*lugar* に *cosa* が）
かう	買う	comprar （～を）
かく	書く	escribir (*persona* に *cosa* を）
* とる	撮る	tomar (una foto) （～を）
* まつ	待つ	esperar （～を）
* わかる		entender （～が）

Verbo en -ru

* いる		(una persona) está en ... ; se queda en ... (*lugar* に *persona* が）

Adverbios y otras expresiones

～ぐらい		alrededor de (medida aproximada)
* ごめんなさい		Lo siento.; Perdón.
それから		y luego
* だから		así que; por lo tanto
* たくさん		muchos; mucho
* ～と		junto con (una persona); y
* どうして		por qué
* ひとりで	一人で	solo
* もしもし		¿Aló?; ¿Bueno? (contestando el teléfono)

Palabras de ubicación

みぎ	右	derecha（〜の）
ひだり	左	izquierda（〜の）
＊まえ	前	delante de（〜の）
うしろ	後ろ	atrás（〜の）
なか	中	adentro（〜の）
うえ	上	sobre（〜の）
した	下	bajo（〜の）
ちかく	近く	cerca; cercano（〜の）
となり	隣	siguiente（〜の）
あいだ	間	entre（AとBの）

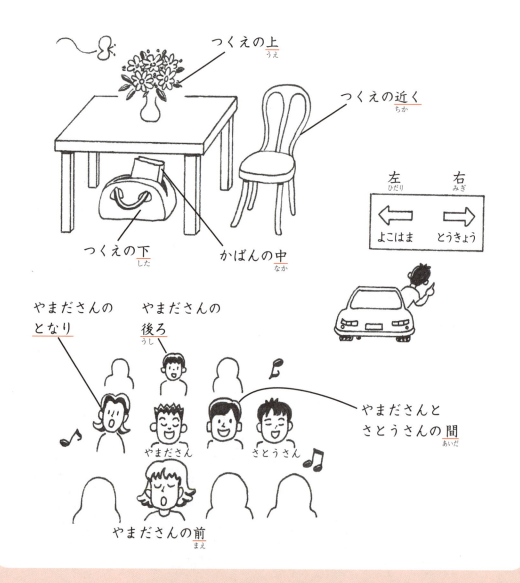

文法 Gramática

1 X があります / います

Para decir «hay X» se utilizan los verbos あります (para seres inanimados o vegetales) e います (para personas y animales).

あそこにマクドナルドがあります。　　*Allí hay un McDonald's.*

Aquello que se presenta va acompañado de la partícula が (a diferencia de los verbos que hemos visto hasta ahora, que requieren は). El lugar donde se encuentra va acompañado de la partícula に (a diferencia de los otros verbos que requieren で). Normalmente se describe primero el lugar y luego lo presentado, como en el ejemplo anterior.[1]

あります también se puede usar para decir que *se tiene* o *se posee* algo.[2]

テレビがありません。　　　　　　　　*No tengo televisión.*

時間がありますか。　　　　　　　　　*¿Tienes tiempo?*

También se usa あります cuando queremos decir que *un evento tendrá lugar*.[3]

火曜日にテストがあります。　　　　　*Habrá un examen el martes.*

あしたは日本語のクラスがありません。　*Mañana no habrá clase de japonés.*

---

[1] ある también se diferencia de otros verbos por su forma negativa coloquial no estándar (véase la nota 4 de la lección 3). Es ないです, en lugar de la estructura regular esperada あらないです, que no es gramaticalmente correcta.

[2] Obsérvese la diferencia entre:
テレビがありません (No tengo televisión), la versión negativa de テレビがあります, y
テレビじゃありません (No es una televisión), la versión más formal de テレビじゃないです.

[3] Cuando se utiliza あります en el sentido de que un evento que tiene lugar, la descripción del lugar va seguida de la partícula で, como los verbos normales y a diferencia de los otros usos de あります.
あした京都でお祭りがあります。　*Mañana habrá un festival en Kioto.*
Cómo ya se comentó en la lección 3, algunas expresiones de tiempo (como 日曜日に) vienen con la partícula に y otras (como あした) no. La misma regla se aplica a las oraciones con あります.

108 ▶ 会話・文法編

Cuando se quiere decir que hay una *persona* o animal, hay que utilizar el verbo います. Así,

あそこに留学生がいます。
りゅうがくせい

Hay un estudiante extranjero allí.

También se puede usar います para decir que *tienes* amigos, hermanos, etc.

日本人の友だちがいます。
に ほんじん　　とも

Tengo un amigo japonés.

(lugar に)	cosa が　　あります persona が　います	Hay …

2 Describir dónde están las cosas

En la lección 2 aprendimos a pedir y dar la ubicación del objeto X.

Ａ：マクドナルドはどこですか。

¿Dónde está el McDonald's?

Ｂ：マクドナルドは〔あそこ／そこ／ここ〕です。

El McDonald's está 〔*allí. / ahí. / aquí.*〕

En esta lección, aprenderemos a describir la ubicación de un elemento en relación con otro, como en «X está delante de Y». La versión japonesa es así: X は Y の前です.
まえ

（マクドナルドは）あのホテルの前です。
まえ

Está delante de aquel hotel.

第4課 ◀ 109

Otras palabras útiles para describir lugares son las siguientes:

palabras de localización

| X は Y の | みぎ
ひだり
まえ
うしろ
なか
うえ
した
ちかく⁴
となり⁵ | です。 | X está | a la derecha de
a la izquierda de
delante de
detrás de
dentro de
en/sobre
debajo de
cerca de
junto a | Y. |

X は Y と Z のあいだです. X está entre Y y Z.

銀行は図書館の<u>となり</u>です。
ぎんこう　　としょかん
El banco está al lado de la biblioteca.

傘はテーブルの<u>下</u>です。
かさ　　　　　　した
El paraguas está debajo de la mesa.

レストランはスーパーと病院の<u>間</u>です。
　　　　　　　　　　びょういん　　あいだ
El restaurante está entre el supermercado y el hospital.

Se puede utilizar cualquiera de las palabras de localización anteriores junto con un verbo para describir un acontecimiento que ocurre en el lugar. Para utilizar estas estructuras con verbos como 食べる y 待つ, se necesita la partícula で.
　　　　　　　　　　た　　　　　ま

私はモスバーガーの前<u>で</u>メアリーさんを待ちました。
わたし　　　　　　　　まえ　　　　　　　　　　　　ま
Esperé a Mary delante del Mos Burger.

---

⁴ Otra palabra para «cerca» que también se utiliza habitualmente es そば.

⁵ Se utiliza となり para describir a dos personas, edificios o lugares que se encuentren uno al lado del otro. よこ se puede usar para una gama mucho más amplia de cosas.

　　　○かばんはつくえの<u>よこ</u>です。　　*La bolsa está junto al escritorio.*
　　　×かばんはつくえの<u>となり</u>です。　　(poco natural)

110 ▶ 会話・文法編

3 El pasado de です

Las versiones en pasado de las oraciones «XはYです» son でした en afirmativo y じゃなかった
です en negativo.

です	afirmativo	negativo
[Presente]	〜です	〜じゃないです
[Pasado]	〜でした	〜じゃなかったです [6]

山下先生はさくら大学の学生でした。
やましたせんせい　　　　　だいがく　がくせい

El Sr. Yamashita era estudiante de la Universidad Sakura.

あれは日本の映画じゃなかったです。
　　　にほん　えいが

Esa no era una película japonesa.

4 Tiempo pasado de los verbos

Las formas del pasado de los verbos terminan con ました en afirmativo y ませんでした en negativo.

Verbos	afirmativo	negativo
[Presente]	〜ます	〜ません
[Pasado]	〜ました	〜ませんでした [7]

メアリーさんは九時ごろうちに帰りました。　　*Mary volvió a casa sobre las nueve.*
　　　　　　くじ　　　　　かえ

私はきのう日本語を勉強しませんでした。　　*Ayer no estudié japonés.*
わたし　　　にほんご　べんきょう

Los diversos detalles de la formación de las formas largas aprendidas en la lección 3, y las distin-
ciones entre verbos en *-ru*, *-u* e irregulares, se aplican también a las formas en pasado.

---

[6] Como ocurría con el presente じゃないです, también hay una variante じゃありませんでした más formal
junto a じゃなかったです. Las comunicaciones escritas tendrán más bien ではありませんでした, con la
forma no contraída de では.

[7] La forma coloquial no estándar de los verbos negativos en pasado es なかったです, como en 帰らなかったで
す. Aprenderemos a cambiar los verbos a estas formas en la lección 9.
　　　　　　　かえ

第4課 ◀ 111

5 も

En la lección 2 aprendimos que se utiliza la partícula も en referencia al segundo elemento que comparte un atributo común con el primero. También se puede utilizar も cuando dos o más personas realizan la misma actividad.

私はきのう京都に行きました。 　　　*Ayer fui a Kioto.*

山下先生<u>も</u>きのう京都に行きました。 　*El profesor Yamashita también fue a Kioto ayer.*

O cuando alguien compra, ve o come dos o más cosas.

メアリーさんは靴を買いました。 　　*Mary compró zapatos.*

メアリーさんはかばん<u>も</u>買いました。 　*Mary compró también un bolso.*

En los ejemplos anteriores, は y を se reemplazan con も. Otras partículas como に y で se mantienen y se siguen con も.

私は先週京都に行きました。 　　　*Fui a Kioto la semana pasada.*

　　大阪に<u>も</u>行きました。 　　　　　*También fui a Osaka.*

ソラさんは土曜日に学校に来ました。 　*Sora vino a la escuela el sábado.*

　　日曜日に<u>も</u>学校に来ました。 　　*También vino a la escuela el domingo.*

けんさんはうちで本を読みました。 　　*Ken leyó un libro en casa.*

　　カフェで<u>も</u>本を読みました。 　　*También leyó un libro en una cafetería.*

Al igual que も sustituye a は y を, se pone も tras el nuevo elemento que es igual que el primer elemento presentado en la oración anterior; en los ejemplos anteriores, visitaste tanto Kioto como Osaka, Sora vino a la escuela tanto el sábado como el domingo, y así sucesivamente.

```
は / が / を　→　も
に / で / etc.　→　にも / でも / etc.
```

6 一時間

La duración de una actividad se expresa con un sustantivo simple, como 一時間. Un sustantivo de este tipo es independiente (es decir, no va seguido de ninguna partícula).

メアリーさんはそこでたけしさんを一時間待ちました。

Mary esperó a Takeshi allí durante una hora.

Para expresar una medida aproximada, se puede añadir ぐらい[8] después de 〜時間.

私はきのう日本語を三時間ぐらい勉強しました。

Ayer estudié japonés durante unas tres horas.

Para decir una hora y media, se añade 半 inmediatamente después de 〜時間.

きのう七時間半寝ました。

Dormí siete horas y media anoche.

Para decir 半 y ぐらい juntos, ぐらい va al final, como en 一時間半ぐらい.

7 たくさん

Las expresiones de cantidad en japonés son bastante diferentes a las del español. En japonés, si quieres añadir una palabra de cantidad como たくさん al objeto directo de una oración, se puede poner antes del sustantivo o después de la partícula を.

京都で { 写真をたくさん / たくさん写真を } 撮りました。　　*Tomé muchas fotos en Kioto.*

También se puede utilizar estos dos órdenes (cantidad-sustantivo-partícula y sustantivo-partícula-cantidad) en oraciones con ある e いる.

{ 野菜がたくさん / たくさん野菜が } あります。　　*Hay muchas verduras.*

---

[8] Como aprendimos en la lección 3, hay otra palabra para decir «a cierta hora aproximadamente», ごろ.
[9] と se utiliza para conectar sustantivos solamente. Aprenderemos a conectar verbos y oraciones en la lección 6.
[10] «Con» como en «con palillos» requiere otra partícula. Véase la lección 10.

8 と

La partícula と tiene dos funciones. Una de ellas es conectar dos sustantivos, A y B.[9]

日本語と英語を話します。　　　　　*Hablo japonés e inglés.*

京都と大阪に行きました。　　　　　*Fui a Kioto y a Osaka.*

El otro significado de と es «junto con», describe *con quién* se hace algo.[10]

メアリーさんはソラさんと韓国に行きます。

Mary irá a Corea con Sora.

Expresiones lingüísticas 5

X の前 ▶ Xの前 se utiliza a menudo en el sentido de «al otro lado (de la calle) de X» o «frente a X». También se puede escuchar otra palabra que se utiliza en el sentido de «al otro lado», que es , X のむかい.

Si algo está detrás de X, o más lejos de una calle y no se puede ver directamente debido a la X intermedia, además de llamarlo X の後ろ, también se puede describir como X のうら.

えっ/あっ ▶ En los diálogos, observamos al padre anfitrión de Mary diciendo えっ, y a Mary diciendo あっ. えっ es como un «¿qué?» de incredulidad que se usa cuando se ha escuchado algo que es difícil de creer. あっ se utiliza cuando uno se ha dado cuenta o ha recordado algo de repente. El っ pequeño al final de estas palabritas indica que, cuando se pronuncian, son muy cortas.

No usar あなた ▶ Como aprendimos en la lección 1 (Expresiones lingüístticas en la página 45), el uso de la palabra あなた es limitado. Los japoneses suelen prescindir de mencionar explícitamente el «tú o usted» en las oraciones.

　　A：今週の週末、何をしますか。　　*¿Qué vas a hacer este fin de semana?*
　　B：買い物をします。　　　　　　　*Me voy de compras.*

Si se conoce el nombre del interlocutor, se utiliza su nombre más さん en lugar de あなた. Nunca se utiliza あなた para dirigirse a un profesor o jefe. Utilizar términos distintos a sus títulos, como 先生 (profesor) y 社長 (presidente de una empresa), se considera de mala educación en las conversaciones con los «superiores» sociales.

Notas culturales

日本の祝日 Los días festivos en Japón
にほん しゅくじつ

Desde febrero de 2020.

1月1日 がつついたち	元日 がんじつ	Año Nuevo
1月第2月曜日[1] がつだい げつようび	成人の日 せいじん ひ	Día de la mayoría de edad (Celebra a quienes llegan a la adultez)
2月11日 がつ にち	建国記念の日 けんこくきねん ひ	Día de la Fundación Nacional
2月23日 がつ にち	天皇誕生日 てんのうたんじょうび	El cumpleaños del Emperador
3月20日ごろ[2] がつ はつか	春分の日 しゅんぶん ひ	Equinoccio de primavera
4月29日 がつ にち	昭和の日 しょうわ ひ	Día de Showa (Cumpleaños del Emperador Showa [1901-1989])
5月3日 がつみっか	憲法記念日 けんぽうきねんび	Día de la Constitución
5月4日 がつよっか	みどりの日 ひ	Día de la naturaleza («día verde»)
5月5日 がついつか	こどもの日 ひ	Día del niño
7月第3月曜日[3] がつだい げつようび	海の日 うみ ひ	Día del mar
8月11日 がつ にち	山の日 やま ひ	Día de la montaña
9月第3月曜日[3] がつだい げつようび	敬老の日 けいろう ひ	Día del respeto a los mayores
9月23日ごろ[2] がつ にち	秋分の日 しゅうぶん ひ	Equinoccio de otoño
10月第2月曜日[1] がつだい げつようび	スポーツの日 ひ	Día de la salud y el deporte
11月3日 がつみっか	文化の日 ぶんか ひ	Día de la cultura
11月23日 がつ にち	勤労感謝の日 きんろうかんしゃ ひ	Día de agradecimiento por el trabajo

1: El segundo lunes   **2**: El día varía de un año a otro   **3**: El tercer lunes

El periodo entre el 29 de abril y el 5 de mayo abarca varios días festivos y se denomina ゴールデンウィーク (Semana dorada). Algunos negocios cierran una semana entera o más durante ese periodo. (Para los nombres de los meses y los días, véase la p. 127).

練習 Práctica

I 病院があります 👉Gramática 1
びょういん

A. Mira la imagen y di lo que ves utilizando あります o います.

B. Responde las siguientes preguntas.

1. あなたの町に日本のレストランがありますか。
2. あなたの家に猫がいますか。
3. あなたの学校に何がありますか。
4. あなたの学校に日本人の学生がいますか。
5. コンビニに何がありますか。
6. この教室 (aula) にだれがいますか。
7. 動物園 (zoológico) に何がいますか。
8. あなたの国 (país) に何がありますか。
9. あなたの家に何がありますか。

116 ▶ 会話・文法編

C. Mira el horario de Takeshi para la semana y responde las siguientes preguntas. 🔊 K04-09

	Escuela	Después de la escuela
Lunes	Chino Inglés Informática	
Martes	Historia	Actividad del club
Miércoles	Chino Inglés Informática	
Jueves	Historia	Actividad del club
Viernes	Inglés (EXAMEN)	Fiesta
Sábado	SIN CLASES	Cita
Domingo	SIN CLASES	Trabajo a tiempo parcial

actividad del club　サークル
fiesta　　　　　　　パーティー
examen　　　　　　テスト

(Ejemplo)　Q：月曜日に中国語のクラスがありますか。
　　　　　　　　げつようび　　ちゅうごくご
　　　　　A：はい、あります。

1. 月曜日に英語のクラスがありますか。
　　げつようび　えいご
2. 火曜日にコンピューターのクラスがありますか。
　　かようび
3. 木曜日に中国語のクラスがありますか。
　　もくようび　　ちゅうごくご
4. 土曜日にクラスがありますか。
　　どようび
5. 水曜日に何がありますか。
　　すいようび　なに
6. 金曜日に何がありますか。
　　きんようび　なに
7. 日曜日に何がありますか。
　　にちようび　なに

D. Trabajo en parejas: escriban el horario para la próxima semana y pregúntense entre sí qué planes hay para cada día de la semana.

(Ejemplo)　A：月曜日に何がありますか。
　　　　　　　　げつようび　なに
　　　　　B：日本語のクラスがあります。
　　　　　　　　にほんご

	Tu horario	El horario de tu compañero
月曜日 げつようび		
火曜日 かようび		
水曜日 すいようび		
木曜日 もくようび		
金曜日 きんようび		
土曜日 どようび		
日曜日 にちようび		

II 図書館はどこですか ☛ Gramática 2

A. Mira la imagen y di dónde están las siguientes cosas. 🔊 K04-10

Ejemplo 図書館
→ 図書館は大学の後ろです。
　　図書館はスーパーのとなりです。

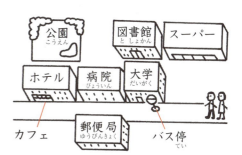

1. 郵便局（ゆうびんきょく）
2. カフェ
3. バス停（てい）
4. 公園（こうえん）
5. スーパー
6. 病院（びょういん）

B. Trabajo en parejas: tu compañero y tú acaban de mudarse a un nuevo lugar. La habitación está desordenada. Estás buscando lo siguiente. Pregúntale a tu compañero dónde están las siguientes cosas.

Ejemplo 本（ほん） → A：本はどこですか。
　　　　　　　　B：本はつくえの上です。

1. ジーンズ
2. 猫（ねこ）
3. 帽子（ぼうし）
4. 時計（とけい）
5. 靴（くつ）
6. 花（はな）
7. 犬（いぬ）
8. 傘（かさ）

C. Trabajo en parejas: preguntas y respuestas para saber dónde están los edificios.
Un alumno mira el mapa A. El otro mira el mapa B (p. 126). No mires el mapa del otro.

[Ejemplo] A：すみません。公園はどこですか。
B：公園はホテルのとなりです。
A：ありがとうございます。
B：いいえ。

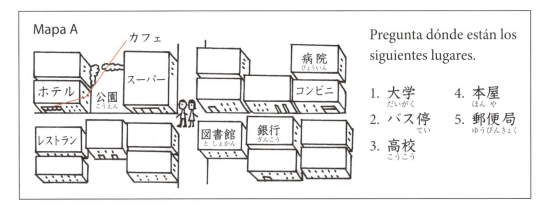

Pregunta dónde están los siguientes lugares.

1. 大学
2. バス停
3. 高校
4. 本屋
5. 郵便局

III 先生は大学生でした　☛Gramática 3

A. Mira la información de hace 25 años sobre el profesor Yamashita y responde las preguntas. 🔊 K04-11

Hace veinticinco años, el profesor Yamashita
- tenía veintidós años
- estaba en cuarto año en la universidad
- era buen estudiante
- su especialidad: historia de Japón

[Ejemplo] Q：山下先生は大学生でしたか。
A：はい、大学生でした。

Q：山下先生は十九歳でしたか。
A：いいえ、十九歳じゃなかったです。

1. 山下先生は子供でしたか。
2. 山下先生は一年生でしたか。
3. 山下先生はいい学生でしたか。
4. 山下先生の専攻は英語でしたか。
5. 山下先生の専攻は歴史でしたか。

B. Trabajo en parejas: juego de adivinanzas
Pregunta y averigua los precios que ha elegido tu compañero.

(1) Primero, elige un precio en cada fila. No se lo muestres a tu compañero.

Ej. かばん	¥5000	¥10 000	⦿¥15 000	¥20 000
傘（かさ）	¥600	¥1000	¥1300	¥2000
帽子（ぼうし）	¥1600	¥2000	¥2400	¥3000
Tシャツ（ティー）	¥3500	¥4000	¥6500	¥8000
時計（とけい）	¥3000	¥10 000	¥17 000	¥25 000

(2) Haz preguntas a tu compañero para averiguar el precio que ha elegido. Puedes hacer como máximo dos preguntas por artículo. Si adivinas correctamente, ganas un punto.

Ejemplo　Ａ：そのかばんは二万円（にまんえん）でしたか。
　　　　　Ｂ：いいえ、二万円（にまんえん）じゃなかったです。
　　　　　Ａ：一万五千円（いちまんごせんえん）でしたか。
　　　　　Ｂ：はい、そうです。(A se anota un punto).

(3) Calcula la puntuación. Ganas la partida si obtienes una puntuación más alta que tu compañero.

C. Trabajo en parejas: adivina qué ha desayunado/almorzado/cenado tu compañero. Elige entre los productos siguientes o añade tus favoritos.

Ejemplo　Ａ：晩ご飯（ばんごはん）はピザでしたか。
　　　　　Ｂ：ええ、ピザでした。／いいえ、ピザじゃなかったです。

IV 月曜日に何をしましたか　☞Gramática 4

A. Cambia los siguientes verbos por ～ました y ～ませんでした.　K04-12　K04-13

Ejemplo　たべる　→　たべました
　　　　　たべる　→　たべませんでした

1. はなす　　4. かく　　7. おきる　　10. とる　　13. きく
2. かう　　　5. くる　　8. わかる　　11. ある　　14. かえる
3. よむ　　　6. まつ　　9. する　　　12. ねる　　15. のむ

B. Las fotos de abajo muestran lo que Mary hizo la semana pasada. Cuenta lo que hizo.　K04-14

Ejemplo　メアリーさんは月曜日に家でレポートを書きました。

Ej. Lunes　　　　　　　(1) Martes　　　　　　　(2) Miércoles

en casa　　　　　　　en la biblioteca　　　　　en la escuela

(3) Jueves　　　　　　(4) Viernes　　　　　　　(5) Sábado

en una cafetería　　　en la casa de una amiga　　en Kioto

(6) Domingo

en el supermercado

第4課 ◀ 121

C. Observa las imágenes en B y responde las preguntas. 🔊 K04-15

(Ejemplo) Q：メアリーさんは月曜日にレポートを書きましたか。

A：はい、書きました。

Q：メアリーさんは月曜日に映画を見ましたか。

A：いいえ、見ませんでした。

1. メアリーさんは火曜日に音楽を聞きましたか。
2. メアリーさんは水曜日にテニスをしましたか。
3. メアリーさんは木曜日にたけしさんに会いましたか。
4. メアリーさんは金曜日にお寺に行きましたか。
5. メアリーさんは土曜日にレポートを書きましたか。
6. メアリーさんは日曜日に買い物をしましたか。

D. Observa las imágenes en B y responde las preguntas. 🔊 K04-16

(Ejemplo) Q：メアリーさんは月曜日に何をしましたか。

A：家でレポートを書きました。

1. メアリーさんは水曜日に何をしましたか。
2. メアリーさんは火曜日に何をしましたか。
3. メアリーさんはいつ映画を見ましたか。
4. メアリーさんはいつ買い物をしましたか。
5. メアリーさんは金曜日にどこで晩ご飯を食べましたか。
6. メアリーさんは木曜日にどこでたけしさんに会いましたか。

E. Trabajo en parejas: pregunta qué hizo tu compañero el fin de semana, el lunes, el martes, etc.

(Ejemplo) A：週末、何をしましたか。

B：土曜日に友だちと晩ご飯を食べました。

それから、映画を見ました。

日曜日にたくさん勉強しました。Aさんは？

A：私は……

Ⅴ　コーヒーも飲みます　☛Gramática 5

A. Compara las oraciones (a) y (b) y cambia (b) utilizando も. 🔊 K04-17

Ejemplo　(a) ハンバーガーは二百円です。
　　　　　(b) コーヒーは二百円です。　→　コーヒーも二百円です。

1. (a) たけしさんは時計を買いました。
   (b) たけしさんはかばんを買いました。
2. (a) ロバートさんは日本語を勉強します。
   (b) メアリーさんは日本語を勉強します。
3. (a) たけしさんは土曜日にアルバイトをします。
   (b) たけしさんは日曜日にアルバイトをします。
4. (a) メアリーさんはうちで日本語を話します。
   (b) メアリーさんは学校で日本語を話します。
5. (a) あした、メアリーさんはたけしさんに会います。
   (b) あした、メアリーさんはソラさんに会います。
6. (a) 先週、本屋に行きました。
   (b) きのう、本屋に行きました。

B. Describe las imágenes utilizando も. 🔊 K04-18

Ejemplo　やまもとさんは学生です。
　　　　　たなかさんも学生です。

Ej. やまもと　たなか
estudiante

(1) きむら　やまぐち
ir a un hospital

(2) ごはん　パン

(3) コーヒー　おちゃ

(4) スペインご
I speak English　Hablo español

VI 一時間待ちました　☞Gramática 6

A. Ayer Mary hizo muchas cosas. Describe cuántas horas usó Mary en cada actividad. K04-19

[Ejemplo] メアリーさんは八時間寝ました。

124 ▶ 会話・文法編

B. Trabajo en parejas: pregunta a tu compañero lo siguiente.

Ejemplo　Ａ：きのう、何時間アルバイトをしましたか。
　　　　　Ｂ：三時間しました。

1. きのう、何時間勉強しましたか。
2. きのう、何時間寝ましたか。
3. ゲームをしますか。たいてい何時間ぐらいゲームをしますか。
4. インターネット (Internet) をしますか。たいてい何時間ぐらいしますか。

*Si quieres decir X minutos, consulta la página 55.

Ⅶ　まとめの練習 (Ejercicios de repaso)

A. Trabajo en parejas: utilizando las siguientes expresiones, pregunta a tu compañero con qué frecuencia realizaban las siguientes actividades cuando eran pequeños o estaban en la secundaria superior.

Ejemplo　Ａ：子供の時／高校の時、よく本を読みましたか。
　　　　　Ｂ：はい、よく読みました。／いいえ、あまり読みませんでした。

1. 勉強する
2. スポーツをする
3. 映画を見る
4. 公園に行く
5. レポートを書く
6. デートをする

毎日	
よく	〜ました
ときどき	
あまり	〜ませんでした
ぜんぜん	

B. Responde las siguientes preguntas.

1. 毎日、何時に起きますか。
2. たいてい何時間ぐらい寝ますか。
3. 毎日、何時間勉強しますか。
4. よくだれと昼ご飯を食べますか。
5. 先週、スポーツをしましたか。
6. きのう、どこで晩ご飯を食べましたか。
7. 先週、写真をたくさん撮りましたか。
8. きのうは何曜日でしたか。

C. Trabajo en parejas: A y B quieren jugar juntos al bádminton. El siguiente es el horario de A para esta semana. (El horario de B está en la p. 126). Interpreta los papeles de A y B con tu compañero. Pregúntense entre sí qué hace el otro y decidan qué día se jugará al bádminton.

Horario de A

[Ejemplo]

Ａ：バドミントン (bádminton) を しませんか。

Ｂ：いいですね。

Ａ：月曜日(げつようび)はどうですか。

Ｂ：月曜日(げつようび)は図書館(としょかん)で勉強(べんきょう)します。火曜日(かようび)は？

調(しら)べてみよう

Investigación universitaria

Elige una universidad japonesa que te interese. Infórmate más sobre la universidad en lo que respecta a lo siguiente. Presenta en clase lo que encontraste. (Si quieres un desafío mayor, ¡hazlo en japonés!)

1. Nombre de la universidad （大学(だいがく)の名前(なまえ)）
2. ¿Dónde está? （どこにありますか）
3. ¿Cuántos estudiantes tiene? （学生(がくせい)が何人(なんにん)いますか）
4. ¿Cuántos estudiantes internacionales tiene? （留学生(りゅうがくせい)が何人(なんにん)いますか）
5. ¿Cuánto cuesta la matrícula? （授業料(じゅぎょうりょう)はいくらですか）
6. Otros datos

Trabajo en parejas II C. (p. 118)

(Ejemplo)
A：すみません。公園はどこですか。
B：公園はホテルのとなりです。
A：ありがとうございます。
B：いいえ。

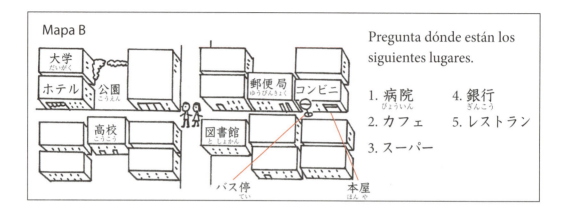

Pregunta dónde están los siguientes lugares.

1. 病院
2. カフェ
3. スーパー
4. 銀行
5. レストラン

Trabajo en parejas VII C. (p. 125)

(Ejemplo)
A：バドミントン (bádminton) を
　　しませんか。
B：いいですね。
A：月曜日はどうですか。
B：月曜日は図書館で勉強します。
　　火曜日は？

Horario de B

Expresiones útiles

日・週・月・年
ひ・しゅう・つき・とし

Días / semanas / meses / años

Días

日曜日 にちようび	月曜日 げつようび	火曜日 かようび	水曜日 すいようび	木曜日 もくようび	金曜日 きんようび	土曜日 どようび
1 ついたち	2 ふつか	3 みっか	4 よっか	5 いつか	6 むいか	
7 なのか	8 ようか	9 ここのか	10 とおか	11 じゅういちにち	12 じゅうににち	13 じゅうさんにち
14 じゅうよっか	15 じゅうごにち	16 じゅうろくにち	17 じゅうしちにち	18 じゅうはちにち	19 じゅうくにち	20 はつか
21 にじゅういちにち	22 にじゅうににち	23 にじゅうさんにち	24 にじゅうよっか	25 にじゅうごにち	26 にじゅうろくにち	27 にじゅうしちにち
28 にじゅうはちにち	29 にじゅうくにち	30 さんじゅうにち	31 さんじゅういちにち			

Meses

いちがつ （一月）——— Enero
にがつ （二月）——— Febrero
さんがつ （三月）——— Marzo
しがつ （四月）——— Abril
ごがつ （五月）——— Mayo
ろくがつ （六月）——— Junio

しちがつ （七月）——— Julio
はちがつ （八月）——— Agosto
くがつ （九月）——— Septiembre
じゅうがつ （十月）——— Octubre
じゅういちがつ （十一月）—— Noviembre
じゅうにがつ （十二月）——— Diciembre

Expresiones de tiempo

Día	Semana	Mes	Año
おととい antes de ayer	にしゅうかんまえ （二週間前） hace dos semanas	にかげつまえ （二か月前） hace dos meses	おととし el año antepasado
きのう(昨日) ayer	せんしゅう(先週) la semana pasada	せんげつ(先月) el mes pasado	きょねん(去年) el año pasado
きょう(今日) hoy	こんしゅう(今週) esta semana	こんげつ(今月) este mes	ことし(今年) este año
あした(明日) mañana	らいしゅう(来週) la próxima semana	らいげつ(来月) el próximo mes	らいねん(来年) el próximo año
あさって pasado mañana	さらいしゅう （再来週） la semana subsiguiente	さらいげつ （再来月） el mes subsiguiente	さらいねん （再来年） el año subsiguiente

第5課
沖縄旅行 Un viaje a Okinawa
おきなわりょこう

En esta lección, vamos a..
- Hablar de viajes
- Describir personas y cosas
- Ofrecer e invitar
- Hablar de lo que nos gusta y lo que no

会話 Diálogo
かいわ

I Robert y Ken están de vacaciones en Okinawa. 🔊 K05-01 🔊 K05-02

1 ロバート： いい天気ですね。
2 けん： そうですね。でも、ちょっと暑いですね。
3 ロバート： ええ。わあ、きれいな海！
4 けん： 泳ぎましょう。
　　　　　　　　＊　　　　　＊　　　　　＊
5 けん： ロバートさんはどんなスポーツが好きですか。
6 ロバート： サーフィンが好きです。
7 　　　　　 あした一緒にやりましょうか。
8 けん： でも、難しくないですか。
9 ロバート： 大丈夫ですよ。

II En la tienda de recuerdos, Robert encuentra unas camisetas bonitas. 🔊 K05-03 🔊 K05-04

1 ロバート： すみません、このTシャツは、いくらですか。
2 店の人： 千八百円です。
3 ロバート： あのう、Lサイズがありますか。
4 店の人： はい、ありますよ。
5 ロバート： じゃあ、Lサイズを二枚ください。

第5課 ◀ 129

Ⅲ El lunes en la escuela. 🔊 K05-05 🔊 K05-06

1 たけし：　　ロバートさん、旅行は楽しかったですか。

2 ロバート：　ええ。沖縄の海はすごくきれいでしたよ。

3 たけし：　　よかったですね。ぼくも海が大好きです。ホテルは高かったですか。

4 ロバート：　いいえ、あまり高くなかったです。これ、おみやげです。

5 たけし：　　ありがとう。

6 ロバート：　たけしさんのデートはどうでしたか。

7 たけし：　　……

会
L5

Ⅰ

Robert: Qué buen tiempo, ¿no?

Ken: Sí. Pero hace un poco de calor.

Robert: Sí. ¡Guau, qué lindo el mar!

Ken: Vamos a nadar.

　　　　*　　　*　　　*

Ken: ¿Qué tipo de deportes te gustan, Robert?

Robert: Me gusta el surf. ¿Surfeamos juntos mañana?

Ken: ¿Pero no es difícil?

Robert: No.

Ⅱ

Robert: Disculpe. ¿Cuánto cuesta esta camiseta?

Encargado de la tienda: Cuesta 1800 yenes.

Robert: Um... ¿Tiene en talla L?

Encargado de la tienda: Sí, hay.

Robert: Entonces, dos tallas L, por favor.

Ⅲ

Takeshi: Robert, ¿disfrutaste del viaje?

Robert: Sí. El mar estaba muy bonito en Okinawa.

Takeshi: Bien. A mí también me gusta mucho el mar. ¿Era caro el hotel?

Robert: No, no era tan caro. Aquí tienes un recuerdo para ti.

Takeshi: Gracias.

Robert: ¿Cómo te fue con tu cita, Takeshi?

Takeshi: ...

単 語 (たんご)

Vocabulario

Sustantivos

たべもの	食べ物	comida
のみもの	飲み物	bebida
くだもの	果物	fruta
やすみ	休み	vacaciones; día libre; ausencia
*りょこう	旅行	viaje
*うみ	海	mar
*サーフィン		surf
*おみやげ	お土産	recuerdo; *souvenir*
バス		autobús
*てんき	天気	tiempo (atmosférico)
しゅくだい	宿題	deberes; tareas
テスト		examen
たんじょうび	誕生日	cumpleaños
へや	部屋	habitación
*ぼく	僕	yo (utilizado por los hombres)
*Lサイズ（エルサイズ）		talla L

Adjetivos-い

あたらしい	新しい	nuevo
ふるい	古い	viejo (cosa, no se usa para personas)
*あつい	暑い	caluroso (tiempo)
さむい	寒い	frío (tiempo, no cosas)
あつい	熱い	caliente (cosa)
いそがしい	忙しい	ocupado (personas/días)
おおきい	大きい	grande
ちいさい	小さい	pequeño
おもしろい	面白い	interesante; divertido
つまらない		aburrido
やさしい		fácil (problema); amable (persona)
*むずかしい	難しい	difícil
かっこいい		guapo (se conjuga como いい)
こわい	怖い	espeluznante; que da miedo

* Palabras que aparecen en el diálogo

* たのしい	楽しい	divertido
やすい	安い	económico; barato (cosa)

Adjetivos-な

* すき（な）	好き	gustar（〜が）
きらい（な）	嫌い	no gustar; disgustar（〜が）
* だいすき（な）	大好き	gustar mucho（〜が）
だいきらい（な）	大嫌い	odiar（〜が）
* きれい（な）		bonito; limpio
げんき（な）	元気	saludable; enérgico
しずか（な）	静か	tranquilo
にぎやか（な）		animado
ひま（な）	暇	desocupado; libre (tiempo)

Verbos en -u

* およぐ	泳ぐ	nadar
きく	聞く	preguntar（*persona* に）
のる	乗る	montar; abordar（〜に）
* やる		hacer; realizar（〜を）

Verbo en -ru

でかける	出かける	salir (a comer, al cine)

Adverbios y otras expresiones

* いっしょに	一緒に	juntos
* すごく		extremadamente
* だいじょうぶ	大丈夫	Está bien.; No hay que preocuparse.; Todo está bajo control.
とても		muy
* どんな		qué tipo de ...
* 〜まい	〜枚	[contador de objetos planos]

132 ▶ 会話・文法編

文法 Gramática

1 Adjetivos (presente)

Hay dos tipos de adjetivos en japonés: los «adjetivos-い» y los «adjetivos-な». Al igual que los verbos, se conjugan para el tiempo (presente y pasado), la polaridad (afirmativa y negativa), etc. Ambos tipos de adjetivos siguen diferentes patrones de conjugación.

Para las oraciones afirmativas en presente, solo hay que añadir です tanto a los adjetivos-い como a los adjetivos-な. En las oraciones negativas, se sustituye la última い de un adjetivo-い por くない. Los adjetivos-な funcionan igual que los sustantivos y solo tienes que cambiar です por じゃないです.

[Presente]

	afirmativo	negativo
Adjetivos-い		
Ej. さむい	さむいです	さむくないです (o さむくありません)
	Hace frío.	*No hace frío.*
Adjetivos-な		
Ej. 元気(な)	元気です	元気じゃないです (o 元気じゃありません)
	Está sana.	*No está sana.*

A：その本はおもしろいですか。　　¿Es interesante ese libro?

B：いいえ、あまりおもしろくないです。　No, no es muy interesante.

A：今日、ひまですか。　　　　　　¿Estás libre hoy?

B：いいえ、ひまじゃないです。　　No, no lo estoy.

Tanto en los adjetivos-い como -な, se encuentran dos formas negativas: ないです y ありません. El patrón ないです es más coloquial y ありません es más formal y más apropiado en el lenguaje escrito. Al igual que con la negación de sustantivos (véase la lección 2), じゃ en la versión negativa también puede sustituirse por では en situaciones más formales. El patrón sustantivo/adjetivo-な no se aplica a los adjetivos-い. Es un error decir ✕さむいじゃないです, por ejemplo.

A diferencia de los verbos, los adjetivos se conjugan de manera bastante uniforme. La única irregularidad que merece la pena destacar en este nivel es el comportamiento del adjetivo いい (bueno). La primera sílaba de いい se cambia por よ en todas las formas excepto en la forma diccionario.[1] Los adjetivos compuestos, como かっこいい, que se construyen con いい, siguen este cambio de sílaba[2] y se dice かっこよくないです.

[Presente] (irregular)	afirmativo	negativo
いい	いいです	よくないです
		(o よくありません)

Para decir cosas como «muy caliente» y «un poco caliente», se pueden añadir «adverbios de grado» como すごく (extremadamente), とても (muy) y ちょっと (un poco; ligeramente) antes de los adjetivos.

沖縄の海はとてもきれいです。 *El mar de Okinawa es muy bonito.*
おきなわ　うみ

この部屋はちょっと暑いです。 *Esta habitación es un poco calurosa.*
　　へ　や　　　　　　あつ

2 Adjetivos (pasado)

Con adjetivos-い, en afirmativo se cambia la última い por かったです. En negativo, solo se tiene que cambiar el presente くない por くなかったです. Los adjetivos-な son de nuevo como los sustantivos. No se deben confundir los dos patrones. Es un error decir ×さむいでした, por ejemplo.

[Pasado]	afirmativo	negativo
Adjetivos-い		
Ej. さむい	さむかったです	さむくなかったです
		(o さむくありませんでした)
	Hacía frío.	*No hacía frío.*
Adjetivos-な		
Ej. 元気（な）	元気でした	元気じゃなかったです
げんき	げんき	げんき
		(o 元気じゃありませんでした)
		げんき
	Estaba sana.	*No estaba sana.*

---

[1] En realidad, existen las formas alternativas よい y よいです, pero son mucho menos frecuentes que いい y いいです en el lenguaje hablado.

[2] A pesar de su apariencia cuando se escribe en *hiragana*, かわいい (lindo, tierno), el cual aprenderemos en la lección 7, no se compone de いい y, por lo tanto, no pasa por este cambio de い a よ y se conjuga かわいくないです.

Ａ：テストは難しかったですか。	¿Fue difícil el examen?
Ｂ：いいえ、ぜんぜん難しくなかったです。	No, no fue nada difícil.
Ａ：その町はにぎやかでしたか。	¿Estaba animada la ciudad?
Ｂ：いいえ、にぎやかじゃなかったです。	No, no estaba animada.

El adjetivo-い いい (bueno) es de nuevo irregular. Su primera sílaba se cambia a よ.

[Pasado] (irregular)

	afirmativo	negativo
いい	よかったです	よくなかったです
		（o よくありませんでした）

3 Adjetivos (modificación del sustantivo)

Los adjetivos-い y -な se pueden utilizar para modificar sustantivos. El adjetivo-い en forma diccionario se pone antes del sustantivo a modificar. Con los adjetivos-な, reaparece el な que había sido reemplazado por です.

adjetivos-い：	おもしろい映画	una película interesante
adjetivos-な：	きれいな写真	una bella foto

きのう、おもしろい映画を見ました。	Ayer vi una película interesante.
山下先生はこわい先生です。	El profesor Yamashita es un profesor que da miedo.
京都できれいな写真を撮りました。	Tomé una hermosa foto en Kioto.
ここはとてもにぎやかな町です。	Esta es una ciudad muy animada.

4 好き（な）/ きらい（な）

Algunos adjetivos japoneses son como los verbos en español y toman un sujeto y un objeto. 好き（な） (ser aficionado; gustar) y きらい（な） (estar disgustado; no gustar), son algunos ejemplos. Si nos gusta algo o alguien, por ejemplo, 私は será el sujeto y el objeto del afecto será Y が .[3]

$$
X は Y が^4 \left\{ \begin{array}{c} 好き \\ きらい \end{array} \right\} です. \qquad X \left\{ \begin{array}{c} \textit{le gusta} \\ \textit{no le gusta} \end{array} \right\} Y.
$$

ロバートさんは日本語のクラスが好きです。
A Robert le gustan las clases de japonés.

山下先生は魚がきらいです。
Al profesor Yamashita no le gusta el pescado.

Si algo (o alguien) nos gusta o disgusta mucho, se utilizan las formas intensificadas de 好きです y きらいです, que son 大好きです (gustar mucho) y 大きらいです (odiar). Se utilizan con más frecuencia que el modificador de grado とても en combinación con 好きです y きらいです.

たけしさんはコーヒーが大好きです。 *A Takeshi le gusta mucho el café.*

ソラさんはなっとうが大きらいです。 *Sora odia el natto (soja fermentada japonesa).*

Para ser neutral y decir que algo no nos gusta ni disgusta, se dice:

好きでもきらいでもないです。 *No me gusta ni me disgusta.*

好きな y きらいな se pueden usar como modificadores de sustantivos. Por ejemplo, se pueden decir cosas como:

これは私の好きな本です。 *Este es mi libro favorito.*

---

[3] En las expresiones de afecto romántico o familiar, la partícula compleja のことが puede sustituir a が. Así,
たけしさんはメアリーさんのことが好きです。 ＝メアリーさんが好きです。
Takeshi está enamorado de Mary.

[4] En contextos en los que se contrastan dos o más elementos, se utiliza la partícula は en lugar de が. Así,
私は野菜は好きですが、肉はきらいです。 *Me gustan las verduras, pero no me gusta la carne.*

5 〜ましょう / 〜ましょうか

Al tomar la forma larga de un verbo y sustituir la terminación ます por ましょう o ましょうか, se obtiene la expresión japonesa correspondiente a «vamos a...», que se puede utilizar para sugerir un plan.

一緒に図書館で勉強しましょう。
Estudiemos juntos en la biblioteca.

あそこでコーヒーを飲みましょうか。
¿Nos tomamos un café allí?

6 Contadores

Para contar objetos en japonés, se utilizan diferentes contadores para diferentes tipos de objetos; las palabras utilizadas para contar personas son diferentes de las utilizadas para contar libros, por ejemplo. Los contadores suelen ir *después*, y no *antes*, de los elementos contados en una oración.

リーさんは **T**シャツを **三枚** 買いました。 *Lee compró tres camisetas.*

La expresión para contar «三枚» consta del numeral 三 y el «contador» 枚. Este contador se utiliza para hojas de papel y otros objetos planos. Habrá otros contadores en lecciones posteriores: para personas, para libros, para objetos con forma de palo, etc. En la tabla de las páginas 380-381 se puede consultar qué contador se debe utilizar para cada tipo de elemento y cómo cambia el sonido de las expresiones combinadas con los contadores.

表現ノート
ひょう げん

Expresiones lingüísticas

6

そうですね/そうですか ▶ Se usa そうですね cuando uno está de acuerdo con lo que acaba de escuchar. En este ejemplo se comparte la opinión sobre Ken.

> A：けんさんはとてもいい人です。　　　*Ken es muy buena persona.*
> 　　　　　　　　　　ひと
> B：そうですね。　　　　　　　　　　　*Así es / Cierto. / Ajá.*

También se puede utilizar そうですね prolongando la sílaba ね, como marcador de vacilación, tratando de ganar tiempo para pensar más.

> A：一緒に映画に行きませんか。　　　　*¿Vamos juntos al cine?*
> 　　いっしょ えい が　い
> B：そうですねえ。　　　　　　　　　　*Bueno, déjame ver... / Pues…*

Cuando lo que se acaba de escuchar es nuevo para uno, se utiliza そうですか con una entonación descendente. En el ejemplo siguiente, probablemente no conozcamos a Ken.

> A：けんさんはとてもいい人です。　　　*Ken es muy buena una persona.*
> 　　　　　　　　　　ひと
> B：そうですか。　　　　　　　　　　　*Ya veo. / Ah, ¿sí?*

Si se dice そうですか con una entonación ascendente, se indica que no se está completamente seguro de lo que se acaba de escuchar.

> A：今日は水曜日ですよ。　　　　　　　　*Hoy es miércoles.*
> 　　きょう すいよう び
> B：そうですか？ 火曜日じゃないですか？　*¿De verdad? ¿No es*
> 　　　　　　　　か よう び　　　　　　　　*martes?*

練習 Práctica

I 高いです　☞ Gramática 1

A. Cambia a afirmativos los siguientes adjetivos. 🔊 K05-09

Ejemplo　たかい　→　たかいです
　　　　　げんきな　→　げんきです

Ej. たかい　　げんきな　　(1) やすい　(2) あたらしい　(3) ふるい

(4) あつい　(5) さむい　(6) おおきい　(7) ちいさい　(8) たのしい

(9) おもしろい　(10) つまらない　(11) むずかしい　(12) やさしい

(13) こわい　(14) いい　(15) かっこいい　(16) いそがしい

(17) ひまな　(18) きれいな　(19) しずかな　(20) にぎやかな

B. Cambia los adjetivos anteriores al negativo. 🔊 K05-10

(Ejemplo) たかい　　→　たかくないです

げんきな　→　げんきじゃないです

C. Responde las siguientes preguntas.

(Ejemplo) Q：日本語のクラスは難しいですか。

A：ええ、難しいです。／いいえ、難しくないです。

1. 今日はひまですか。
2. 先生はやさしいですか。
3. 学校は大きいですか。
4. 部屋はきれいですか。

5. 日本の食べ物はおいしいですか。
6. クラスはおもしろいですか。
7. 宿題は難しいですか。
8. あなたの町は静かですか。

D. Trabajo en parejas: haz oraciones afirmativas y negativas con tu compañero.

(Ejemplo) きれいな

→　友だちの部屋はきれいです。

でも、私の部屋はきれいじゃないです。

1. おもしろい
2. いい
3. こわい
4. おいしい
5. 高い
6. かっこいい
7. 元気な
8. ひまな

E. Trabajo en parejas: haz tus propias oraciones sobre los temas que aparecen a continuación utilizando adjetivos y díselas a tu compañero.

(Ejemplo) テストは難しくないです。やさしいです。

1. 私は
2. 私の町は
3. 私のとなりの人は

4. 私の部屋は
5. 東京は
6. ハワイ(Hawái)は

II 高かったです　☞ Gramática 2

A. Cambia los siguientes adjetivos al pasado afirmativo. 🔊 K05-11

Ejemplo　たかい　→　たかかったです
　　　　　げんきな　→　げんきでした

1. やすい
2. あつい
3. さむい
4. おもしろい
5. つまらない
6. いそがしい
7. たのしい
8. いい
9. しずかな
10. にぎやかな
11. きれいな
12. ひまな

B. Cambia los siguientes adjetivos al pasado negativo. 🔊 K05-12

Ejemplo　やすい　→　やすくなかったです
　　　　　ひまな　→　ひまじゃなかったです

1. たかい
2. たのしい
3. やさしい
4. つまらない
5. おおきい
6. いい
7. いそがしい
8. かっこいい
9. にぎやかな
10. しずかな
11. きれいな
12. げんきな

C. Esto es lo que Robert escribió sobre el viaje a Okinawa. Mira las notas y haz oraciones. 🔊 K05-13

Ejemplo　沖縄は暑かったです。
　　　　　おきなわ　あつ

Ej. Okinawa — calurosa
1. comida — no cara
2. comida — deliciosa
3. hotel — no grande
4. hotel — nuevo
5. restaurante — no tranquilo
6. mar — hermoso
7. surf — entretenido

D. Trabajo en parejas: practica el diálogo con tu compañero, sustituyendo las partes subrayadas. A y B conversan sobre las vacaciones de A.

Ejemplo

fue a Okinawa — muy calurosa

→ Ａ：休みに沖縄に行きました。
　　Ｂ：そうですか。どうでしたか。
　　Ａ：とても暑かったです。

1. vio una película　　　　　　　— de terror
2. se quedó en casa（うちにいる）— muy aburrido
3. fue a una fiesta　　　　　　　— no divertido
4. fue a un restaurante　　　　　— no delicioso
5. (tu oración)

Ⅲ 高い時計ですね　☞Gramática 3

A. Observa las imágenes y coméntalas.　🔊 K05-14

Ejemplo　時計　→　高い時計ですね。

Ej.　　　　　　(1) ホテル　　(2) テレビ　　(3) 宿題

¥100 000

(4) 人　　(5) 人　　(6) 町　　(7) 部屋

B. Responde las preguntas utilizando las pistas dadas. K05-15

[Ejemplo] Q：メアリーさんはどんな人ですか。
A：やさしい人です。

Ej. メアリー　　（1）ナオミ　　（2）ロバート　　（3）ウデイ

amable　　　　hermosa　　　　divertido　　　　enérgico

C. Trabajo en parejas: hablemos de ciudades, personas, escuelas, etc.

[Ejemplo] お母さん　→　A：お母さんはどんな人ですか。
　　　　　　　　　　B：おもしろい人です。
　　　　　　　　　　A：そうですか。

1. お母さん／お父さん
2. (nombre de un profesor) 先生
3. (nombre de un amigo) さん
4. (nombre de la escuela)
5. (nombre de una ciudad)

Ⅳ 魚が好きですか　☞Gramática 4

A. Trabajo en parejas: elige elementos de las siguientes categorías y pregunta a tus compañeros si les gustan.

[Ejemplo] A：魚が好きですか。
B：はい、好きです／大好きです。
　　いいえ、あまり好きじゃないです／きらいです／大きらいです。

1. Alimentos: carne／なっとう (frijoles fermentados)／アイスクリーム
2. Deportes: サッカー (fútbol)／スキー (esquí)／ゴルフ (golf)
3. Música: ロック (rock)／ジャズ (jazz)／クラシック (música clásica)
4. Trabajo escolar: examen／clase de japonés／tareas
5. Bebidas: sake／té verde／café

Nota: Si no te gusta ni te disgusta, puedes utilizar 好きでもきらいでもないです。

B. Responde las siguientes preguntas.

1. どんなスポーツが好きですか。
2. どんな食べ物が好きですか。
3. どんな飲み物が好きですか。
4. どんな果物が好きですか。
5. どんな映画が好きですか。
6. どんな音楽が好きですか。

V 映画を見ましょう ☞Gramática 5

A. Cambia a ましょう las oraciones siguientes. 🔊 K05-16

Ejemplo　テニスをする　→　テニスをしましょう。

1. 一緒に帰る
2. 先生に聞く
3. 映画を見る
4. おみやげを買う
5. 出かける
6. 待つ
7. 泳ぐ
8. 写真を撮る
9. バスに乗る
10. 六時に会う

B. Trabajo en parejas: hagan sugerencias de seguimiento utilizando ましょうか.

Ejemplo　寒いですね。
　　　　→　A：寒いですね。お茶を飲みましょうか。
　　　　　　B：そうしましょう。

1. 暑いですね。
2. 十二時ですね。
3. この宿題は難しいですね。
4. あしたは先生の誕生日ですよ。
5. あのレストランはおいしいですよ。
6. あしたはテストがありますね。

VI まとめの練習 (Ejercicios de repaso)

A. Juego de roles: pregunta qué tipo de actividades le gustan a tu compañero y pídele hacerlas juntos. Utiliza de modelo la última mitad del Diálogo Ⅰ.

Ejemplo　A：どんな音楽が好きですか。
　　　　　B：Ｊポップ (J-pop) が好きです。
　　　　　A：私も好きです。一緒にコンサート (concierto) に行きましょうか。
　　　　　　(Continúa la conversación)

B. Juego de roles: usando de modelo el Diálogo Ⅱ, compra algunas camisetas.

Ｓサイズ (talla S)
Ｍサイズ (talla M)
Ｌサイズ (talla L)
ＬＬサイズ／ＸＬサイズ (talla XL)

C. Actividad en clase: mostrar y contar
Trae fotos que hayas tomado en algún viaje. Explica a tu clase dónde fuiste, qué hiciste, cómo te fue, etc. Después, otros estudiantes preguntarán en detalle sobre el viaje.

Ejemplos de preguntas

どこに行きましたか。
天気はどうでしたか。
だれと行きましたか。
ホテルはいくらでしたか。

Notas culturales

日本の祭り Los festivales japoneses
にほん まつ

En Japón hay muchos festivales. Algunos son famosos, mientras que otros son conocidos solo por los lugareños. Algunos son muy tradicionales, mientras que otros son más bien recientes. Estos son algunos ejemplos de festivales conocidos. ¿Cuál quieres visitar?

札幌 雪祭り
さっぽろ ゆきまつ

El Festival de la nieve de Sapporo se celebra durante una semana a principios de febrero. Presenta grandes esculturas de nieve construidas en un parque de la avenida principal.

京都 祇園祭
きょうと ぎおんまつり

El Festival de Gion de Kioto se celebra en julio. Los días 17 y 24, carros alegóricos bellamente decorados desfilan por los principales calles de Kioto.

青森 ねぶた祭り
あおもり まつ

El Festival Nebuta de Aomori se celebra del 2 al 7 de agosto. Se arrastran por las calles enormes carros iluminados y coloridos por las calles, acompañados por gente que baila y toca flautas y tambores.

徳島 阿波踊り
とくしま あわおど

El Festival de Danza Awa de Tokushima se celebra del 12 al 15 de agosto. Grupos de personas forman filas y bailan alrededor del centro de la ciudad.

仙台 七夕祭り
せんだい たなばたまつ

El Festival de Tanabata de Sendai se celebra del 6 al 8 de agosto y es famoso por sus grandes y elaboradas decoraciones hechas con colorido papel japonés.

写真提供：(一財)徳島県観光協会

146 ▶ 会話・文法編

第6課 LECCIÓN 6

ロバートさんの一日 Un día en la vida de Robert
いち にち

En esta lección, vamos a...

- Hacer peticiones
- Pedir y dar permiso
- Hablar de normas y reglamentos
- Ofrecer ayuda
- Dar razones para hacer o no algo

会 話 Diálogo
かい わ

Ⅰ En clase. 🔊 K06-01 🔊 K06-02

1 山下先生： ロバートさん、次のページを読んでください。
やましたせんせい 　　　　　　　　つぎ 　　　　　　 よ

2 ロバート： ……

3 山下先生： ロバートさん、起きてください。クラスで寝てはいけませんよ。
やましたせんせい 　　　　　　　　お 　　　　　　　　　　　　　　ね

4 ロバート： 先生、教科書を忘れました。
　　　　　　 せんせい きょうかしょ わす

5 山下先生： 教科書を持ってきてくださいね。毎日使いますから。
やましたせんせい きょうかしょ も 　　　　　　　　　　 まいにちつか

6 ロバート： はい、すみません。

Ⅱ Después de la clase. 🔊 K06-03 🔊 K06-04

1 ソ ラ： ロバートさん、今日は大変でしたね。
　　　　　　　　　　　　　　きょう たいへん

2 ロバート： ええ。後でソラさんのノートを借りてもいいですか。
　　　　　　　　あと 　　　　　　　　　　　　　か

3 ソ ラ： いいですよ。

4 ロバート： ありがとう。すぐ返します。
　　　　　　　　　　　　　かえ

5 ソ ラ： ロバートさん、あしたテストがありますよ。

6 ロバート： えっ。本当ですか。
　　　　　　　　ほんとう

7 ソ ラ： ええ。ロバートさん、金曜日に休みましたからね。
　　　　　　　　　　　　　　きんようび やす

8 ロバート： じゃあ、今日は家に帰って、勉強します。
　　　　　　　　　 きょう いえ かえ 　　　べんきょう

Ⅲ En el autobús. K06-05 K06-06

1 おばあさん： あのう、すみません。このバスはさくら病院へ行きますか。
2 ロバート： ええ、行きますよ。……あのう、どうぞ座ってください。
3 おばあさん： いいえ、けっこうです。すぐ降りますから。
4 ロバート： そうですか。じゃあ、荷物を持ちましょうか。
5 おばあさん： あ、どうもすみません。

Profesor Yamashita: Robert, por favor, lee la siguiente página.

Robert: ...

Profesor Yamashita: Robert, por favor, despierta. No se puede dormir en la clase.

Robert: Sr. Yamashita, se me olvidó traer el libro de texto.

Profesor Yamashita: Por favor, trae tu libro de texto. Lo usamos todos los días.

Robert: Entiendo. Lo siento; perdón.

Sora: Robert, hoy lo has pasado mal.

Robert: Sí. ¿Me prestas tu cuaderno más tarde, Sora?

Sora: Sí.

Robert: Gracias. Lo devolveré pronto.

Sora: Robert, tendremos un examen mañana.

Robert: ¿De verdad?

Sora: Sí. Faltaste a clases el viernes pasado. (Por eso no lo sabías).

Robert: Entonces, me iré a casa a estudiar hoy.

Mujer mayor: Disculpe. ¿Este autobús va al Hospital Sakura?

Robert: Sí, va... Entonces, siéntese aquí, por favor.

Mujer mayor: No, gracias. Me bajaré pronto.

Robert: ¿En serio? Entonces, ¿le sostengo la bolsa?

Mujer mayor: Gracias.

単語
Vocabulario

Sustantivos

かんじ	漢字	kanji; caracter chino
* きょうかしょ	教科書	libro de texto
* ページ		página
* つぎ	次	siguiente
おかね	お金	dinero
* にもつ	荷物	equipaje
パソコン		computadora personal
シャワー		ducha
エアコン		aire acondicionado
でんき	電気	electricidad; luz
まど	窓	ventana
でんしゃ	電車	tren
くに	国	país; lugar de origen
こんしゅう	今週	esta semana
らいしゅう	来週	la próxima semana
らいねん	来年	el próximo año
よる	夜	noche

Adjetivo - な

* たいへん（な）	大変	difícil (situación)

Verbos en -u

あそぶ	遊ぶ	jugar; pasar un rato agradable
いそぐ	急ぐ	apresurarse
* かえす	返す	devolver (una cosa) (*persona* に *cosa* を)
けす	消す	apagar; borrar （〜を）
しぬ	死ぬ	morir
* すわる	座る	sentarse (*asiento* に)
たつ	立つ	ponerse de pie
たばこをすう	たばこを吸う	fumar
* つかう	使う	utilizar （〜を）
てつだう	手伝う	ayudar (*persona/tarea* を)

* Palabras que aparecen en el diálogo

はいる	入る	entrar （〜に）
* もつ	持つ	llevar; sostener （〜を）
* やすむ	休む	(1) faltar (a …) （〜を）
		(2) descansar

Verbos en -ru

あける	開ける	abrir (algo) （〜を）
しめる	閉める	cerrar (algo) （〜を）
おしえる	教える	enseñar; instruir
		（*persona* に *cosa* を）
* わすれる	忘れる	olvidar; dejar atrás （〜を）
* おりる	降りる	bajarse （〜を）
* かりる	借りる	pedir prestado （*persona* に *cosa*
		を）
シャワーをあびる	シャワーを 浴びる	ducharse
つける		encender （〜を）

Verbos irregulares

でんわする	電話する	llamar （〜に）
つれてくる	連れてくる	traer (a una persona) （〜を）
* もってくる	持ってくる	traer (una cosa) （〜を）

Adverbios y otras expresiones

* あとで	後で	después
* すぐ		de inmediato
ゆっくり		despacio; con calma; sin prisas
* けっこうです	結構です	Estaría bien.; No sería necesario.
* ほんとうですか	本当ですか	¿De verdad?

150 ▶ 会話・文法編

文法 Gramática
ぶん ぽう

1 Forma-*te*

Las formas-*te* son una parte *muy* importante de la gramática japonesa. En esta lección, aprenderemos, entre sus diversos usos, a utilizarlas para:

- hacer peticiones («..., por favor.»)
- formar una oración que describa dos acontecimientos o actividades («Hice esto y aquello.»)
- dar y pedir permiso («Puedes… /¿Puedo… ?»)
- declarar que algo está prohibido («No debes...»)

El paradigma de la conjugación de las formas-*te* es complejo, ya que hay que aprender reglas distintas para los verbos en -*ru*, -*u* e irregulares. Además, la regla para los verbos en -*u* se divide en cinco subreglas.

Verbos en -*ru*	る	→	て	食べる	→ 食べて
Verbos en -*u* terminados en	う つ る ¹	→	って	会う 待つ とる	→ 会って → 待って → とって
	む ぶ ぬ	→	んで	読む 遊ぶ 死ぬ	→ 読んで → 遊んで → 死んで
	く	→	いて (Excepción)	書く 行く	→ 書いて → 行って
	ぐ	→	いで	泳ぐ	→ 泳いで
	す	→	して	話す	→ 話して
Verbos irregulares	する くる			する くる	→ して → きて

¹ Como se ha visto en Gramática 1 de la lección 3, algunos verbos que terminan en *hiragana* る son verbos en -*ru* y otros son verbos en -*u*. Repasa el análisis sobre cómo la vocal anterior a la sílaba final る determina a qué clase pertenece cada verbo. En este libro aprenderemos los siguientes verbos en -*u* que terminan en *iru* o *eru*: 帰る (volver), 入る (entrar), 知る (saber), いる (necesitar), 切る (cortar) y 走る (correr).

第6課 ◀ 151

Obsérvese que las formas-*te* y las raíces (lo que aparece antes de ます) de un verbo en -*u* son totalmente diferentes entre sí, mientras que en los verbos en -*ru* son parecidas (食べて y 食べます).
Hay que tener cuidado de no salir con formas impropias como ×会いて (ver 会います) o ×読
みて (ver 読みます) en los verbos en -*u*. Es bueno memorizar cada verbo como un conjunto,
como en 書く—書きます—書いて. Consúltese la tabla de conjugación de verbos al final de este
volumen (p. 382).

2 〜てください

Se utiliza la forma verbal-*te* junto con ください para pedir cortésmente a otra persona que haga
algo «por favor, haz… por mí».[2]

教科書を読んでください。

Por favor, lee el libro de texto.

すみません。ちょっと教えてください。

Disculpe. Hábleme un poco de ello, por favor. (= Cuénteme, necesito su consejo).

会
L6

3 Describir dos actividades

Se puede utilizar la forma-*te* para combinar dos o más verbos, como en la descripción de una secuencia de eventos o acciones («Hice esto y luego hice aquello»). En otras palabras, con los verbos
la forma-*te* cumple la función de «y». (Obsérvese que no se pueden unir dos verbos con と, que
solo conecta sustantivos). El tiempo verbal al final de cada oración determina cuándo se producen
estos acontecimientos.

図書館に行って、本を借ります。 *Iré a la biblioteca y sacaré algunos libros.*

今日は、六時に起きて、勉強しました。 *Hoy me levanté a las seis y estudié.*

食堂に行って、昼ご飯を食べましょう。 *Vamos a la cafetería y almorcemos.*

La forma-*te* de un verbo también puede utilizarse para conectar un verbo más «libremente» con el
resto de la oración. En el primer ejemplo, el verbo en forma-*te* describe cómo se realiza la acción
descrita por el segundo verbo. En el segundo ejemplo, la forma-*te* describe la situación por la que
se presenta la disculpa.

---

[2] Al dirigirse a un amigo muy cercano o a un miembro de la familia, una forma-*te* por sí sola puede servir de
petición.

窓を開けて。　　*Abre la ventana.*

バスに乗って、会社に行きます。

Voy al trabajo en autobús. (Tomo un autobús para ir al trabajo)

教科書を忘れて、すみません。

Siento no haber traído el libro de texto. (Me olvidé el libro de texto, lo siento).

4 〜てもいいです

La forma verbal-*te* más もいいです significa «se puede...,» y describe una actividad que está permitida.[3] Para pedir permiso, se puede convertir en una oración interrogativa, 〜てもいいですか. Si alguien pide permiso y se le quiere conceder, se puede repetir la forma-*te* completa del verbo más la construcción もいいです o simplemente decir いいです. て tiene que ser parte de un verbo y no puede estar solo. Así que no se puede decir simplemente ×てもいいです o ×もいいです. La forma educada y elegante de dar permiso es decir どうぞ.

教科書を見てもいいですよ。	*Se puede utilizar el libro de texto.*
A：トイレに行ってもいいですか。	*¿Puedo ir al baño?*
B：はい、いいですよ。／どうぞ。	*Puede. / Por favor.*

5 〜てはいけません

La forma verbal-*te* más はいけません significa «no se debe...,» y es una declaración de prohibición fuerte, como en normas y reglamentos.

ここで写真を撮ってはいけません。　　*No se debe hacer fotos aquí.*

Si alguien pide permiso y se quiere denegar, se puede utilizar てはいけません, pero la oración puede sonar demasiado dura a no ser que se esté en un puesto de autoridad. Aprenderemos una forma más suave de decir «por favor, no» en la lección 8.

---

[3] En el lenguaje informal, se puede omitir も y decir 食べていいです en lugar de 食べてもいいです. En cambio, no se puede omitir は en la construcción てはいけません, que se discutirá en la siguiente sección.

第6課 ◀ 153

6 〜から

Una oración que termina con から (porque) explica la razón o la causa de una situación, propuesta, etc.

> (situación)。(explicación) から。[4]

私は今晩勉強します。あしたテストがありますから。
Voy a estudiar esta noche. (Porque) hay examen mañana.

バスに乗りましょう。タクシーは高いですから。
Vayamos en autobús. (Porque) los taxis son caros.

会
L6

7 〜ましょうか (Ofrecer ayuda)

En la lección 5 aprendimos que ましょうか significa «Vamos a..». ましょうか también se utiliza en el sentido de «permíteme...,» al ofrecer ayuda. Si vemos que a alguien le cuesta abrir la tapa de un frasco, por ejemplo, podemos ofrecerle ayuda diciendo:

（私が）やりましょうか。　　　　　　　　*¿Lo hago yo?.*

O a una persona que lleva un bolso pesado:

荷物を持ちましょうか。　　　　　　　　*¿Te llevo el bolso?*

---

[4] La cláusula explicativa también puede preceder a la cláusula de situación. Así, el primer ejemplo anterior también puede parafrasearse así:
あしたテストがありますから、私は今晩勉強します。
Lo discutiremos más a fondo en la lección 9.

Notas culturales

日本の教育制度（1）El sistema educativo en Japón (1)

La mayoría de los niños en Japón asisten a jardines infantiles o guarderías antes de entrar en la escuela primaria. La enseñanza obligatoria consiste en seis años de primaria y tres de secundaria. Aunque no es obligatorio, más del 95% de los estudiantes de secundaria pasan al bachillerato o preparatoria durante tres años. Alrededor de la mitad de los graduados de bachillerato asisten a una universidad o a escuelas técnicas. La admisión en las escuelas técnicas y universidades suele basarse en un examen de acceso.

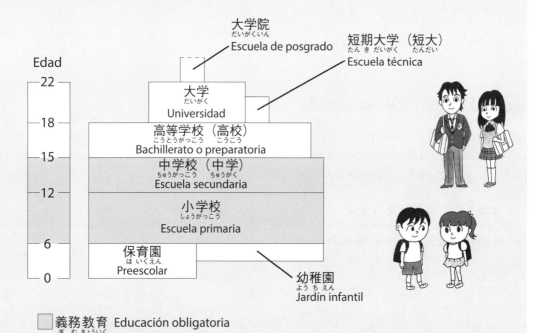

El año escolar japonés comienza en abril y termina en marzo, con unas largas vacaciones en verano y dos descansos más cortos en invierno y primavera.

[Calendario escolar típico japonés (de primaria a bachillerato)]

[Ejemplo de horario para un alumno de 4º que estudia en una escuela primaria pública]

		Lunes	Martes	Miércoles	Jueves	Viernes
	8:20-8:35	Actividades matutinas (leer, estudiar, etc.)				
1	8:45-9:30	Japonés	Matemáticas	Japonés	Arte/Manualidades	Estudios integrados
2	9:40-10:25	Música	Japonés	Estudios sociales	Arte/Manualidades	Matemáticas
3	10:50-11:35	Matemáticas	Ciencias	Matemáticas	Ciencias	Música
4	11:45-12:30	Estudios sociales	Educación física	Ética	Japonés	Inglés
		Almuerzo, pausa para comer y limpieza				
5	1:55-2:40	Educación física	Estudios sociales	Caligrafía	Matemáticas	Japonés
6	2:50-3:35		Estudios integrados	Ciencias	Actividades del club	Estudios sociales

会 L6

Expresiones lingüísticas

表現ノート
ひょうげん

どうも ▶ どうも se utiliza normalmente con ありがとう, como en どうもありがとう (Muchas gracias) o con すみません, como en どうもすみません (Lo siento mucho/Muchas gracias). Cuando se utiliza solo, es una abreviatura de どうもありがとう o どうもすみません. Por lo tanto, para mostrar gratitud o arrepentimiento, se puede decir simplemente どうも en lugar de decir una oración larga. どうも funciona de muchas maneras, dependiendo de la situación. Algunas personas utilizan どうも como «hola» o «adiós».

お ▶ Muchas palabras que empiezan por お pueden usarse también sin ella. お en tales palabras simplemente añade suavidad y un matiz de refinamiento social, sin cambiar el significado de las palabras.

Ej.　お酒(さけ)　お金(かね)　お風呂(ふろ)　お祭り(まつ) (festival)

練習 Práctica

I Forma-*te* ☛Gramática 1

A. Cambia los siguientes verbos a forma-*te*. 🔊 K06-09

Ejemplo おきる → おきて

1. たべる
2. かう
3. よむ
4. かく
5. くる
6. まつ
7. あそぶ
8. とる
9. する
10. いそぐ
11. いく
12. ねる
13. しぬ
14. はなす
15. かえる

B. ¡Cantemos una canción en forma-*te*! (Himno de batalla de la República) 🔊 K06-10

♪1.　あう　あって　まつ　まって　とる　とって
　　　よむ　よんで　あそぶ　あそんで　しぬ　しんで
　　　かく　かいて　けす　けして　いそぐ　いそいで
　　　みんな　*u*-verb　*te*-form
　　　　　　(verbo en -*u*)　(forma-*te*)

♪2.　うつる　って　むぶぬ　んで　くいて　ぐいで

(repetir dos veces)

　　　す　して　*u*-verb　*te*-form
　　　　　　(verbo en -*u*)　(forma-*te*)

II 窓を開けてください ☛Gramática 2

A. Haz peticiones amables. 🔊 K06-11

Ejemplo 日本語を話してください。

> **Ej.** Por favor, hable en japonés.
> 1. Por favor, levántese.
> 2. Por favor, escuche.
> 3. Por favor, lea el libro.
> 4. Por favor, consulte la página 35.
> 5. Por favor, traiga el libro de texto.

6. Por favor, enséñeme kanji.
7. Por favor, devuélvame el libro.
8. Por favor, hable despacio.
9. Por favor, venga conmigo.
10. Por favor, llámeme mañana.
11. Por favor, tráiga a su amigo.

B. ¿Qué dicen en las siguientes situaciones?

Ejemplo　窓を開けてください。
　　　　　まど　あ

C. Trabajo en parejas: haz tu propia petición, como «Por favor, levántate» y «Por favor, toma una foto», y pide a tu compañero que la represente.

Ejemplo　Ａ：コーヒーを飲んでください。　→　B hace como que toma café.
　　　　　　　　　　　　　の

Ⅲ 朝起きて、コーヒーを飲みます　☞ Gramática 3

A. Observa las siguientes imágenes y combínalas con las formas-*te*. 🔊 K06-12

[Ejemplo] 朝起きて、コーヒーを飲みます。

tareas

B. Cambia las siguientes a forma-*te* y completa las oraciones.

[Ejemplo] 朝起きる → 朝起きて、新聞を読みます。

1. 友だちのうちに行く
2. うちに帰る
3. 電車を降りる
4. 友だちに会う
5. 自転車を借りる
6. 大学に行く

C. Trabajo en parejas: hagan preguntas utilizando las siguientes pistas. Cuando respondan, utilicen 〜て.

(Ejemplo) あしたの夜
→ Ａ：あしたの夜、何をしますか。
　　Ｂ：図書館で勉強して、家に帰ります。

1. 今日の夜
2. あしたの朝
3. きのうの朝
4. きのうの夜
5. 今週の週末
6. 先週の週末

Ⅳ 写真を撮ってもいいですか　☞Gramática 4

A. Mira las siguientes imágenes y pregunta si está bien hacer esas cosas. K06-13

(Ejemplo) 写真を撮ってもいいですか。

[En un templo]

[En un hogar japonés]

B. Trabajo en parejas: representen los papeles de las personas que aparecen en las imágenes de la sección A y entablen diálogos.

(Ejemplo) Ａ：写真を撮ってもいいですか。
　　　　Ｂ：ええ、いいですよ。どうぞ。／
　　　　　　すみません。ちょっと……。

C. Elabora conversaciones cortas en las siguientes situaciones utilizando ～てもいいですか.

[Con tu profesor]

1. Estás en clase. Te das cuenta de que necesitas ir al baño lo antes posible.
2. Estás en clase. Te sientes mal y quieres volver a casa.
3. Te has olvidado de hacer las tareas. Estás seguro de que puedes traerlas mañana.
4. Quieres preguntarle algo a tu profesor, pero no puedes expresarlo en japonés.

[Con un amigo]

5. Te perdiste la clase de ayer. Quieres pedirle prestado el cuaderno de tu amigo.
6. Tu amigo y tú están en una habitación oscura y se sienten algo incómodos.
7. Te han invitado a una fiesta y quieres llevar a un amigo.

Ⅴ 食べてはいけません　☛ Gramática 5

A. Eres el profesor de una clase desordenada. Prohíbe las siguientes actividades perturbadoras. 🔊 K06-14

Ejemplo　食べてはいけません。

第6課 ◀ 161

B. Trabajo en parejas: pregunta a tu compañero si está bien hacer las siguientes cosas.

Ejemplo 図書館で電話する

→ Ａ：図書館で電話してもいいですか。

Ｂ：はい、電話してもいいです。／

いいえ、電話してはいけません。

1. 図書館で話す
2. 図書館で昼ご飯を食べる
3. 図書館でコーヒーを飲む
4. 図書館でパソコンを使う

5. あなたの国で十八歳の人は
たばこを吸う
6. あなたの国で十八歳の人は
お酒を飲む

会
L6

C. Explica a la clase qué se puede hacer y qué no en la escuela y en el lugar donde vives.

Ejemplo 学校でたばこを吸ってはいけません。

ホストファミリーのうちで朝シャワーを浴びてもいいです。
(familia anfitriona)

Ⅵ 勉強します。あしたテストがありますから。 ☛Gramática 6

A. Añade razones a las siguientes oraciones.

Ejemplo 勉強します。 → 勉強します。あしたテストがありますから。

1. 先週は大変でした。
2. あの映画を見ません。
3. よくあのレストランに行きます。

4. きのうクラスを休みました。
5. (nombre de un amigo) が大好きです。
6. 友だちに教科書を借りました。

B. Trabajo en parejas: pregúntense entre sí por qué piensan lo siguiente.

Ejemplo 昼ご飯を食べません。

→ Ａ：私は昼ご飯を食べません。

Ｂ：どうしてですか。

Ａ：あまりお金がありませんから。Ｂさんは？

Ｂ：私も昼ご飯を食べません。クラスがありますから。

1. 今週は大変です。
2. (nombre de un lugar) が好きです。
3. 週末、(nombre de una película) を見ます。
4. (nombre de un famoso) がきらいです。
5. お金がぜんぜんありません。
6. 来年は日本語を勉強しません。
7. 来週、(nombre de un lugar) に行きます。
8. 花を買います。

Ⅶ テレビを消しましょうか ☞Gramática 7

A. Trabajo en parejas: propón hacer las siguientes cosas utilizando ましょうか. 🔊 K06-15

Ejemplo　A：テレビを消しましょうか。
　　　　　B：すみません。お願いします。／いいえ、大丈夫です。

第6課 ◀ 163

B. Trabajo en parejas: plantea una conversación en las siguientes situaciones.

Ejemplo Tu compañero y tú están en una habitación. Tu compañero parece tener calor.

→　　A：窓を開けましょうか。
　　　B：ありがとう。お願いします。

1. Tu compañero y tú están en una habitación. Tu compañero parece tener frío.

2. Tu compañero tiene problemas con las tareas de japonés.

3. Estás conversando en español con un japonés (= tu compañero), pero parece que él no entiende español.

4. Entras en una habitación. La habitación está a oscuras y tu compañero está estudiando allí.

5. Tu compañero olvidó los lentes y no puede leer el menú en la pared de un restaurante.

会
L6

Ⅷ まとめの練習 (Ejercicios de repaso)

A. Juego de roles: interpreta los papeles de A y B con tu compañero.

Ejemplo

Ejemplo-A	Ejemplo-B
Te falta dinero y quieres pedirle prestado a tu amigo.	No tienes dinero para prestarle a tu amigo porque te fuiste de viaje la semana pasada.

A：あのう、お金を借りてもいいですか。
B：どうしてですか。
A：あしたは友だちの誕生日ですから。
B：でも、私もお金がありません。先週、旅行に行きましたから。

(1)

1-A	1-B
Tienes una cita mañana y quieres que tu amigo te preste su coche（くるま）.	Acabas de comprar un coche（くるま）y no quieres que nadie lo use.

164 ▶ 会話・文法編

(2)

2-A	2-B
Has perdido tu libro de japonés, pero tienes que estudiar para un examen mañana.	Tienes un examen importante de japonés y necesitas tu libro de texto para prepararlo.

(3)

3-A	3-B
Ahora estás en la casa de tu amigo. Ves un pastel (ケーキ) que parece muy delicioso. Te encantan los pasteles.	Acabas de hacer un pastel (ケーキ) para el cumpleaños de tu madre. Tu amigo está en tu casa ahora.

B. Responde las siguientes preguntas.

1. 今晩、何をしますか。　(Responde con «〜て、〜。»)

2. あなたの寮 (residencia estudiantil)／シェアハウス (casa compartida) で何をしてはいけませんか。

3. 電車の中でたばこを吸ってもいいですか。

4. 大学に何を持ってきますか。

5. よく電車に乗りますか。

6. 先週、宿題を忘れましたか。

7. 子供の時、どこで遊びましたか。

8. 子供の時、よくお母さんを手伝いましたか。

9. 図書館でよく本を借りますか。

10. よくクラスを休みますか。

Expresiones útiles

道を聞く／教える
みち　き　　おし

Pedir y dar direcciones

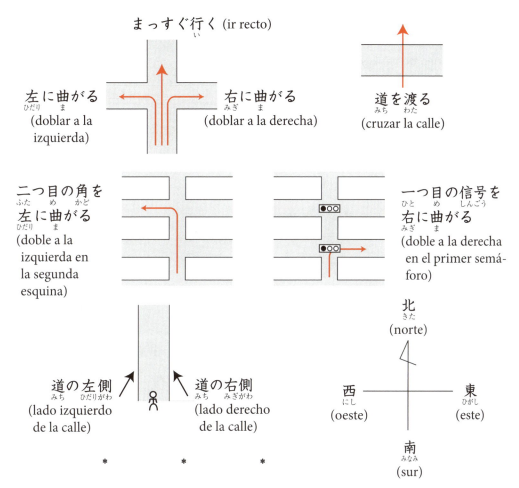

まっすぐ行く (ir recto)
い

左に曲がる (doblar a la izquierda)
ひだり　ま

右に曲がる (doblar a la derecha)
みぎ　ま

道を渡る (cruzar la calle)
みち　わた

二つ目の角を左に曲がる (doble a la izquierda en la segunda esquina)
ふた　め　かど　ひだり　ま

一つ目の信号を右に曲がる (doble a la derecha en el primer semáforo)
ひと　め　しんごう　みぎ　ま

道の左側 (lado izquierdo de la calle)
みち　ひだりがわ

道の右側 (lado derecho de la calle)
みち　みぎがわ

北 (norte)
きた

西 (oeste)
にし

東 (este)
ひがし

南 (sur)
みなみ

＊　＊　＊

A：すみません。郵便局はどこですか。
　　　　　　　ゆうびんきょく
　　Disculpe, ¿dónde hay una oficina de correos?

B：まっすぐ行って、三つ目の角を右に曲がってください。郵便局は右側にありますよ。
　　　　　　　　　みっ　め　かど　みぎ　ま
　　　　　　　ゆうびんきょく　みぎがわ
　　Siga recto y doble a la derecha en la tercera esquina. La oficina de correos está a la derecha.

A：どうもありがとうございます。

第7課 家族の写真 Foto familiar

En esta lección, vamos a..
- Hablar de la familia y los amigos
- Describir la forma de vestir y el aspecto de las personas

会話 Diálogo

I Sora muestra una foto de su familia a su compañera de piso, Yui. 🔊 K07-01 🔊 K07-02

1 ゆい： これはソラさんの家族の写真ですか。
2 ソラ： ええ。
3 ゆい： ソラさんはどれですか。
4 ソラ： これです。高校の時はめがねをかけていました。
5 ゆい： かわいいですね。
6 ソラ： これは父です。ニューヨークの会社で働いています。
7 ゆい： 背が高くて、かっこいいですね。これはお姉さんですか。
8 ソラ： ええ。姉は結婚しています。今ソウルに住んでいます。
9 　　　 子供が一人います。三歳です。
10 ゆい： そうですか。あっ、猫がいますね。
11 　　　 ちょっと太っていますね。
12 ソラ： ええ、よく食べますから。

Ⅱ Suena el teléfono de Yui. 🔊 K07-03　🔊 K07-04

1 ロバート：　もしもし、ゆいさん、今何をしていますか。

2 ゆ　い：　別に何もしていません。今、ソラさんの写真を見ています。

3 ロバート：　そうですか。きのうおいしいコーヒーを買いました。

4 　　　　　　よかったら飲みに来ませんか。

5 ゆ　い：　いいですね。ソラさんも一緒に行ってもいいですか。

6 ロバート：　もちろん。

7 ゆ　い：　じゃあ、すぐ行きます。

Ⅰ

Yui: ¿Esta es la foto de tu familia, Sora?

Sora: Sí.

Yui: ¿Cuál eres tú?

Sora: Esta. Llevaba lentes cuando estaba en la secundaria superior.

Yui: Eres muy guapa.

Sora: Este es mi padre. Trabaja en una empresa de Nueva York.

Yui: Es alto y guapo. ¿Esta es tu hermana mayor?

Sora: Sí. Mi hermana está casada. Ahora vive en Seúl. Tiene un hijo de tres años.

Yui: Ya veo. Oh, hay un gato. Está un poco gordo.

Sora: Sí, porque come mucho.

Ⅱ

Robert: Hola, Yui, ¿qué estás haciendo ahora?

Yui: No estoy haciendo nada en especial. Estoy mirando las fotos de Sora.

Robert: Ya veo. Ayer compré un delicioso café. ¿No te gustaría venir a probarlo?

Yui: Eso suena bien. ¿Puedo ir con Sora?

Robert: Por supuesto.

Yui: Vamos ahora mismo.

単語
Vocabulario

Sustantivos

* かぞく	家族	familia
おじいさん		abuelo; anciano
おばあさん		abuela; anciana
おにいさん	お兄さん	hermano mayor
* おねえさん	お姉さん	hermana mayor
* ちち	父	(mi) padre
はは	母	(mi) madre
あに	兄	(mi) hermano mayor
* あね	姉	(mi) hermana mayor
いもうと	妹	hermana menor
おとうと	弟	hermano menor
きょうだい	兄弟	hermanos y hermanas
おとこのひと	男の人	hombre
おんなのひと	女の人	mujer
* かいしゃ	会社	empresa
しょくどう	食堂	cafetería; comedores
デパート		grandes almacenes
かみ	髪	pelo
くち	口	boca
め	目	ojo(s)
* めがね	眼鏡	lentes; gafas
うた	歌	canción
サークル		actividad del club
くるま	車	auto; coche; carro

Adjetivos-い

ながい	長い	largo
みじかい	短い	corto (longitud)
はやい	速い	rápido
* せがたかい	背が高い	alto (estatura)
せがひくい	背が低い	bajo (estatura)
あたまがいい	頭がいい	brillante; inteligente; astuto (se conjuga como いい)
* かわいい		lindo; tierno

*Palabras que aparecen en el diálogo

Adjetivos-な

しんせつ（な）	親切	amable
べんり（な）	便利	práctico

Verbos en -u

うたう	歌う	cantar（〜を）
かぶる		ponerse (un sombrero)（〜を）
はく		ponerse; llevar; usar (prendas bajo la cintura)（〜を）
しる	知る	conocer（〜を）
しっています	知っています	lo sé
しりません	知りません	no lo sé
* すむ	住む	vivir en（〜にすんでいます）
* はたらく	働く	trabajar
* ふとる	太る	ganar peso
ふとっています	太っています	estar algo pasado de peso; con sobrepeso

Verbos en -ru

* （めがねを）かける	（眼鏡を）かける	ponerse (lentes/gafas)
きる	着る	ponerse; llevar; usar (prendas de cintura hacia arriba)（〜を）
やせる		perder peso
やせています		ser delgado

Verbo irregular

* けっこんする	結婚する	casarse（〜と）

Adverbios y otras expresiones

〜が		…, pero
* なにも ＋ negativo	何も	no ... nada
〜にん	〜人	[contador de personas]
* ひとり	一人	una persona
ふたり	二人	dos personas
* べつに ＋ negativo	別に	nada en especial
* もちろん		por supuesto
* よかったら		si quieres

文法 Gramática

1 ～ている (Acción en curso)

En esta lección, aprenderemos a utilizar las formas verbales-*te* junto con el verbo auxiliar いる. Para entender lo que significa una oración así, hay que comprender la semántica de los verbos japoneses. Los verbos japoneses pueden clasificarse en los siguientes tres tipos.

(1) verbos que describen *actividades* que duran cierto tiempo (ej.: 食べる, 読む)
(2) verbos que describen *cambios* más o menos instantáneos (ej.: 死ぬ, 起きる)[1]
(3) verbos que describen *estados* continuos (ej.: ある, いる)

Para describir *acciones en curso*[2] se utilizan verbos del primer grupo, como 食べる y 読む, en forma-*te* más el verbo auxiliar いる. En la siguiente sección, hablaremos de los verbos del segundo tipo. El tercer tipo que describe estados no puede usarse con ている.

> verbos de actividad ている = acción en curso

ソラさんは今勉強しています。	*Sora está estudiando ahora mismo.*
たけしさんは英語の本を読んでいます。	*Takeshi está leyendo un libro en inglés.*
今、何をしていますか。	*¿Qué estás haciendo ahora?*

También se puede utilizar una oración ～ています para describir lo que hace una persona como trabajo o costumbre. Por lo tanto, el primer ejemplo de abajo tiene dos posibles interpretaciones: estás enseñando inglés en este momento o eres profesor de inglés (pero no necesariamente estás en clase ahora mismo). El segundo ejemplo significa que Mary tiene el hábito de estudiar japonés (pero, por supuesto, no pasa las 24 horas en eso).

---

[1] Entre los verbos que hemos aprendido hasta ahora, aquellos como 起きる, 行く, 帰る, 来る, わかる, 出かける, 乗る, 座る, 死ぬ, 消す, 忘れる, 借りる, 降りる, 持ってくる, 連れてくる, 結婚する, 太る, やせる y 着る son verbos de cambio. En la mayoría de los casos se puede determinar si un verbo pertenece a la clase de actividad o a la de cambio comprobando si permite una frase que describa la duración, como 一時間. Observa, por ejemplo,

○私はきのう一時間本を読みました。　*Ayer leí un libro durante una hora.*
×私は一時間死にました。　(Gramaticalmente incorrecta, como la traducción al español «Me morí por una hora», que también es extraña)

Por tanto, 読む es un verbo de actividad y 死ぬ es un verbo de cambio.

[2] La distinción entre いる y ある que aprendimos en la lección 4 no se aplica a este verbo auxiliar ～ている: se puede usar ～ている tanto para los seres vivos como para los objetos inanimados.

私は英語を教えています。

Enseño inglés. / Estoy enseñando inglés (ahora mismo).

メアリーさんは毎日日本語を勉強しています。

Mary estudia japonés todos los días.

El verbo auxiliar いる se conjuga como un verbo en *-ru*. Así, tenemos formas largas como las siguientes.

Ej. 食べている	afirmativo	negativo
[Presente]	食べています *Está comiendo.*	食べていません *No está comiendo.*
[Pasado]	食べていました *Estaba comiendo.*	食べていませんでした *No estaba comiendo.*

2 ～ている (Resultado de un cambio)

Los verbos del segundo grupo comentados en la sección anterior describen los cambios de un estado a otro. Si uno se casa, o 結婚する, por ejemplo, su estatus cambia de soltero a casado. Con estos verbos, ている describe *el resultado de un cambio.*[3] Un cambio tuvo lugar en el pasado y su significado se mantiene hasta el momento presente.

> verbos de cambio ている = resultado de un cambio

山下先生は結婚しています。   *El profesor Yamashita está casado.*[4]
(= estado resultante de casarse)

ゆいさんは窓の近くに座っています。   *Yui está sentada cerca de la ventana.*
(= estado resultante de sentarse allí)

Aquí hay más ejemplos de verbos que se utilizan habitualmente con el patrón ～ている.

持つ   →   持っている   ソラさんはお金をたくさん持っています。
(tiene)   *Sora tiene mucho dinero.*

---

[3] En la lección 9, observaremos que esta interpretación de *resultado de un cambio* no se limita en realidad a los verbos de cambio, sino que en determinados contextos puede asociarse a los verbos de actividad.

[4] Obsérvese que la oración *no* significa que el profesor Yamashita *se esté casando.*

172 ▶ 会話・文法編

知る し	→	知っている[5] し (conocer)	山下先生は母を知っています。 やましたせんせい　はは　し *El profesor Yamashita conoce a mi madre.*
太る ふと	→	太っている ふと (ser gordo)	トムさんはちょっと太っています。 ふと *Tom está un poco gordo.*
やせる	→	やせている (ser delgado)	私の弟はとてもやせています。 わたし　おとうと *Mi hermano menor está muy delgado.*
着る き	→	着ている き (llevar puesto)	メアリーさんはTシャツを着ています。 ティー　き *Mary lleva (puesta) una camiseta.*
起きる お	→	起きている お (estar despierto)	お父さんは起きています。 とう　お *Papá está levantado y despierto.*
住む す	→	住んでいる す (vivir en)	家族は東京に住んでいます。 かぞく　とうきょう　す *Mi familia vive en Tokio.*

Obsérvese que verbos como 行く y 来る pertenecen a la clase de cambio. Así, 行っている y 来て
い
く
き
いる indican el resultado de movimientos anteriores, *no* de movimientos que estén en curso. Es
posible que debamos tener cuidado con lo que significan las siguientes oraciones.

中国に行っています。　*Alguien ha ido/está en China.* (No significa: *Se va a China*).
ちゅうごく　い

うちに来ています。　　*Alguien ha venido de visita.* (No significa: *Alguien va a venir*).
き

Se puede usar simplemente el tiempo presente y decir メアリーさんは来ます, por ejemplo, si se
き
quiere decir que Mary viene, porque el tiempo presente en japonés se refiere tanto al presente
como al futuro.

3 ▌メアリーさんは髪が長いです
かみ　なが

Para describir a alguien que tiene el pelo largo, se podría decir:

トムさんの髪は長いです。　　*El pelo de Tom es largo.*
かみ　なが

Pero en realidad sería mucho más natural en japonés decir:

トムさんは髪が長いです。　　*Tom tiene el pelo largo.* (= *En cuanto a Tom, tiene el*
かみ　なが　*pelo largo*).

---

[5] La negación de 知っています es 知りません, sin la forma ている.
し　し

第7課 ◀ 173

Esto es válido no solo para la discusión sobre el largo del cabello, sino en general para las descripciones de los atributos físicos de una persona. Consultar la sección "Partes del cuerpo" al final de esta lección para conocer el nombre de las partes del cuerpo.

$$
Aさんは
\begin{Bmatrix}
目_{め} \\
耳_{みみ} \\
手_{て} \\
足_{あし} \\
\vdots
\end{Bmatrix}
が
\begin{Bmatrix}
大_{おお}きい \\
小_{ちい}さい \\
かわいい \\
\vdots
\end{Bmatrix}
$$

La persona A tiene una parte del cuerpo que es...

Como expresiones idiomáticas, también tenemos:

背が高い *ser alto*　　背が低い *ser bajo*　　頭がいい *ser brillante/inteligente*
せ　たか　　　　　　　せ　ひく　　　　　　　あたま

会
L7

4 Formas-*te* de adjetivos y sustantivos para unir oraciones

En la última lección, hablamos del uso de verbos en forma-*te* para unir oraciones. です y los adjetivos-い y -な después de sustantivos también tienen formas-*te* que se utilizan para combinar dos elementos y formar oraciones más largas.

La forma-*te* de un adjetivo-い se forma sustituyendo la い final por くて. La forma-*te* de un adjetivo-な y una secuencia de sustantivos＋です se forma añadiendo で a la raíz del adjetivo o al sustantivo.

adjetivos-い:	安い	→	安くて
(irregular)	いい	→	よくて
adjetivos-な:	元気 （な）	→	元気で
sustantivo ＋です:	日本人です	→	日本人で

あの店の食べ物は安くて、おいしいです。
みせ　た　もの　やす

La comida en ese restaurante es barata y deliciosa.

ホテルはきれいで、よかったです。

El hotel estaba limpio y estábamos contentos.

山下先生は日本人で、五十歳ぐらいです。
やましたせんせい　にほんじん　ごじゅっさい

El profesor Yamashita es japonés y tiene unos cincuenta años.

Al igual que con la conjunción en forma-*te* de los verbos en la lección 6, se puede utilizar la conjunción de adjetivos en forma-*te* en oraciones que describen el pasado y el presente. El último adjetivo determina el tiempo global de cada una de estas oraciones.

5 Raíz del verbo ＋ に行く

Si una persona se traslada a otro lugar para hacer algo, se puede describir su movimiento y su propósito de esta manera:

$$\text{destino del movimiento} \left\{ \begin{array}{c} に \\ へ \end{array} \right\} \boxed{\text{propósito del movimiento}} に \left\{ \begin{array}{c} 行く \\ 来る \\ 帰る \end{array} \right\}$$

(raíz del verbo)

El propósito del movimiento es una frase que consiste en un verbo, su objeto, etc.[6] Los verbos que describen el propósito de un movimiento deben estar en su forma raíz. Las raíces son la parte que se obtiene al omitir ます de las formas largas del presente verbal.

raíces:　　食べる　→　食べ（ます）　　読む　→　読み（ます）　etc.

デパートに かばんを買い に行きました。

Fui a unos grandes almacenes a comprar un bolso.

メアリーさんは日本に 日本語を勉強し に来ました。

Mary ha venido a Japón a estudiar japonés.

6 Contador de personas

El «contador» de personas es 人, pero «una persona» y «dos personas» son irregulares: 一人 y 二人.

1　ひとり（一人）
2　ふたり（二人）
3　さんにん（三人）
4　よにん（四人）
5　ごにん（五人）
6　ろくにん（六人）
7　しちにん／ななにん（七人）
8　はちにん（八人）
9　きゅうにん（九人）
10　じゅうにん（十人）

何人いますか。

Para contar las personas de una clase, por ejemplo, puedes añadir 〜人 después del sustantivo y la partícula が y decir:

私のクラスに（は）インドネシア人の学生が一人います。
Hay un estudiante indonesio en mi clase.

En este tipo de oraciones, las expresiones de lugar suelen ir seguidas de には en lugar de に.

表現ノート — Expresiones lingüísticas 8

遊ぶ ▶ 遊ぶ significa «jugar», «pasar un rato agradable» o «hacer una visita social».

子供の時、よく友だちと遊びました。　*Cuando era pequeño, jugaba a menudo con mis amigos.*

先週の週末は東京に遊びに行きました。　*El fin de semana pasado fui a Tokio a divertirme.*

私のうちに遊びに来てください。　*Por favor, venga a casa a pasar el rato.*

Obsérvese que «jugar», tal y como se utiliza a continuación, requiere de otras palabras.

Deportes:	jugar al tenis	テニスをする
Juegos:	jugar juegos	ゲームをする
	jugar a las cartas	トランプをする

知る/わかる ▶ Cuando no se sabe la respuesta a una pregunta, pero se debería haber pensado sobre ella, se debe decir わかりません en lugar de 知りません (véase lección 4 diálogo 2, por ejemplo). 知りません en un contexto así sonaría grosero, dando a entender que su ignorancia sobre ese asunto no es de la incumbencia del que pregunta.

---

[6] También se pueden usar algunos sustantivos como 買い物 (compras) para la frase de propósito, como en デパートに買い物に行きました。　*Fui de compras a unos grandes almacenes.*

練習 Práctica

I テレビを見ています　☞Gramática 1

A. Observa las imágenes de abajo y responde las preguntas. 🔊 K07-07

[Ejemplo] Q：メアリーさんは何をしていますか。
　　　　　A：テレビを見ています。

B. Trabajo en parejas: ¿Qué hacías ayer en los siguientes horarios? Sé lo más específico posible (dónde, con quién, etc.).

[Ejemplo] 2 p.m. → A：午後二時ごろ何をしていましたか。
　　　　　　　　　　B：友だちと部屋で勉強していました。

1. 6 a.m.　　3. 10 a.m.　　5. 6 p.m.　　7. 11 p.m.
2. 8 a.m.　　4. 12:30 p.m.　6. 8 p.m.

C. Actividad en clase: juguemos a la mímica. El profesor entrega una tarjeta con una oración a cada alumno. Uno de ellos hace la mímica de la oración. Todos los demás adivinan lo que está haciendo la persona y levantan la mano cuando reconocen la acción. La persona que consiga más puntos será la ganadora.

Ejemplo　田中さんは海で泳いでいます。

Ⅱ ニューヨークに住んでいます　☞ Gramática 2

A. Esta es la familia de Sora. Responde las siguientes preguntas.

🔊 K07-08

Ejemplo　Q：お父さんはどこに住んでいますか。
　　　　A：ニューヨークに住んでいます。

1. お姉さんはどこに住んでいますか。
2. 弟さんはアメリカに住んでいますか。
3. お母さんは何をしていますか。
4. お姉さんは何をしていますか。
5. お姉さんは結婚していますか。
6. 弟さんは結婚していますか。
7. お父さんは何歳ですか。
8. 弟さんは何歳ですか。
9. お父さんは韓国で働いていますか。

Padre	vive en N.Y.	trabaja en una empresa	48 años
Madre		profesor de secundaria superior	45 años
Hermana	vive en Seúl	trabaja en un hospital; está casada	24 años
Hermano	vive en Londres	estudiante; no está casado	18 años

B. Trabajo en parejas: pregunta por la familia de tu compañero y rellena los espacios en blanco que aparecen a continuación.

	何歳ですか	何をしていますか	どこに住んでいますか	結婚していますか
お父さん				
お母さん				
お兄さん				
お姉さん				
弟さん				
妹さん				

Ⅲ この人は目が大きいです　☛Gramática 2・3

A. Describe las características físicas de las siguientes personas. 🔊 K07-09

[Ejemplo] この人は目が大きいです。

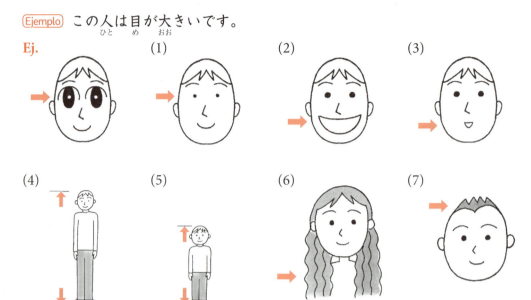

B. Observa la siguiente imagen y responde las preguntas. 🔊 K07-10

[Ejemplo]　Q：女の人はやせていますか。
　　　　　　A：はい、やせています。

1. 女の人は太っていますか。
2. 女の人はTシャツを着ていますか。
3. 男の人は何を着ていますか。
4. 女の人はジーンズをはいていますか。
5. 男の人はめがねをかけていますか。
6. 男の人は傘を持っていますか。
7. 女の人は背が高いですか。
8. 男の人は背が低いですか。
9. 女の人は髪が長いですか。
10. 男の人は目が小さいですか。

女の人　　男の人

C. Observa la siguiente imagen y describe a cada persona.

Ejemplo
水野さんは帽子をかぶっています。

D. Actividad en clase: un alumno describe a otro sin mencionar su nombre. El resto de la clase adivina quién es el estudiante.

Ejemplo 髪が短いです。Ｔシャツを着ています。ジーンズをはいていません。

Ⅳ ゆいさんはかわいくて、やさしいです　☛Gramática 4

A. Mary ha estado disfrutando su vida en Japón. Habla de sus amigos y de la vida en Japón. Haz oraciones utilizando dos adjetivos como los del ejemplo. 🔊 K07-11

Ejemplo　ゆいさんはかわいくて、やさしいです。

Ej. ゆい　　　　　(1) ロバート　　　(2) ナオミ　　　(3) ソラ

かわいい　　　背が高い　　　目が大きい　　　頭がいい
やさしい　　　かっこいい　　きれいな　　　　親切な

(4) 山下先生　(5) 日本語のクラス　(6) 宿題　　(7) 食堂

元気な　　　にぎやかな　　　難しい　　　安い
おもしろい　楽しい　　　　　大変な　　　おいしい

180 ▶ 会話・文法編

B. Describe los siguientes elementos utilizando dos o más adjetivos.

(Ejemplo) mi hermano mayor

→ 兄はかっこよくて、やさしいです。
　　あに

　　兄はかっこいいですが、こわいです。
　　あに

1. mi ciudad natal
2. mi país
3. mi clase de japonés

4. uno de los miembros de mi familia
5. los japoneses
6. la gente de mi país

C. Naomi y sus amigas se fueron de viaje a Tokio el mes pasado. Haz oraciones que describan la ciudad utilizando dos adjetivos. 🔊 K07-12

(Ejemplo) 東京 — grande y animado
　　　　とうきょう

→ 東京は大きくて、にぎやかでした。
　　とうきょう　おお

1. 新幹線 (Tren bala)　　　　— rápido y cómodo
　　しんかんせん
2. ホテル　　　　　　　　　　— viejo y no limpio
3. ホテルの人　　　　　　　　— amable y bueno
4. レストラン　　　　　　　　— caro y no delicioso
5. 神社 (santuario)　　　　　— tranquilo y hermoso
　　じんじゃ
6. 東京スカイツリー (Tokyo Skytree) — alto y aterrador
　　とうきょう

D. Trabajo en parejas: respondan las siguientes preguntas utilizando dos o más adjetivos.

(Ejemplo) 家に犬がいますか。／どんな犬ですか。
　　　　いえ　いぬ　　　　　　　　いぬ

→ Ａ：家に犬がいますか。
　　　　いえ　いぬ

　　Ｂ：はい。

　　Ａ：どんな犬ですか。
　　　　　　　いぬ

　　Ｂ：小さくて、かわいいです。
　　　　ちい

　　Ａ：そうですか。

1. どこに住んでいますか。／どんな町ですか。
2. パソコンを持っていますか。／どんなパソコンですか。
3. 好きな人がいますか。／どんな人ですか。
4. 週末何をしましたか。／どうでしたか。
5. 休みにどこに旅行に行きましたか。／どんな町でしたか。

Ⅴ 京都に写真を撮りに行きます　👉Gramática 5

A. Sora va a los siguientes lugares para hacer las cosas que se indican a continuación. Haz oraciones como las del ejemplo. K07-13

Ejemplo　京都 ― 写真を撮る
　　　　→ ソラさんは京都に写真を撮りに行きます。

1. 図書館　　　　― 本を返す
2. 食堂　　　　　― 昼ご飯を食べる
3. 大阪　　　　　― 友だちに会う
4. 友だちのうち　― 勉強する
5. 町　　　　　　― 遊ぶ
6. デパート　　　― 靴を買う
7. 高校　　　　　― 英語を教える
8. カフェ　　　　― コーヒーを飲む

B. ¿Con qué propósito irías a los siguientes lugares?

1. コンビニに＿＿＿＿＿＿＿＿＿＿＿＿＿＿＿に行きます。
2. 東京に＿＿＿＿＿＿＿＿＿＿＿＿＿＿＿＿に行きました。
3. 図書館に＿＿＿＿＿＿＿＿＿＿＿＿＿＿＿に行きます。
4. 家に＿＿＿＿＿＿＿＿＿＿＿＿＿＿＿＿＿に帰ります。
5. 大学に＿＿＿＿＿＿＿＿＿＿＿＿＿＿＿＿に来ました。

C. Trabajo en parejas: mira las siguientes imágenes y practica el diálogo con tu compañero.

> Ejemplo　Ａ：ナオミさんは友だちのうちに何をしに行きますか。
> 　　　　　Ｂ：遊びに行きます。

Ej. jugar (divertirse)　　(1) pedir prestado　　(2)

casa de un amigo
ナオミ

biblioteca
ウデイ

cafetería
カルロス

(3) para comprar recuerdos　　(4)　　(5)

grandes almacenes
ヤスミン

casa
メアリー

templo
ようこ

Ⅵ 日本人が何人いますか　☞Gramática 6

A. Mira la siguiente imagen y cuenta las personas.　🔊 K07-14

> Ejemplo　Ａ：日本人が何人いますか。
> 　　　　　Ｂ：四人います。

1. 男の人が何人いますか。
2. 女の人が何人いますか。
3. アメリカ人が何人いますか。
4. 学生が何人いますか。

B. Trabajo en parejas: pregunta a tu compañero lo siguiente.

> [Ejemplo] A：この部屋に学生が何人いますか。
> B：二十人います。

1. この部屋に日本人が何人いますか。
2. この部屋に_____人が何人いますか。
   (nacionalidad)
3. あなたの学校に日本語の先生が何人いますか。
4. 日本人の友だちが何人いますか。
5. 兄弟がいますか。何人いますか。

Ⅶ まとめの練習

A. Responde las siguientes preguntas.

1. どこに住んでいますか。
2. 結婚していますか。
3. 自転車／車を持っていますか。
4. 日本の歌を知っていますか。
5. サークルに入っていますか。
6. 日本語の先生は今日何を着ていますか／はいていますか。
7. お父さん／お母さんはどこで働いていますか。
8. おじいさん／おばあさんはどこに住んでいますか。
9. 子供の時、自転車を持っていましたか。
10. 高校の時、日本語を知っていましたか。

B. Actividad en clase: muestra una foto de tu familia a la clase y descríbela.

Notas culturales

家族の呼び方 Los términos de parentesco
（かぞく）（よ）（かた）

	1. Al referirse a otras familias	2. Al referirse a la propia		3. Dirigiéndose a tu _____
		A. formal	B. informal	
Padre	お父さん（とう）	父（ちち）	お父さん（とう）	お父さん／パパ（とう）
Madre	お母さん（かあ）	母（はは）	お母さん（かあ）	お母さん／ママ（かあ）
Hermano mayor	お兄さん（にい）	兄（あに）	お兄さん（にい）	お兄ちゃん（にい）
Hermana mayor	お姉さん（ねえ）	姉（あね）	お姉さん（ねえ）	お姉ちゃん（ねえ）
Hermano menor	弟 さん（おとうと）	弟（おとうと）		——
Hermana menor	妹 さん（いもうと）	妹（いもうと）		——
Marido	ご主人（しゅじん）	主人／夫（しゅじん）（おっと）	だんな／うちの人, etc.（ひと）	お父さん（とう）
Esposa	奥さん（おく）	家内／妻（かない）（つま）	奥さん／嫁さん, etc.（おく）（よめ）	お母さん（かあ）
Abuelo	おじいさん	祖父（そ ふ）	おじいさん	おじいちゃん
Abuela	おばあさん	祖母（そ ぼ）	おばあさん	おばあちゃん
Hijo/a	お子さん（こ）	うちの子（こ）		——

Existen muchos otros términos de parentesco, además de los que figuran en la tabla anterior. A los miembros iguales o más jóvenes de tu familia se les puede dirigir por su nombre de pila en lugar del término de parentesco. Como se indica en el cuadro, el término utilizado para un determinado tipo de miembro de la familia varía en función de las siguientes situaciones:

1. Hablar de la familia de otra persona
2-A. Hablar de tu propia familia en una situación formal, como una entrevista de trabajo
2-B. Hablar de su propia familia en una situación informal
3. Hablar con tu familia

A：田中さんのお父さんは何歳ですか。 ¿Qué edad tiene su padre, Sr. Tanaka?
（た なか）（とう）（なんさい）
B：[formal] 父は五十歳です。 Mi padre tiene 50 años.
（ちち）（ご じゅっさい）
[informal] お父さんは五十歳です。
（とう）（ご じゅっさい）

También puedes dirigirte a los miembros de tu familia con los términos que utilizaría el más joven. Por ejemplo, una esposa puede llamar a su marido お父さん o パパ y una madre （とう） puede llamar a su hijo mayor お兄ちゃん.
（にい）

Mother: お兄ちゃん、お父さんが待っていますよ。
（にい）（とう）（ま）
Hijo (literalmente, *hermano mayor*), *tu padre está esperando.*

Expresiones útiles

体の部分
からだ の ぶぶん

Las partes del cuerpo

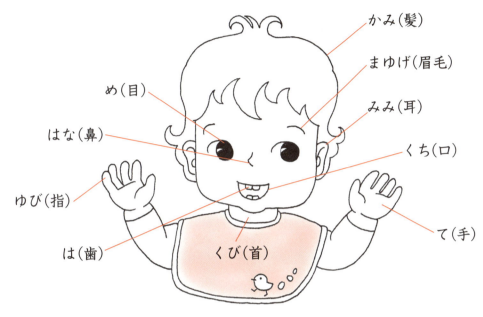

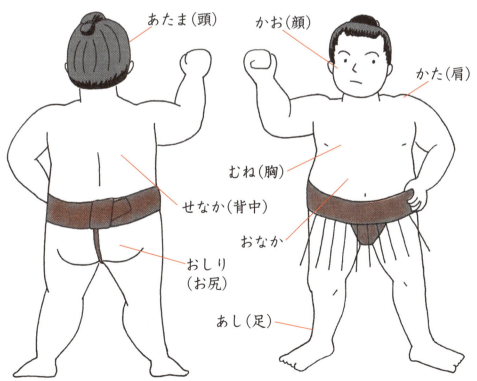

186 ▶ 会話・文法編

第8課　LECCIÓN 8

バーベキュー Barbacoa

En esta lección, vamos a...

- Hablar de manera informal
- Expresar pensamientos y opiniones
- Presentar lo que alguien dice
- Pedir que no se haga algo
- Hablar de las cosas que nos gusta o no nos gusta hacer

会話 Diálogo
　　かい　わ

I En la escuela. 🔊 K08-01 🔊 K08-02

1 ゆ　い：　たけしさん、あしたみんなでバーベキューをしませんか。

2 たけし：　いいですね。だれが来ますか。

3 ゆ　い：　ソラさんとロバートさんが来ます。メアリーさんも来ると思います。

4 たけし：　けんさんは？

5 ゆ　い：　けんさんはアルバイトがあると言っていました。

6 たけし：　残念ですね。何か持っていきましょうか。

7 ゆ　い：　何もいらないと思います。

II Robert está cocinando en la barbacoa. 🔊 K08-03 🔊 K08-04

1 ゆ　い：　　上手ですね。ロバートさんは料理するのが好きですか。

2 ロバート：　ええ、よく家で作ります。

3 ゆ　い：　　何か手伝いましょうか。

4 ロバート：　じゃあ、トマトを切ってください。

　　　　　　　＊　　　　　　＊　　　　　　＊

5 ロバート：　始めましょうか。

6 ゆ　い：　　あっ、まだ飲まないでください。

7 　　　　　　メアリーさんも来ると言っていましたから。

8 メアリー：　遅くなってすみません。

9 みんな：　　じゃあ、乾杯！

Yui: Takeshi, ¿te gustaría hacer una barbacoa mañana entre todos?

Takeshi: Estaría bien. ¿Quién vendrá?

Yui: Sora y Robert vendrán. Creo que Mary también vendrá.

Takeshi: ¿Y Ken?

Yui: Ken dijo que tenía un trabajo a tiempo parcial.

Takeshi: Qué pena. ¿Traigo algo?

Yui: Creo que no hace falta nada.

Yui: Eres bueno (en la cocina). ¿Te gusta cocinar, Robert?

Robert: Sí, suelo cocinar en casa.

Yui: ¿Te ayudo con algo?

Robert: Entonces, corta los tomates, por favor.

   * * *

Robert: ¿Empezamos?

Yui: Oh, no bebas todavía. Mary dijo que vendría.

Mary: Siento llegar tarde.

Todos: Pues entonces... ¡Salud!

単語

Vocabulario

Sustantivos

はれ	晴れ	soleado
あめ	雨	lluvia
くもり	曇り	nublado
ゆき	雪	nieve
てんきよほう	天気予報	pronóstico del tiempo
きおん	気温	temperatura (clima, no cosas)
なつ	夏	verano
ふゆ	冬	invierno
けさ	今朝	esta mañana
あさって		pasado mañana
まいしゅう	毎週	todas las semanas
こんげつ	今月	este mes
らいげつ	来月	el próximo mes
かいしゃいん	会社員	oficinista
しごと	仕事	trabajo; ocupación
カメラ		cámara
カラオケ		karaoke
ところ	所	lugar
* トマト		tomate
はし		palillos
パーティー		fiesta
* バーベキュー		barbacoa
ホームステイ		estancia con una familia anfitriona; vivir con una familia local
おふろ	お風呂	baño
スペイン		España
* なにか	何か	algo

Adjetivos-な

* じょうず(な)	上手	hábil; bueno en ... (～が)
へた(な)	下手	torpe; malo en ... (～が)
ゆうめい(な)	有名	famoso

* Palabras que aparecen en el diálogo

Verbos en -u

あらう	洗う	lavar （〜を）
* いう	言う	decir
* いる		necesitar （〜が）
* おそくなる	遅くなる	llegar tarde
おふろにはいる	お風呂に入る	bañarse
* おもう	思う	pensar
* きる	切る	cortar （〜を）
* つくる	作る	hacer （〜を）
（あめ／ゆきが）ふる	（雨／雪が）降る	caer (lluvia/nieve)
* もっていく	持っていく	tomar (una cosa) （〜を）

Verbos en -ru

すてる	捨てる	tirar （〜を）
* はじめる	始める	empezar （〜を）

Verbos irregulares

うんてんする	運転する	conducir （〜を）
せんたくする	洗濯する	lavar la ropa （〜を）
そうじする	掃除する	limpiar （〜を）
* りょうりする	料理する	cocinar

Adverbios y otras expresiones

うん		ajá; sí
ううん		oh, oh; no
いつも		siempre
おそく	遅く	(hacer algo) tarde
* かんぱい	乾杯	¡Salud! (brindis)
* みんなで		todos juntos
* ざんねん（ですね）	残念（ですね）	Es una pena.
* まだ＋ negativo		no ... todavía
〜について		sobre ...; en relación con ...
〜ど	〜度	... grados (temperatura)
どう		cómo

文法 Gramática

1 Formas cortas

En esta lección y en la siguiente, aprenderemos un nuevo paradigma de conjugación, que llamaremos «formas cortas»[1]. Compararemos las formas largas, que ya conocemos, con las formas cortas:

Presente, afirmativo

	formas largas	formas cortas	
・verbos:	読みます	読む	(= forma diccionario)
・adjetivos-い:	かわいいです	かわいい	(Se omite です).
・adjetivos-な:	静かです	静かだ	(Se sustituye です por だ).
・sustantivo ＋ です:	学生です	学生だ	(Se sustituye です por だ).

Presente, negativo

	formas largas	formas cortas	
・verbos:	読みません	読まない	→ Se trata más adelante.
・adjetivos-い:	かわいくないです	かわいくない	(Se omite です).
(excepción) いい:	よくないです	よくない	
・adjetivos-な:	静かじゃないです	静かじゃない	(Se omite です).
・sustantivo ＋ です:	学生じゃないです	学生じゃない	(Se omite です).

Veamos en detalle los verbos en negativo. Los verbos en *-ru*, en *-u* e irregulares se conjugan de forma diferente.

Formas verbales cortas (presente, negativo)

・verbos en *-ru*: Se omite la る final y se añade ない.

食べる → 食べない

・verbos en *-u*: Se omite la última *-u* y se añade *-anai*. Sin embargo, los verbos que tienen う van con わ en lugar de あ.

書く → 書かない   会う → 会わない

・verbos irregulares: Cambian las vocales.

する → しない   くる → こない

・excepción: El verbo ある se sustituye totalmente por el adjetivo ない.

ある → ない

---

[1] Se han dado varios nombres a este paradigma. Incluyen «formas simples», «formas informales» y «estilo directo». Las formas largas, en cambio, suelen llamarse «formas de cortesía», «formas formales» y «estilo distal».

第8課 ◀ 191

Pensemos en la conjugación del verbo en *-u* como si se moviera hacia arriba y hacia abajo en la tabla de *hiragana*. Tomemos como ejemplo 書く. La forma diccionario 書く es la combinación de la raíz del verbo en el kanji 書 y el *hiragana* al final de esa fila, く. 書きます es la combinación de 書, き, y la terminación ます a la derecha. 書かない es 書, か y ない.

	書 か	話 はな	待 ま	死 し	読 よ	作 つく	泳 およ	遊 あそ	買 か	
negativo	か	さ	た	な	ま	ら	が	ば	わ[2]	〜ない
raíz	き	し	ち	に	み	り	ぎ	び	い	〜ます
afirmativo	く	す	つ	ぬ	む	る	ぐ	ぶ	う	= forma diccionario

2 Formas cortas en habla informal

Los amigos cercanos o los miembros de la familia hablan entre sí utilizando formas cortas al final de las oraciones como señal de proximidad. El uso de formas largas, por el contrario, tiende a implicar la intención del hablante de «mantener una distancia adecuada» con el oyente. Las formas cortas, pues, son como tutear, mientras que las largas son como tratarse de usted.

(Entre amigos)   A：今日、学校に行く？ (Forma corta)
                 きょう　がっこう　い
               ¿Vas a ir a la escuela hoy?

               B：ううん、行かない。
                      い
               No, no voy.

(A un extraño)   A：すみません、この電車は新宿に行きますか。 (Forma larga)
                        てんしゃ　しんじゅく　い
               Disculpe, ¿este tren va a Shinjuku?

               B：いいえ、行きませんよ。
                      い
               No, no va.

Puede que no sea fácil decidir cuándo es apropiado cambiar a formas cortas. En primer lugar, los japoneses suelen ser muy conscientes de la diferencia de edad. Un año de diferencia de edad puede, en muchos casos, excluir totalmente la posibilidad de establecer una relación verdaderamente «igualitaria». En segundo lugar, la aceptabilidad de utilizar formas cortas no es mutua: los mayores pueden sentirse perfectamente justificados al utilizar formas cortas mientras esperan que los menores sigan dirigiéndose a ellos con formas largas. Entonces, si alguien mayor, por ejemplo, el profesor de japonés, habla utilizando formas cortas, se sorprendería mucho si el alumno hiciera lo mismo.

---

[2] Obsérvese que tenemos 買わない, con わ en lugar de あ porque las bases de los verbos en *-u* que terminan con la *hiragana* う en realidad terminan con la consonante *w*, que permanece muda en 買う y 買います, pero reaparece en 買わない.

Profesor:	この漢字、わかる？[3]	¿Conoces este kanji?
Estudiante:	はい、わかります。	Sí, lo conozco.
	（×うん、わかる。）	

(Se prefiere la forma larga porque se está hablando con alguien mayor).

En las conversaciones informales, se omite la partícula interrogativa か y se utiliza la entonación ascendente para hacer una pregunta[4].

どんな音楽を聞く？　　（×どんな音楽を聞くか？）
¿Qué tipo de música escuchas?

Además, en el lenguaje oral, se suele omitir la だ al final de la oración después de un adjetivo-な o un sustantivo. (Sin embargo, sí se mantiene la última だ en el lenguaje escrito).

A：元気？	¿Estás bien?
B：うん、元気。	Sí, lo estoy.
（En lugar de: 元気だ。）	

Se mantiene だ cuando se sigue con ね o よ.

メアリーさんは二年生だよ。　　*Mary es estudiante de segundo año.*
（En lugar de: メアリーさんは二年生だ。）

はい y いいえ suelen ser sustituidos por los menos formales うん y ううん.

| A：よくスポーツをする？ | ¿Haces deporte a menudo? |
| B：うん、する。／ううん、しない。 | Sí, hago. / No, no hago. |

3 Formas cortas en el estilo directo: 〜と思います

Para describir lo que se piensa, se utiliza la forma corta más と思います (creo que …). と es una partícula para citar, que funciona como la conjunción española «que» en la cita indirecta o las comillas (« ») en la cita directa.

（私は）たけしさんはメアリーさんが好きだと思います。
Creo que a Takeshi le gusta Mary.

---

[3] Las partículas se suprimen más a menudo en el lenguaje informal que en el lenguaje o la escritura formal.

[4] Normalmente se escribe el signo de interrogación al final de una oración de este tipo porque la entonación no siempre es evidente.

Para decir que *no se cree* que algo sea el caso, es más común en japonés decirlo como 〜ないと思います (*creo* que algo *no* es el caso) que 〜と思いません (*no creo*). Por lo tanto:

（私は）メアリーさんはたけしさんが好きじゃないと思います。
No creo que a Mary le guste Takeshi (= Creo que a Mary no le gusta Takeshi).

4 Formas cortas en el estilo directo: 〜と言っていました

Para citar lo que dijo otra persona, se utiliza la forma corta más と言っていました[5] (Dijo o dijeron «...»). Obsérvese que el tiempo presente de la expresión original de Yasmín se mantiene en el relato de Mary.

ヤスミンさんは、あした試験があると言っていました。
Yasmín dijo que mañana habría un examen.

山下先生は結婚していないと言っていました。
El profesor Yamashita dijo que no está casado.

---

[5] La expresión de acción en curso en と言っていました indica que se estaba allí cuando alguien dijo eso, como en «Los oí decir...». Si no se estaba presente cuando se pronunció, como en «(el largamente fallecido) Napoleón dijo...», と言いました suena más apropiado.

194 ▶会話・文法編

5 〜ないでください

Para pedir que alguien se abstenga o deje de hacer algo, se puede utilizar una forma verbal corta negativa más でください.

ここで写真を撮らないでください。　　　*Por favor, no tome fotos aquí.*

> verbo (corto, negativo) ＋ でください　　　*Por favor, no ...*

ないでください suele ser mejor respuesta que てはいけません a una pregunta de てもいいですか.

A：この部屋に入ってもいいですか。
　　¿Puedo entrar en esta habitación?

B：入らないでください。　　Comparar con: 入ってはいけません。
　　Por favor, no entres.　　　　　　　(Implica que se está en una posición de autoridad).

6 Verbo のが好きです/上手です

La forma verbal corta ＋ の convierte un verbo en un sustantivo que describe una acción. Así, en combinación con が好きです／きらいです, por ejemplo, se puede describir lo que gusta o no hacer.

（私は）日本語を勉強する の が好きです。
Me gusta estudiar japonés.

（私は）部屋を掃除する の がきらいです。
No me gusta limpiar mi habitación.

«Ser bueno/malo haciendo» es 〜が上手です (es bueno haciendo ...) y 〜が下手です (es malo haciendo ...).[6]

ロバートさんは料理を作る の が上手です。
Robert es bueno cocinando.

たけしさんは英語を話す の が下手です。
Takeshi no es un bueno hablando de inglés.

---

[6] Para describir la presencia o ausencia de habilidades, también se suele utilizar un conjunto diferente de expresiones, que son, 〜がとくいです (se siente cómodo con/ se le da bien ...) y 〜がにがてです (se siente incómodo con/ no se le da bien ...).

私は日本語を話すのがとくいです。　　*Se me da bien/me siento cómodo hablando japonés.*

$$\text{persona は actividad (verbo)のが} \begin{cases} 好き \\ きらい \\ 上手 \\ 下手 \end{cases} \text{です。} \quad \begin{array}{l} \textit{gustar hacer ...} \\ \textit{no gustar hacer ...} \\ \textit{ser bueno haciendo ...} \\ \textit{ser malo haciendo ...} \end{array}$$

Es un error común utilizar la forma-*te* de un verbo en tales contextos, engañado por la asociación entre 〜ている y el verbo en la forma de gerundio *-ndo* en español.

× たけしさんは英語を話してが下手です。

7 La partícula de sujeto が

Tengamos en cuenta lo que significa ロバートさんは沖縄に行きました. Esta oración, por supuesto, se refiere a Robert y describe lo que hizo. Es probable que sea dicha cuando el tema de Robert ya hubiera salido. Desde el punto de vista gramatical, (1) el sustantivo ロバート se sitúa como sujeto en relación con el verbo 行く (fue la persona que realizó la acción del verbo, ir), y (2) el sustantivo se presenta, por la función de la partícula は, como el tema de la oración (*en cuanto* a Robert, fue a Okinawa).

¿Y si ambos sabemos que alguien fue a Okinawa recientemente y *yo* sé que fue Robert, pero *tú* no? Diría:

ロバートさんが沖縄に行きました。   *ROBERT fue a Okinawa.*

Esta oración significa que *Robert* fue a Okinawa, lo que en español se pronunciaría con un énfasis extra en el nombre Robert, que es el nuevo dato de esta oración.

Las palabras interrogativas como だれ y 何 en el sujeto de una oración van seguidas de が en lugar de は.

だれが沖縄に行きましたか。   Compárese: × だれは沖縄に行きましたか。
¿Quién fue a Okinawa?

Como aprendimos en la lección 2, un interrogativo, cuando es el sujeto de una oración nunca va seguido de la partícula は, sino siempre de la partícula が (p. 61). Como hemos visto, un sustantivo que proporcionará la respuesta a dicha pregunta también va seguido de la partícula が.

Ａ：どのクラスがおもしろいですか。
 ¿Qué clase es (la más) interesante?

Ｂ：日本語のクラスがおもしろいです。
 La clase de japonés.

196 ▶ 会話・文法編

A : （このクラスで）だれがめがねをかけていますか。

¿Quién lleva lentes/gafas (en esta clase)?

B : 山下先生がめがねをかけています。
やましたせんせい
El profesor Yamashita.

8 何か y 何も
なに　　なに

La palabra para «algo» es 何か y la palabra para «nada» en oraciones negativas es 何も.
なに　　　なに

· aseveraciones positivas:	何か なに	*algo*
· preguntas:	何か なに	*¿algo?*
· aseveraciones negativas:	何も ＋ negativo なに	*no … nada*

Cuando 何か y 何も se utilizan en lugares donde se esperan las partículas は, が y を, suelen
なに　　なに
usarse solas sin ayuda de partículas. En la lección 10 aprenderemos qué hacer en los casos en los
que se esperan partículas distintas a éstas.

猫が何か持ってきました。
ねこ　なに　も
El gato ha traído algo.

猫は何か食べましたか。
ねこ　なに　た
¿Comió algo el gato?

いいえ、猫は何も食べませんでした。
ねこ　なに　た
No, el gato no ha comido nada.

第8課 ◀ 197

Expresiones lingüísticas ⑨

表現ノート
ひょう げん

〜する ▶La mayoría de los verbos irregulares están formados por sustantivos y el verbo する. Así que, cuando se aprende un verbo irregular, también se aprende un sustantivo.

verbos	sustantivos
勉強する	勉強
べんきょう	べんきょう
estudiar	*estudio*

Ej. 日本語の勉強は楽しいです。
にほんご べんきょう たの
El estudio del japonés es divertido.

料理する	料理
りょう り	りょう り
cocinar	*cocina*

Ej. ロバートさんの料理はおいしいです。
りょうり
Robert cocina bien.

Algunos de estos sustantivos pueden utilizarse como «objeto» del verbo する.

私は日本語の勉強をしました。　　　*Estudié japonés.*
わたし にほんご べんきょう

Compárese: 私は日本語を勉強しました。
わたし にほんご べんきょう

たけしさんは部屋の掃除をしました。　*Takeshi hizo la limpieza de su habitación.*
へ や そうじ

Compárese: たけしさんは部屋を掃除しました。
へ や そうじ

Se puede utilizar tanto estos sustantivos como sus verbos する en oraciones con 好きです y きらいです, por ejemplo. Hay que añadir の a los verbos, tal y como se comentó en la Gramática 6. Hay que prestar también atención a las partículas que preceden a estas palabras.

日本語の勉強が好きです。／日本語を勉強するのが好きです。
にほんご べんきょう す にほんご べんきょう す
Me gusta estudiar japonés.

遅い/遅く ▶Aunque tanto 遅い como 遅く significan «tarde», tienen usos diferentes,
おそ おそ
ya que 遅い es un adjetivo y 遅く es un adverbio. 遅い modifica sustantivos o funciona
おそ おそ おそ
como predicado y 遅く modifica verbos.
おそ

A：きのう一時に寝ました。　　　*Ayer me acosté a la una.*
いち じ ね

B：遅いですね。　　　　　　　　*Eso es tarde.*
おそ

週末には、十時ごろ起きて、遅い朝ご飯を食べます。
しゅうまつ じゅうじ お おそ あさ はん た
Los fines de semana me levanto cerca de las 10:00 y desayuno tarde.

きのう、遅く寝ました。　　　　　*Ayer me acosté tarde.*
おそ ね

También puedes aplicar esta regla a 早い/早く.
はや はや

会
L8

198 ▶ 会話・文法編

練習 Práctica
れん　しゅう

Ⅰ Formas cortas ☛Gramática 1

A. Cambia las afirmaciones por negaciones. 🔊 K08-07

Ejemplo　かく　→　かかない

1. みる
2. あける
3. すむ
4. かける
5. はく
6. はじめる
7. つくる
8. せんたくする
9. あらう
10. くる
11. わすれる
12. ある
13. おもう
14. もっていく
15. はいる
16. かえる

B. Cambia las afirmaciones por negaciones. 🔊 K08-08

Ejemplo　たかい　　　→　たかくない
　　　　　げんきだ　　→　げんきじゃない
　　　　　がくせいだ　→　がくせいじゃない

1. ゆうめいだ
2. あめだ
3. いそがしい
4. かわいい
5. みじかい
6. しんせつだ
7. やすい
8. きれいだ
9. たいへんだ
10. いい
11. かっこいい
12. すきだ

Ⅱ Habla informal ☛Gramática 2

A. Contesta a las siguientes preguntas en habla informal, primero de forma afirmativa y, luego, negativa. 🔊 K08-09 🔊 K08-10

Ejemplo　Q：よく魚を食べる？
　　　　　　　　　さかな　た
　　　　　A：うん、食べる。／ううん、食べない。
　　　　　　　　　　た　　　　　　　　　　　　　た

1. 今日、勉強する？
　　きょう　べんきょう
2. 今日、友だちに会う？
　　きょう　とも　　あ
3. よくお茶を飲む？
　　　　ちゃ　の
4. よく電車に乗る？
　　　でんしゃ　の
5. 毎日、日本語を話す？
　　まいにち　にほんご　はな
6. 毎日、お風呂に入る？
　　まいにち　ふろ　はい

7. あした、大学に来る？
8. 今日、宿題がある？
9. 自転車を持っている？
10. 来週、カラオケに行く？
11. 毎週、部屋を掃除する？
12. 毎日、洗濯する？

B. Contesta a las siguientes preguntas en habla informal, primero de forma afirmativa y, luego, negativa. 🔊 K08-11 🔊 K08-12

Ejemplo　Q：元気？
　　　　　A：うん、元気。／ううん、元気じゃない。

1. ひま？
2. 忙しい？
3. この教科書はいい？
4. 先生はこわい？
5. 料理が上手？
6. お風呂が好き？
7. スポーツがきらい？
8. 今日は休み？
9. 日本語のクラスはおもしろい？
10. 日本語のクラスは難しい？

Ⅲ 日本人だと思います　☞Gramática 3

A. Haz una conjetura sobre Mary utilizando 〜と思います. 🔊 K08-13

Ejemplo　buena en japonés

→　メアリーさんは日本語が上手だと思います。

1. le gusta Takeshi
2. ocupada
3. buena estudiante
4. no es alta
5. no es tranquila
6. no es estudiante de primer año
7. cocina a menudo
8. conduce un coche
9. no fuma
10. no está casada
11. habla japonés todos los días
12. no vuelve a casa a altas horas de la noche
13. no bebe mucho café
14. suele ir a ver películas

B. Haz una conjetura sobre el profesor Yamashita y sobre el lugar de abajo y responde las siguientes preguntas.

Ejemplo　Q：山下先生はいい先生ですか。
　　　　A：はい、いい先生だと思います。／
　　　　　　いいえ、いい先生じゃないと思います。

A

Imagen A

1. ひまですか。
2. 頭がいいですか。
3. 背が高いですか。
4. こわいですか。
5. 仕事が好きですか。
6. 結婚していますか。
7. お金をたくさん持っていますか。
8. よくスポーツをしますか。
9. スペイン語を話しますか。

Imagen B

B

1. ここは日本ですか。
2. 有名な所ですか。
3. 暑いですか。
4. 冬は寒いですか。
5. 人がたくさん住んでいますか。
6. 夏によく雨が降りますか。

C. Discute los siguientes temas en parejas o grupos.

Ejemplo　cafetería de la universidad
　　　→　A：大学の食堂についてどう思いますか。
　　　　　B：安くて、おいしいと思います。私はよく食べに行きます。
　　　　　　　Aさんはどう思いますか。
　　　　　A：私は……。

1. esta ciudad
2. esta clase
3. idioma japonés
4. Mary y Takeshi
5. (tu escuela/universidad)
6. (tu propio tema)

Ⅳ ナオミさんは忙しいと言っていました　☞Gramática 4

A. Informa de lo que dijeron las siguientes personas utilizando 〜と言っていました。 🔊 K08-14

Ejemplo　Q：ナオミさんは何と言っていましたか。
　　　　　A：今月は忙しいと言っていました。

ナオミ

Ej. 今月は忙しいです。
1. 来月もひまじゃないです。
2. あしたは買い物をします。
3. 毎日漢字を勉強しています。

ロバート

4. ホームステイをしています。
5. お父さんは親切です。
6. お母さんは料理が上手です。
7. お兄さんは会社員です。
8. 家族は英語を話しません。

天気予報

9. あしたは晴れです。
10. あしたは寒くないです。
11. あしたの気温は八度です。
12. あさっては曇りです。
13. ときどき雪が降ります。

B. Trabajo en parejas: pregunta a tu compañero lo siguiente. Toma notas e informa después a la clase utilizando 〜と言っていました。

1. 週末は何をしますか。
2. この町はどうですか。
3. 友だち／家族はどんな人ですか。
4. どんな人が好きですか。

Ⅴ 写真を見ないでください 🔈Gramática 5

A. ¿Qué diría esta gente cuando quiere que alguien... 🔊 K08-15

[Ejemplo] no mire la foto → 写真を見ないでください。

1. no llame
2. no venga a mi casa
3. no se vaya
4. no fume
5. no tire la revista

6. no hable inglés
7. no duerma en clase
8. no olvide las tareas
9. no llegue tarde
10. no inicie el examen todavía
11. no utilice *smartphones*

B. Pregúntale a una persona que esté en la misma habitación si le molesta que hagas las siguientes cosas.

[Ejemplo] 窓を開ける
→ A：窓を開けてもいいですか。
　 B：すみません。開けないでください。寒いですから。／
　 　 いいですよ。どうぞ。

1. たばこを吸う
2. テレビをつける
3. 写真を撮る
4. エアコンを消す
5. パソコンを使う
6. (tu propia petición)

VI 勉強するのが好きです　☞Gramática 6

A. Di para qué es buena o mala Mary utilizando 上手です o 下手です. 🔊 K08-16

(Ejemplo)　tenis (buena)
→　メアリーさんはテニスが上手です。

natación (mala)
→　メアリーさんは泳ぐのが下手です。

1. español (buena)
2. cocinar (mala)
3. hacer sushi (mala)
4. comer con palillos (buena)
   (はしで)
5. tomar fotos (buena)
6. conducir un coche (mala)
7. hablar japonés (buena)
8. escribir cartas de amor (buena)
   (ラブレター)

B. Trabajo en parejas: pregunta si a tu compañero le gusta hacer las siguientes actividades.

(Ejemplo)　estudiar
→　A：勉強するのが好きですか。
　　B：はい、好きです／大好きです。
　　　　いいえ、あまり好きじゃないです／
　　　　きらいです／大きらいです。

1. comer
2. dormir
3. cantar
4. hacer compras
5. practicar deportes
6. estudiar japonés
7. hacer limpieza
8. lavar la ropa
9. cocinar
10. bañarse
11. conducir un coche
12. lavar un coche

Nota: Si no te gusta ni te disgusta, puedes utilizar 好きでもきらいでもないです．

C. Actividad en clase: habla con cada uno de tus compañeros. Parte con las siguientes preguntas y amplía la conversación.

1. 何をするのが好きですか。
2. 何をするのがきらいですか。

204 ▶ 会話・文法編

Ⅶ だれがイギリス人ですか ☛Gramática 7

A. Utiliza la siguiente tabla y responde las preguntas. 🔊 K08-17

(Ejemplo) Q：だれがイギリス人ですか。
A：ロバートさんがイギリス人です。

1. だれが韓国人ですか。
2. だれが料理をするのが上手ですか。
3. だれがいつも食堂で食べますか。

4. だれがデートをしましたか。
5. だれが犬が好きですか。

Robert	Británico	es bueno cocinando	cocina a menudo	fue a Okinawa el fin de semana pasado	no le gustan los gatos
Mary	Estado-unidense	es buena en el tenis	no cocina	tuvo una cita el pasado fin de semana	le gustan los perros
Sora	Coreana	es buena cantando	cocina a veces	fue a Tokio el fin de semana pasado	le gustan los gatos
Takeshi	Japonés	es bueno nadando	siempre come en la cafetería	tuvo una cita el pasado fin de semana	no le gustan los gatos

B. Trabajo en parejas: utiliza la tabla anterior y hazle preguntas a tu compañero con だれが.

Ⅷ 何もしませんでした ☛Gramática 8

A. Fuiste a una fiesta, pero no hiciste nada en ella. Haz oraciones utilizando las pistas. 🔊 K08-18

(Ejemplo) パーティーに行きましたが、(comer)
→ パーティーに行きましたが、何も食べませんでした。

1. パーティーに行きましたが、(beber)
2. カラオケがありましたが、(cantar)
3. テレビがありましたが、(ver)
4. カメラを持っていましたが、(tomar)
5. ゆみさんに会いましたが、(hablar)
6. パーティーに行きましたが、(hacer)

B. Responde las siguientes preguntas.

Ejemplo　Q：きのうの晩ご飯は何か作りましたか。
　　　　A：はい、パスタ (pasta) を作りました。／
　　　　　　いいえ、何も作りませんでした。

1. 今朝、何か食べましたか。
2. きのう、何か買いましたか。
3. パーティーに何か持っていきますか。
4. 今、何かいりますか。
5. 週末、何かしますか。

IX まとめの練習

A. Trabajo en parejas: A y B están haciendo planes para un viaje de un día con otros dos amigos, C y D. A conoce el horario de C y B conoce el de D. Interpreta los papeles de A y B. Discute tus horarios y los de tus amigos usando 〜と言っていました y averigua qué días ustedes cuatro están disponibles. (El horario de B está en la página siguiente).

Ejemplo　A：十六日はひまですか。
　　　　B：いいえ、買い物に行きます。十八日は、どうですか。
　　　　A：私は、何もしません。でも、Cさんは映画を見に行くと言っていました。
　　　　B：そうですか。じゃあ……

Estudiante A

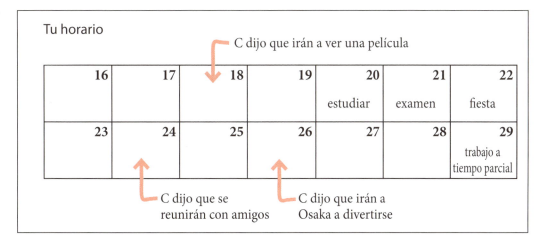

B. Trabajo en pareja/en grupo: están planeando una fiesta. Decide los siguientes puntos y rellena el cuadro. Utiliza el Diálogo Ⅰ como modelo.

いつですか	
どこでしますか	
どんなパーティーですか	
何を持っていきますか	
だれが来ますか	

C. Actividad en clase: encuentra a alguien ...

1. que le guste estudiar japonés   _____
2. que odie hacer la limpieza   _____
3. que le guste cantar   _____
4. que sea malo conduciendo   _____
5. cuya madre sea buena cocinando   _____
6. (tu propia pregunta)

   _____   _____

Después, informa a la clase:

_____さんは_____と言っていました。

Trabajo en parejas Ⅸ A. (p. 205)

Estudiante B

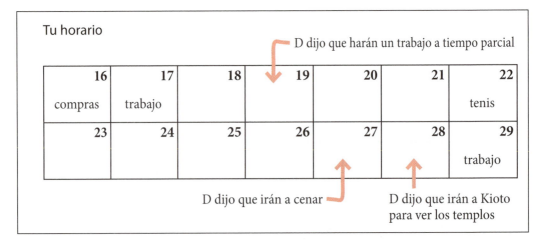

 調べてみよう
しら

Fiesta de cocina japonesa

Planea una fiesta de cocina con temática japonesa.

1. Cada miembro del grupo elegirá un plato japonés, preparará una lista de ingredientes y una receta sencilla para el plato. (Véase el ejemplo siguiente).
2. Compara las listas en tu grupo y discute lo que tu grupo va a cocinar.
3. Comparte la lista de ingredientes y la receta de tu grupo con el resto de la clase.
4. ¡Cocina y disfruta!

[Ejemplo] カレーライス

> **Ingredientes**
>
> ごはん (arroz cocido)　じゃがいも (patatas)　にんじん (zanahorias)
> 玉ねぎ (cebollas)　肉 (carne)　カレールー (espesante de curry japonés)
> たま　　　　　　にく
>
> **Receta** (No es necesario escribir la receta en japonés)
>
> 1. Cortar y saltear la carne y las verduras.
> 2. Añadir agua y llevar a ebullición. Bajar el fuego, tapar y cocer a fuego lento hasta que los ingredientes estén tiernos.
> 3. Añadir el espesante de curry. Cocer a fuego lento, revolviendo constantemente.
> 4. Servir caliente sobre arroz cocido.

Notas culturales

日本の食べ物 La comida en Japón

Una comida tradicional japonesa consiste en un cuenco de arroz blanco (ご飯), un par de platos (おかず) y una sopa (a menudo みそ汁) y se llama 定食 (menú del día) en las cafeterías. Sin embargo, muchos japoneses no comen comida tradicional o platos a base de arroz en todas las comidas. Se sirve una gran variedad de comida en los restaurantes e incluso en casa porque Japón ha adoptado y adaptado muchos platos extranjeros a lo largo del tiempo.

ご飯　おかず　みそ汁

Platos comunes en Japón

カレーライス
Curry con arroz

おにぎり
Bolas de arroz

ラーメン
Fideos *ramen*

うどん
Fideos *udon*

パスタ
Pasta

ぎょうざ
Gyoza

牛丼
Cuenco de arroz con carne

ハンバーグ
Hamburguesa

さしみ
Pescado crudo (*sashimi*)

お好み焼き
Tortilla *okonomiyaki*

¿Qué han desayunado hoy Yui y el profesor Yamashita?

ゆい（20歳）

トースト／スープ／ヨーグルト
Tostada, sopa y yogur

山下先生（47歳）

ご飯／焼き魚／たまご／みそ汁
Arroz, pescado asado, huevo y sopa de *miso*

Expresiones útiles

スーパーで

En el supermercado

Expresiones

アボカドはありますか。————————¿Tiene aguacate/palta?

この中にお酒が入っていますか。————¿Esto tiene alcohol?

これはハラルフードですか。——————¿Esto es *halal*?

ピーナッツアレルギーがあります。———Tengo alergia al cacahuete/maní.

袋をお願いします。——————————¿Me da una bolsa?

Vocabulario

果物：

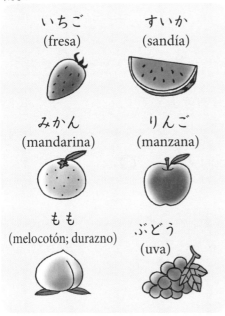

野菜：

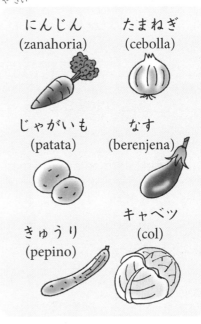

肉：

牛肉 (ternera)　　　豚肉 (cerdo)　　　鶏肉 (pollo)

210 ▶ 会話・文法編

第9課 LECCIÓN 9
かぶき Kabuki

En esta lección, vamos a...

- Hablar informalmente de cosas que sucedieron en el pasado
- Expresar pensamientos y opiniones sobre acontecimientos pasados
- Presentar lo que alguien dice ● Pedir comida en un restaurante o tienda ● Explicar motivos

会 話 Diálogo
かい わ

I Mary y Takeshi están conversando. 🔊 K09-01 🔊 K09-02

1 たけし： 　メアリーさんはかぶきが好きですか。
　　　　　　　　　　　　　　　　　　　す

2 メアリー： 　かぶきですか。あまり知りません。
　　　　　　　　　　　　　　　　し

3 　　　　　　でも、ロバートさんはおもしろかったと言っていました。
　　　　　　　　　　　　　　　　　　　　　　　　　　い

4 たけし： 　かぶきのチケットを二枚もらったから、見に行きませんか。
　　　　　　　　　　　　　　にまい　　　　　　　み　い

5 メアリー： 　ええ、ぜひ。いつですか。

6 たけし： 　来週の木曜日です。十二時から四時までです。
　　　　　　　らいしゅう　もくようび　　じゅうにじ　　よじ

II Durante el intermedio en un teatro de Kabuki. 🔊 K09-03 🔊 K09-04

1 メアリー： 　きれいでしたね。

2 たけし： 　出ている人はみんな男の人ですよ。
　　　　　　　て　　ひと　　　　おとこ　ひと

3 メアリー： 　本当ですか。
　　　　　　　ほんとう

4 たけし： 　ええ。ところで、もう昼ご飯を食べましたか。
　　　　　　　　　　　　　　　ひる　はん　た

5 メアリー： 　いいえ、まだ食べていません。
　　　　　　　　　　　　た

6 たけし： 　じゃあ、買いに行きましょう。
　　　　　　　　　か　い

III En un puesto de venta. 🔊 K09-05 🔊 K09-06

1 たけし： すみません。お弁当を二つください。
2 店の人： はい。
3 たけし： それから、お茶を一つとコーヒーを一つ。
4 店の人： 二千八百円です。どうもありがとうございました。

Ⅰ

Takeshi: Mary, ¿te gusta el Kabuki?

Mary: ¿Kabuki? No lo conozco mucho. Pero Robert dijo que era interesante.

Takeshi: Tengo dos entradas para el Kabuki, ¿te gustaría ir?

Mary: Claro que sí. ¿Cuándo es?

Takeshi: El jueves de la próxima semana. Desde las doce del mediodía hasta las cuatro.

Ⅱ

Mary: Fue hermoso.

Takeshi: Los que aparecen son todos hombres.

Mary: ¿De verdad?

Takeshi: Sí. Por cierto, ¿ya has almorzado?

Mary: No, todavía no he comido.

Takeshi: Entonces, ¿vamos a comprar almuerzo?

Ⅲ

Takeshi: Disculpe. Dos cajas de almuerzo, por favor.

Vendedor: Aquí tienes.

Takeshi: Un té y un café, también.

Vendedor: Son 2800 yenes. Muchas gracias.

単語
Vocabulario

Sustantivos

たんご	単語	palabra; vocabulario
さくぶん	作文	ensayo; composición
しけん	試験	examen
てがみ	手紙	carta
メール		correo electrónico
ギター		guitarra
ピアノ		piano
コンサート		concierto
*チケット		boleto
*かぶき	歌舞伎	Kabuki; arte teatral tradicional japonés
スキー		esquí
*おべんとう	お弁当	caja de almuerzo
ピザ		pizza
びょうき	病気	enfermedad
くすり	薬	medicina
いいこ	いい子	niño bueno
いろ	色	color
こんど	今度	futuro cercano
せんげつ	先月	el mes pasado
きょねん	去年	el año pasado

Adjetivos-い

あおい	青い	azul
あかい	赤い	rojo
くろい	黒い	negro
しろい	白い	blanco
さびしい	寂しい	solitario
わかい	若い	joven

Adjetivo-な

いじわる(な)	意地悪	malicioso

*Palabras que aparecen en el diálogo

Verbos en -u

おどる	踊る	bailar
おわる	終わる	(algo) termina （〜が）
くすりをのむ	薬を飲む	tomar medicamentos
にんきがある	人気がある	ser popular
はじまる	始まる	(algo) comienza （〜が）
ひく	弾く	tocar (un instrumento de cuerda o un piano) （〜を）
* もらう		obtener (de alguien) (*persona* に *cosa* を)

Verbos en -ru

おぼえる	覚える	memorizar （〜を）
* でる	出る	(1) aparecer; asistir （〜に）
		(2) salir （〜を）

Verbos irregulares

うんどうする	運動する	entrenar
さんぽする	散歩する	dar un paseo

Adverbios y otras expresiones

そう		(creo que) sí
* 〜から		desde ...
* 〜まで		hasta (lugar/tiempo)
* ぜひ	是非	a toda costa; sin falta
* ところで		por cierto; a propósito
* みんな		todos
* もう		ya

Números (utilizados para contar artículos pequeños)

* ひとつ	一つ	uno
* ふたつ	二つ	dos
みっつ	三つ	tres
よっつ	四つ	cuatro
いつつ	五つ	cinco
むっつ	六つ	seis
ななつ	七つ	siete
やっつ	八つ	ocho
ここのつ	九つ	nueve
とお	十	diez

文法 Gramática

ぶん ぽう

1 Formas cortas del pasado

Aquí aprenderemos el paradigma del pasado de las formas cortas. Con cuatro partes de la oración y dos polaridades, el cuadro tiene ocho formas, pero hay que aprender solo tres reglas.

(1) Verbos: las terminaciones en forma-*te* て y で se sustituyen por た y だ.

(2) adjetivos-い: la última い se sustituye por かった. También se puede pensar en esto como «omitir el です de la forma larga».

(3) adjetivos-な y sustantivos: la terminación でした de la forma larga se sustituye por だった.

Negación: ない se conjuga como un adjetivo-い. Por lo tanto, para todas las categorías se puede sustituir la última ない por なかった.

Pasado, afirmativo   compara con:

- verbos: 食べた   食べて
                    読んだ   読んで
- adjetivos-い: かわいかった   かわいい／かわいかったです
- adjetivos-な: 静かだった   静かでした
- sustantivo + です: 学生だった   学生でした

Pasado, negativo

- verbos: 読まなかった   読まない
- adjetivos-い: かわいくなかった   かわいくない
- adjetivos-な: 静かじゃなかった   静かじゃない
- sustantivo + です: 学生じゃなかった   学生じゃない

---

2 Formas cortas del pasado en lenguaje informal

Las formas cortas de los predicados en pasado pueden usarse de la misma manera que las formas en presente, de las que hablamos en la lección 8. Obsérvese que la partícula interrogativa か se omite en el lenguaje informal.

Ａ：今朝、朝ご飯を食べた？   *¿Has desayunado esta mañana?*
けさ　あさ　はん　た

Ｂ：うん、食べた。／ううん、食べなかった。   *Sí, desayuné. / No, no desayuné.*
た　　　　　　　　　　た

A diferencia de だ en el presente, だった no se omite en el lenguaje informal.

A：先週は忙しかった？　　　　　　¿Estuviste ocupado la semana pasada?
B：ううん、忙しくなかった。ひまだった。　No, no lo estuve. Tuve tiempo libre.

3 Formas cortas del pasado en el estilo directo: 〜と思います

Al igual que en el presente, se utiliza la forma corta en pasado con 〜と思います (pienso que) para informar de lo que crees que ocurrió en el pasado.

A：あ、私のとんかつがない！　　　¡Eh, no está mi chuleta de cerdo!
B：トムさんが食べたと思います。　Creo que se la comió Tom.

去年の冬はあまり寒くなかったと思います。
Creo que el invierno pasado no fue muy frío.

4 Formas cortas del pasado en el estilo directo: 〜と言っていました

Tras oír a alguien pronunciar una oración en pasado, se puede informar de ello con la forma corta en pasado con 〜と言っていました.

ヤスミンさんは、昼ご飯を食べなかったと言っていました。
Yasmín dijo que no había almorzado.

Obsérvese que el japonés no tiene la regla de la «secuencia de tiempos» y se mantiene el tiempo del enunciado original al informarlo. Si se está informando sobre la expresión de alguien en la que se utiliza el tiempo presente, también se debe utilizar el tiempo presente dentro de la cita. Así, si tu amiga Yasmín dice 今、晩ご飯を食べています, utilizando el tiempo presente, al informarlo tendrá 晩ご飯を食べている en presente, en lugar de 晩ご飯を食べていた en pasado.

ヤスミンさんは晩ご飯を食べていると言っていました。
Yasmín dijo que estaba cenando.

5 Calificar sustantivos con verbos y adjetivos

El siguiente cuadro muestra varias formas de modificación del sustantivo. Las frases de la izquierda califican el sustantivo 人 (persona) a la derecha. El ejemplo 1 es una modificación adjetiva directa. El ejemplo 2 contiene una frase que describe el atributo de una persona (lección 7), y el ejemplo 3 tiene un adjetivo-な con objeto gramatical (lección 5). El ejemplo 4 tiene un verbo en la forma corta (lección 8).

Aquí nos centramos en un verbo ＋ ている, que se utiliza con mucha frecuencia como modificador del sustantivo, describiendo a las personas en función de sus acciones y estados actuales.[1]

Ａ：ゆいさんはどの人ですか。　　　　¿Quién es Yui?
Ｂ：あそこで本を読んでいる人です。　Yui es la que está leyendo un libro allí.

あそこで写真を撮っている学生はロバートさんです。
El estudiante que está tomando fotos allí es Robert.

---

[1] También se pueden utilizar formas cortas distintas de ている para modificar el sustantivo, como en 毎日運動する人 (una persona que hace ejercicio cada día) y たばこをすわない人 (una persona que no fuma). En la lección 15 exploraremos una gama más amplia de formas verbales utilizadas para modificar sustantivos.

第9課 ◀ 217

6 もう〜ました y まだ〜ていません

Se puede utilizar el pasado afirmativo de un verbo 〜ました tanto (i) para hablar de un acontecimiento que ocurrió en un momento determinado del pasado (きのう *ayer*, por ejemplo), al igual que *hice* en español como (ii) para hablar de un acontecimiento pasado que todavía tiene efecto en el presente, al igual que *he hecho* en español (utilizado con adverbios como もう *ya*, por ejemplo).

(i) きのう宿題をしました。 　　　　*Ayer hice las tareas/ los deberes.*
　　　しゅくだい

(ii) もう宿題をしました。 　　　　　*Ya he hecho las tareas / los deberes.*
　　　　しゅくだい

Con el negativo, el pasado se usa solo para hablar de un periodo de tiempo terminado como きのう, pero ている se usa si la intención es hablar de cómo están las cosas ahora («todavía no»).

(i) きのう宿題をしませんでした。 　*Ayer no hice las tareas/ los deberes.*
　　　しゅくだい

(ii) まだ宿題をしていません。 　　　*Todavía no he hecho las tareas/ los deberes.*
　　　　しゅくだい

もう〜ました	*ya he ...*
まだ〜ていません	*no he ... todavía*

会
L9

7 Explicación から、Situación

En la lección 6 aprendimos que から añadido a una oración significa «porque».

朝ご飯を食べませんでした。忙しかったですから。
あさ　はん　た　　　　　　　　いそが
No he desayunado porque estaba ocupado.

Se pueden combinar estas dos oraciones en una, trasladando la secuencia «explicación ＋ から» al principio de la oración para la que se da la explicación. El orden resultante de los elementos se asemeja más al de una oración con «por lo tanto» / «así que» que al de una oración «porque» en español.

explicación	から、	situación	。

= situación , *porque* explicación .

= explicación ; *por lo tanto,* situación .

218 ▶ 会話・文法編

あした試験があるから、今晩勉強します。

Voy a estudiar esta noche porque mañana tenemos examen.

(= Mañana tenemos examen, así que, estudiaré esta noche).

寒かったから、出かけませんでした。

No salimos porque hacía frío.

(= Hacía frío, así que, no salimos).

Antes de la conjunción から, puede haber formas largas y cortas. Así, las cláusulas から de los ejemplos anteriores pueden reescribirse como あした試験がありますから y 寒かったですから.[2] La forma larga antes de から es más cortés y se encuentra con frecuencia en oraciones de petición y sugerencia.

かぶきのチケットがありますから、一緒に見に行きましょう。

Vayamos a ver Kabuki. Tengo entradas.

---

[2] Sin embargo, la forma larga antes de から es inapropiada cuando toda la oración termina en forma corta. Por lo tanto, es inapropiado decir: ×寒かったですから、出かけなかった。

練習 Práctica

Ⅰ Formas cortas del pasado ☞Gramática 1

A. Verbos

(a) Cambia los siguientes verbos al pasado afirmativo. 🔊 K09-09

Ejemplo かく → かいた

1. はなす	5. いく	9. あらう	13. いそぐ
2. しぬ	6. あそぶ	10. くる	14. もらう
3. のむ	7. つくる	11. ひく	15. おどる
4. かける	8. でる	12. まつ	16. せんたくする

(b) Cambia los siguientes verbos al pasado negativo. 🔊 K09-10

Ejemplo かく → かかなかった

1. みる	5. はく	9. あらう	13. おぼえる
2. すてる	6. はじまる	10. くる	14. うたう
3. しる	7. つくる	11. いう	15. せんたくする
4. かける	8. かえる	12. やすむ	16. うんどうする

B. Adjetivos y sustantivos

(a) Cambia lo siguiente al pasado afirmativo. 🔊 K09-11

Ejemplo たかい → たかかった
げんきな → げんきだった
がくせい → がくせいだった

1. ゆうめいな	4. かわいい	7. やすい	10. かっこいい
2. あめ	5. みじかい	8. きれいな	11. さびしい
3. あかい	6. しんせつな	9. いいてんき	12. びょうき

(b) Cambia lo siguiente al pasado negativo. 🔊 K09-12

Ejemplo　たかい　→　たかくなかった
　　　　　げんきな　→　げんきじゃなかった
　　　　　がくせい　→　がくせいじゃなかった

1. いじわるな　4. かわいい　7. あおい　10. かっこいい
2. びょうき　　5. ながい　　8. しずかな　11. おもしろい
3. わかい　　　6. べんりな　9. いいてんき　12. さびしい

Ⅱ Habla informal ☞Gramática 2

A. Utilizando las pistas que aparecen a continuación, haz preguntas sobre el día de ayer en habla informal. ¿Cómo se responden esas preguntas? 🔊 K09-13

Ejemplo　テレビを見る
　　　　→　Q：きのうテレビを見た？
　　　　　　A：うん、見た。／ううん、見なかった。

1. ピザを食べる
2. 散歩する
3. 図書館で本を借りる
4. うちを掃除する
5. うちで料理する
6. 友だちに会う
7. 単語を覚える
8. 学校に来る
9. 家族に電話する
10. パソコンを使う
11. 手紙をもらう
12. 遊びに行く
13. 運動する
14. メールを書く

B. Haz preguntas sobre la infancia en el habla informal. ¿Cómo se responden esas preguntas? 🔊 K09-14

Ejemplo　元気
　　　　→　Q：子供の時、元気だった？
　　　　　　A：うん、元気だった。／ううん、元気じゃなかった。

1. かわいい
2. 髪が長い
3. 背が高い
4. 勉強が好き
5. スキーが上手
6. さびしい
7. 楽しい
8. スポーツが好き
9. 宿題がきらい
10. 頭がいい
11. 先生はやさしい
12. いじわる

C. Trabajo en parejas: pregúntense mutuamente qué hicieron ayer, el fin de semana pasado u otros y cómo les fue. Utilicen el habla informal.

Ejemplo A：先週の週末何をした？
B：お寺に行った。
A：どうだった？
B：きれいだったよ。

Ⅲ 元気だったと思います ☛Gramática 3

A. Conjetura cómo eran las siguientes personas cuando estaban en la secundaria superior.

Ejemplo 元気でしたか。
→ Q：メアリーさんは高校の時、元気でしたか。
A：はい、元気だったと思います。／
いいえ、元気じゃなかったと思います。

(a) メアリーさんについて

1. かわいかったですか。
2. 日本語が上手でしたか。
3. 人気がありましたか。
4. よく勉強しましたか。
5. 日本に住んでいましたか。

(b) 山下先生について

1. 背が高かったですか。
2. よくデートをしましたか。
3. よくギターを弾きましたか。
4. 踊るのが上手でしたか。
5. かっこよかったですか。

B. Trabajo en parejas: hablen de la infancia de alguien que tu compañero y tú conozcan utilizando las siguientes expresiones.

Ejemplo　頭がいい
→　Ａ：ロバートさんは子供の時、頭がよかったと思います。
　　Ｂ：私もそう思います。

1. かわいい
2. 元気
3. いい子
4. 運動するのが好き
5. よく遊ぶ
6. 背が高い／低い
7. ピアノを弾くのが上手
8. 髪が長い／短い
9. たくさん本を読む

Ⅳ　ヤスミンさんは、病気だったと言っていました　☞Gramática 4

A. Informa de lo que dijeron las siguientes personas utilizando 〜と言っていました。　🔊 K09-16

Ejemplo　お父さんは、若い時、マイケル・ジャクソンが好きだったと言っていました。

Ej. 若い時、マイケル・ジャクソンが好きでした。
1. 友だちとよく踊りに行きました。
2. 踊るのがあまり上手じゃなかったです。
3. マイケルの歌をたくさん覚えました。

4. 先月、かぶきを見に行きました。
5. かぶきは十二時に始まって、四時に終わりました。
6. かぶきは長かったです。
7. かぶきはおもしろかったです。

8. 先週、大学に行きませんでした。
9. 病気でした。
10. 薬を飲んで、寝ていました。

B. Trabajo en parejas: pregunta a tu compañero lo siguiente. Toma notas e informa después a la clase utilizando 〜と言っていました。

1. 先週、何をしましたか。どうでしたか。
2. 子供の時、どんな子供でしたか。よく何をしましたか。
3. 夏休み／冬休みにどこへ行きましたか。どうでしたか。
4. 高校の時、よく何をしましたか。

Ⅴ めがねをかけている人です ☞Gramática 5

A. Observa la imagen de abajo y responde las preguntas.

Ejemplo 中村さん → Q：中村さんはどの人ですか。
　　　　　　　　　A：黒いTシャツを着ている人です。
　　　　　　　　　　お弁当を食べている人です。

1. 田中さん　　3. 野村さん　　5. 大川さん
2. 山口さん　　4. 森さん　　　6. 鈴木さん

B. Trabajo en parejas: uno de ustedes mira la imagen A y el otro la imagen B (p. 227). Preguntarse entre sí e identificar a todas las personas que aparecen en la imagen.

Ejemplo　みさき　→　Ａ：みさきさんはどの人ですか。
　　　　　　　　　Ｂ：テレビを見ている人です。

Pregunta cuáles son las siguientes personas:

1. しょう
2. あい
3. ゆうと
4. りん

C. Actividad en clase: describe a tus compañeros.

La clase se divide en dos grupos, A y B. Cada miembro del grupo A representa algo y se queda congelado en medio de la representación. Los miembros del grupo B responden a las preguntas del profesor utilizando 〜ている人です. Haz turnos cuando termines.

Ejemplo　Profesor：　マイクさんはどの人ですか。
　　　　　Estudiante：車を運転している人です。

Ⅵ まだ食べていません　☞ Gramática 6

A. Tienes dos listas de tareas. ✓ son cosas que has hecho y ☐ son cosas que no has hecho. Responde las siguientes preguntas utilizando もう〜ました o まだ〜ていません。　🔊 K09-17

今週のクラス：
✓☐ Ej. 新しい漢字を覚える
✓ 1. 宿題をする
☐ 2. 新しい単語を覚える
☐ 3. 作文を書く
☐ 4. 試験の勉強をする

パーティー：
☐ 5. 部屋を掃除する
☐ 6. 飲み物を買う
☐ 7. サラダ (ensalada) を作る
✓ 8. ゲームを借りる

第9課 ◀ 225

(Ejemplo) A：もう新しい漢字を覚えましたか。

B：☑ → はい、もう覚えました。

　　□ → いいえ、まだ覚えていません。

B. Trabajo en parejas: pregunta a tu compañero si ya ha hecho... Si la respuesta es negativa, invítale a hacerlo, como en el ejemplo (1). Si la respuesta es afirmativa, pregunta a tu compañero cómo fue, como en (2).

(Ejemplo) el nombre de una película recién estrenada　→　『ワンピース』を見る

(1) A：もう『ワンピース』を見ましたか。

　　B：いいえ、まだ見ていません。Aさんは？

　　A：私もまだ見ていません。よかったら、一緒に見ませんか。

　　B：ええ、いいですね。

(2) A：もう『ワンピース』を見ましたか。

　　B：ええ、もう見ました。

　　A：そうですか。どうでしたか。

　　B：すごくおもしろかったですよ。

会
L9

1. el nombre de una película recién estrenada　＿＿＿＿＿＿＿＿＿＿＿を見る

2. el nombre de un juego nuevo　＿＿＿＿＿＿＿＿＿＿＿をする

3. el nombre de un nuevo restaurante/tienda/lugar　＿＿＿＿＿＿＿＿＿＿＿に行く

Ⅶ 天気がいいから、遊びに行きます ☞Gramática 7

A. Empareja las frases para que tengan sentido.

1. 料理するのがきらいだから　・　・今はひまです。

2. 試験が終わったから　・　・行きませんか。

3. 旅行に行ったから　・　・お弁当を買います。

4. コンサートのチケットを二枚もらったから ・　・急ぎましょう。

5. 天気がよくなかったから　・　・遊びに行きませんでした。

6. クラスが始まるから　・　・お金がありません。

B. Completa las siguientes oraciones añadiendo razones.

1. _____から、お金がぜんぜんありません。
2. _____から、日本語を勉強しています。
3. _____から、先週の週末は忙しかったです。
4. _____から、きのう学校を休みました。
5. _____から、花を買いました。
6. _____から、_____。

VIII まとめの練習

A. Juego de roles: uno de ustedes trabaja en un restaurante de comida rápida. El otro es un cliente. Utilizando el Diálogo III como modelo, pide algo de comida y bebida del menú de abajo. Asegúrate de decir cuántos quieres.

B. Responde las siguientes preguntas.

1. ピアノを弾きますか。
2. ギターを弾くのが上手ですか。
3. 踊るのが好きですか。
4. 病気の時、よく薬を飲みますか。
5. よく散歩しますか。
6. 去年の誕生日に何かもらいましたか。だれに何をもらいましたか。
7. 今日、クラスは何時に始まりましたか。何時に終わりますか。
8. 子供の時、よく友だちと遊びましたか。
9. 何色のTシャツを持っていますか。
10. 白い帽子を持っていますか。
11. 今度の試験は難しいと思いますか。
12. あなたの国では、どんなスポーツが人気がありますか。

Trabajo en parejas Ⅴ B. (p. 224)

Ejemplo　みさき　→　Ａ：みさきさんはどの人ですか。
　　　　　　　　　　Ｂ：テレビを見ている人です。

Imagen B

Pregunta cuáles son las siguientes personas:

1. つばさ
2. じゅん
3. ひな
4. えり

Notas culturales

日本の伝統文化 La cultura tradicional japonesa
にほんのでんとうぶんか

歌舞伎 (かぶき)
Kabuki

文楽 (ぶんらく)
Teatro de marionetas

箏 (こと)
Koto (instrumento de cuerdas tradicional)

能 (のう)
Musical con máscaras

狂言 (きょうげん)
Teatro cómico tradicional

落語 (らくご)
Narración humorística

相撲 (すもう)
Sumo

柔道 (じゅうどう)
Judo

剣道 (けんどう)
Kendo (esgrima japonesa)

お茶（茶道）(ちゃ・さどう)
Ceremonia del té

生け花（華道）(いけばな・かどう)
Arreglo floral

書道 (しょどう)
Caligrafía

色(いろ)

Los colores

Hay dos tipos de palabras para los colores.

Grupo 1: Adjetivos-い

黒い(くろ)	negro	白い(しろ)	blanco
赤い(あか)	rojo	青い(あお)	azul
黄色い(きいろ)	amarillo	茶色い(ちゃいろ)	marrón

Estas palabras se convierten en sustantivos sin la い.

赤いかばん(あか)　　　　　*bolso rojo*

赤(あか)がいちばん好(す)きです。　　*Me gusta más el rojo.*

Grupo 2: Sustantivos

緑(みどり)／グリーン	verde	紫(むらさき)	morado
紺色(こんいろ)	azul marino	灰色(はいいろ)／グレー	gris
水色(みずいろ)	celeste	金色(きんいろ)／ゴールド	dorado
銀色(ぎんいろ)／シルバー	plateado	ピンク	rosado
オレンジ	naranja	ベージュ	beige

Estas palabras necesitan の para formar frases sustantivas.

緑(みどり)／グリーンのセーター　　*suéter verde*

Estas son algunas palabras relacionadas con los colores.

顔(かお)が青(あお)いですね。　　　*Estás pálido.*
白黒(しろくろ)の写真(しゃしん)　　　*foto en blanco y negro*
青信号(あおしんごう)　　　　　　*luz verde (del semáforo)*

230 ▶ 会話・文法編

第10課　　L E C C I Ó N　10

冬休みの予定
（ふゆ　やす　　よ　てい）

Planes para las vacaciones de invierno

En esta lección, vamos a..

- Comparar cosas y personas
- Hablar de los planes a futuro
- Describir cambios de estado
- Hablar sobre los medios de transporte y el tiempo necesario
- Preguntar por tours y hacer reservas

会 話　D i á l o g o
（かい　わ）

Ⅰ Se acercan las vacaciones de invierno. 🔊 K10-01 🔊 K10-02

1 メアリー：　寒くなりましたね。
　　　　　　　（さむ）

2 たけし：　ええ。メアリーさん、冬休みはどうしますか。
　　　　　　　　　　　　　　　（ふゆやす）

3 メアリー：　北海道か九州に行くつもりですが、まだ決めていません。
　　　　　　　（ほっかいどう　きゅうしゅう　い）　　　　　　　　　（き）

4 たけし：　いいですね。

5 メアリー：　北海道と九州とどっちのほうがいいと思いますか。
　　　　　　　（ほっかいどう　きゅうしゅう）　　　　　　　　　　（おも）

6 たけし：　冬は北海道のほうがおもしろいと思います。ぼくの友だちは
　　　　　　（ふゆ　ほっかいどう）　　　　　　　　（おも）　　　　　　（とも）

7 　　　　　食べ物もおいしいと言っていましたよ。
　　　　　　（た　もの）

8 メアリー：　そうですか。ところで、たけしさんはどこかに行きますか。
　　　　　　　　　　　　　　　　　　　　　　　　　　　　　（い）

9 たけし：　お金がないから、どこにも行きません。
　　　　　　（かね）　　　　　　　　（い）

10 メアリー：　そうですか。じゃあ、たけしさんにおみやげを買ってきますよ。
　　　　　　　　　　　　　　　　　　　　　　　　　　　　（か）

11 たけし：　わあ、ありがとう。

Ⅱ En la recepción del hotel. 🔊 K10-03 🔊 K10-04

1 メアリー：　すみません。ここから旭山動物園までどのぐらいかかりますか。
　　　　　　　　　　　　　　　（あさひやまどうぶつえん）

2 ホテルの人：そうですね。電車とバスで二時間半ぐらいです。
　　　　　　（ひと）　　　　　（てんしゃ）　　（に　じかんはん）

3 メアリー：　時間がかかりますね。
　　　　　　　（じ かん）

4 ホテルの人：土曜日と日曜日はバスツアーがありますが……。
　　　　　　（ひと）（ど ようび　にちようび）

5 メアリー：　そうですか。いくらですか。

6 ホテルの人：四千八百円です。
7 メアリー：　いいですね。じゃあ、ツアーの予約をお願いします。
8 　　　　　土曜日のをお願いします。

Ⓘ

Mary: Está empezando a hacer frío.

Takeshi: Sí. Mary, ¿qué harás en las vacaciones de invierno?

Mary: Estoy planeando ir a Hokkaido o Kyushu, pero aún no lo he decidido.

Takeshi: Qué bien.

Mary: ¿Qué crees que es mejor, Hokkaido o Kyushu?

Takeshi: Creo que Hokkaido es más interesante en invierno. Mi amigo dijo que la comida era deliciosa allí también.

Mary: Ya veo. Por cierto, ¿vas a algún sitio, Takeshi?

Takeshi: No tengo dinero, así que no iré a ninguna parte.

Mary: ¿En serio? Entonces te compraré un recuerdo.

Takeshi: Vaya, gracias.

Ⅱ

Mary: Disculpe, ¿cuánto tiempo se tarda desde aquí hasta el zoológico de Asahiyama?

Recepción del hotel: Veamos. Se tarda unas dos horas y media en tren y autobús.

Mary: Lleva tiempo, ¿verdad?

Recepción del hotel: Los sábados y domingos hay visitas en autobús.

Mary: ¿De verdad? ¿Cuánto cuesta?

Recepción del hotel: 4800 yenes.

Mary: Suena bien. Bueno, me gustaría reservar el tour. El tour del sábado, por favor.

単語
Vocabulario

Sustantivos

きせつ	季節	estación
はる	春	primavera
あき	秋	otoño
ぎゅうにゅう	牛乳	leche
ケーキ		pastel
すし		sushi
てんぷら	天ぷら	tempura
りんご		manzana
りょうり	料理	cocina (método); comida
サッカー		fútbol
やきゅう	野球	béisbol
いしゃ	医者	doctor/ra
おかねもち	お金持ち	persona rica; millonaria
ゆうめいじん	有名人	famoso (persona)
かお	顔	cara
としうえ	年上	alguien mayor
えき	駅	estación (de trenes)
しんかんせん	新幹線	Shinkansen; «tren bala»
ちかてつ	地下鉄	metro
ふね	船	buque; barco
ひこうき	飛行機	avión
* よやく	予約	reserva
* ツアー		tour
* どうぶつえん	動物園	zoológico
* じかん	時間	tiempo
せかい	世界	mundo
びよういん	美容院	salón de belleza
てぶくろ	手袋	guantes
せいかつ	生活	vida; vivir
ことし	今年	este año

* Palabras que aparecen en el diálogo

Adjetivos-い

あたたかい	暖かい	cálido; tibio
すずしい	涼しい	fresco (tiempo, no cosas)
つめたい	冷たい	frío (cosas/personas)
おそい	遅い	lento; tarde
ねむい	眠い	somnoliento

Adjetivo-な

かんたん（な）	簡単	fácil; simple

Verbos en -u

*かかる		tomar (cantidad de tiempo/dinero) (*sin partícula*)
とまる	泊まる	alojarse (en un hotel, etc.) （〜に）
*なる		convertirse en; llegar a ser

Verbo en -ru

*きめる	決める	decidir （〜を）

Verbos irregulares

ごろごろする		relajarse en casa; quedarse en casa sin hacer nada
りょこうする	旅行する	viajar
れんしゅうする	練習する	practicar （〜を）

Adverbios y otras expresiones

いちばん	一番	mejor
*どっち／どちら		cuál
はやく	早く／速く	(hacer algo) pronto; rápido
あるいて	歩いて	a pie
*〜で		en (medio de transporte); con (una herramienta)
どうやって		cómo; con qué medios
*どのぐらい		cuánto; cuánto tiempo
〜しゅうかん	〜週間	(por) ... semanas
〜かげつ	〜か月	(por) ... meses
〜ねん	〜年	... años
このごろ		hoy en día
〜ご	〜後	después de ...
*〜か〜		o

会
L10

文法 Gramática

1 Comparación entre dos cosas

En japonés, los adjetivos no cambian de forma en las oraciones comparativas; no hay ninguna alteración como en «gran/mayor». Se puede expresar la idea de comparación formando la oración de esta forma:

> A のほうが　B より[1]　(atributo)。　＝　*A es más* (atributo) *que B.*

中国のほうが日本より大きいです。
China es más grande que Japón.

Para hacer una pregunta comparando dos elementos, se dice:

> A と B と　どちらのほう / どっちのほう[2]　が　(atributo)。
> ＝　*Entre A y B, ¿cuál es más* (atributo)?

Un intercambio típico es el siguiente:

A：日本とカナダとどちらのほうが寒いですか。
¿Qué es más frío, Japón o Canadá?

B：カナダのほうが寒いです。
Canadá es más frío.

2 Comparación entre tres o más cosas

En la comparación entre tres o más cosas, se utiliza el calificador de grado いちばん.

> ⎰ A と B と C ⎱
> ⎱ Categoría X ⎰ の中で A がいちばん (atributo)。
> ＝ *A es el más* (atributo) [*entre* (el grupo de elementos)].

---

[1] En la vida real, las frases Aのほうが y Bより aparecen a menudo en el orden inverso, por lo que es muy fácil creer erróneamente lo contrario de lo que se dice en realidad. Por lo tanto, no se debe confiar en el orden de las palabras para decidir qué elemento se considera superior. Hay que escuchar atentamente las expresiones のほうが y より.

[2] En lugar de どちらのほう y どっちのほう, también se puede usar どちら y どっち. Cualquiera de ellos puede utilizarse en oraciones interrogativas que busquen la comparación entre dos elementos. どっち y どっちのほう son ligeramente más coloquiales que どちら y どちらのほう.

第10課 ◀ 235

A：カナダとフランスと日本の中で、どこがいちばん寒いですか。

Entre Canadá, Francia y Japón, ¿qué país es el más frío?

B：カナダがいちばん寒いと思います。

Canadá es el más frío, creo.

A：季節の中でいつがいちばん好きですか。

¿Qué estación te gusta más?

B：秋がいちばん好きです。

La que más me gusta es el otoño.

Obsérvese que las palabras のほう y どっち no se utilizan en los enunciados de comparación entre tres o más cosas. En su lugar se utilizan interrogativos normales como だれ, どれ, 何, いつ y どこ.[3]

3 Adjetivo/Sustantivo + の

Cuando un sustantivo sigue a un adjetivo y está claro a qué se refiere, se puede sustituir el sustantivo por el indefinido の, «uno», para evitar la repetición. の se refiere principalmente a cosas, no a personas.[4]

私は黒いセーターを持っています。赤いのも持っています。（の＝セーター）

Tengo un suéter negro. Y también tengo uno rojo.

ケーキがたくさんあります。好きなのを持っていってください。（の＝ケーキ）

Tenemos muchos pasteles. Coge los que te gusten.

会
L10

> adjetivo-い
> adjetivo-な   ｝ + <u>sustantivo</u> → adjetivo-い
>   adjetivo-な   ｝ + <u>の</u>

---

[3] Se tiende a utilizar どれ cuando se presenta una lista de elementos y a utilizar 何 cuando se hace referencia a un grupo de forma colectiva. Compárese:

りんごとみかんとさくらんぼの中で、どれがいちばん好きですか。

¿Qué te gustan más, las manzanas, las mandarinas o las cerezas?

果物の中で、何がいちばん好きですか。

¿Qué fruta te gusta más?

[4] Cuando se refiere indefinidamente a personas, se utiliza 人 en lugar de の, como en 頭がいい人 «gente inteligente». El uso de の para indicar personas se limita en gran medida a oraciones como あそこで歌っているのは田中さんです (El que está cantando allí es Tanaka), en las que primero se describe a una persona con ～のは y luego se la nombra con ～です.

236 ▶ 会話・文法編

También se puede utilizar の en el sentido de «mío», «tuyo» y demás refiriéndose a cosas que son atributo de una persona o que se caracterizan por un nombre de lugar, por ejemplo.

A：これはソラさんの<u>かばん</u>ですか。   *¿Éste es el bolso de Sora?*

B：いいえ、それはメアリーさんの<u>かばん</u>です。   *No, es el de Mary.*

アメリカの<u>車</u>のほうが日本の<u>車</u>より大きいです。
Los coches estadounidenses son más grandes que los japoneses.

> sustantivo₁ の sustantivo₂   →   sustantivo₁ の ~~sustantivo₂~~

4 ～つもりだ

つもり sigue a los verbos en las formas cortas del presente para describir lo que una persona está planeando hacer en el futuro. También se puede utilizar un verbo en negativo más つもり para describir lo que se piensa *no* hacer o lo que *no* se tiene intención de hacer.

> verbo (corto, presente) ＋ つもりだ   *(tengo) la intención de ...*

（私は）週末にたけしさんとテニスをする<u>つもり</u>です。
Tengo la intención de jugar al tenis con Takeshi este fin de semana.

山下先生はあした大学に<u>来ない</u> <u>つもり</u>です。
El profesor Yamashita no tiene intención de venir a la escuela mañana.

También se puede utilizar el pasado para hablar de una intención original que no se materializó.

お寺を見に行く<u>つもりでした</u>が、天気がよくなかったから、行きませんでした。
Teníamos previsto visitar un templo, pero no lo hicimos porque hizo mal tiempo.

5 Adjetivo ＋なる

El verbo なる significa «convertirse», lo que indica un cambio. なる sigue a los sustantivos y a los dos tipos de adjetivos.

> adjetivos-い： 暖かい → 暖かくなる   *caliente/calentarse*
> adjetivos-な： 静か（な） → 静かになる   *tranquilo/tranquilizarse*
> sustantivos： 会社員 → 会社員になる   *convertirse en empleado de una empresa*

第10課 ◀ 237

日本語の勉強が楽しくなりました。
Ahora estudiar japonés es divertido. (antes no lo era)

日本語の勉強が好きになりました。
Me ha llegado a gustar estudiar japonés. (antes no me gustaba)

En el caso de los adjetivos-い, se omite la い final y se añade く como en sus conjugaciones negativas. Un error común es utilizar el patrón de adjetivos-な になる para adjetivos-い y decir, por ejemplo, ✕暖かいになる.

Cuando se utiliza un adjetivo con なる, se puede estar describiendo un cambio absoluto (ej.: «se ha calentado, por lo que ya no está frío») o un cambio relativo (ej.: «se ha calentado, pero sigue estando frío»). Si se quiere dejar claro que se habla en términos relativos, se puede utilizar el patrón de comparación junto con なる.

メアリーさんは前より日本語が上手になりました。
Mary se ha vuelto mejor en japonés que antes.

6 どこかに / どこにも

En la lección 8 aprendimos las expresiones japonesas para «algo» y «no... nada», 何か y 何も. Como habrás notado, estas expresiones están formadas por la palabra interrogativa para cosas, 何, más las partículas か y も. Otras expresiones para «alguno» y «ninguno» en japonés siguen este patrón. Así,

会
L10

| *algo/alguno* | 何か＿ | *alguien* | だれか＿ | *algún lugar* | どこか＿ |
| *nada/ninguno* | 何＿も | *nadie* | だれ＿も | *ningún lugar* | どこ＿も |

Como observamos en la lección 8, no se necesitan las partículas は, が o を con estas palabras. Sí se necesitan otras partículas como に, へ y で. Estas partículas aparecen en los lugares indicados con una línea arriba.

Ａ：どこかへ行きましたか。　　　　*¿Has ido a alguna parte?*
Ｂ：いいえ、どこへも行きませんでした。　*No, no he ido a ninguna parte.*

Ａ：だれかに会いましたか。　　　　*¿Viste a alguien?*
Ｂ：いいえ、だれにも会いませんでした。　*No, no vi a nadie.*

Ａ：何かしましたか。　　　　　　　*¿Hiciste algo?*
Ｂ：いいえ、何もしませんでした。　*No, no hice nada.*
　　　　　(no se utiliza を).

7 で

La partícula で se usa con sustantivos que describen los medios de transporte y los instrumentos o medios que se utilizan.

はしでご飯を食べます。	*Comemos con palillos.*
日本語で話しましょう。	*Hablemos en japonés.*
バスで駅まで行きました。	*Fui a la estación en autobús.*
テレビで映画を見ました。	*Vi una película en la televisión.*

Expresiones lingüísticas

表現ノート

買ってきます ▶ En el diálogo, Mary le dice a Takeshi que le comprará un recuerdo durante su viaje a Hokkaido. Se puede utilizar la forma verbal-*te* (買って en este ejemplo) + くる para describir una acción realizada en otro lugar seguida de un movimiento hacia tu ubicación actual.

バスツアーがありますが…… ▶ A veces se usa が y けど (pero) al final de una oración cuando queremos que nuestros interlocutores traten lo que acabamos de decir como algo dado, una base sobre la que partir. Estas palabras suelen indicar la intención del emisor de dar a su interlocutor la oportunidad de reaccionar y hablar. Al ceder el derecho a hablar al interlocutor, también se contribuye a la cortesía del discurso.

En el diálogo, la empleada del hotel pone la información relevante sobre la mesa; hay dos excursiones, una el sábado y otra el domingo. が, adjunta a su oración, indica que quiere basarse en estos datos y avanzar con ellos. En lugar de hacer la pregunta obvia, es decir, どちらがいいですか, la empleada del hotel opta por no terminar su oración y deja que el cliente se adelante con una respuesta inmediatamente.

練習 Práctica

I バスのほうが電車より速いです 👉Gramática 1

A. Observa las imágenes y responde las siguientes preguntas. 🔊 K10-07

Ejemplo　Q：電車とバスとどちらのほうが速いですか。
　　　　　A：バスのほうが電車より速いです。

(a)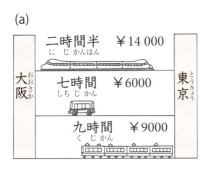

(b)

(c)

Imagen (a)

1. 新幹線とバスとどちらのほうが速いですか。
2. 新幹線と電車とどちらのほうが遅いですか。
3. 新幹線とバスとどちらのほうが安いですか。
4. 電車とバスとどちらのほうが高いですか。

Imagen (b)

5. 田中さんと山田さんとどっちのほうが背が高いですか。
6. 山田さんと鈴木さんとどっちのほうが背が低いですか。
7. 田中さんと鈴木さんとどっちのほうが若いですか。
8. 田中さんと山田さんとどっちのほうが年上ですか。
9. 山田さんと鈴木さんとどっちのほうが髪が短いですか。

Imagen (c)

10. 北海道と九州とどっちのほうが大きいですか。
11. 九州と四国とどっちのほうが小さいですか。

B. Trabajo en parejas: haz preguntas utilizando las siguientes pistas y pregúntale a tu compañero. Cuando respondas a las preguntas, añade las razones de tus respuestas si es posible.

Ejemplo 夏／冬（好き）
→ A：夏と冬とどちら（のほう）が好きですか。
B：夏のほうが（冬より）好きです。／夏も冬も好きです。／夏も冬もきらいです。
A：どうしてですか。
B：泳ぐのが好きですから。

1. すし／天ぷら（おいしい）
2. 頭がいい人／かっこいい人（好き）
3. 野球／サッカー（人気がある）
4. 中国料理／日本料理（好き）
5. 船／飛行機（好き）
6. 日本の車／ドイツ（Alemania）の車（いい）
7. 漢字／カタカナ（かんたん）
8. 春／秋（好き）
9. 冷たいお茶／熱いお茶（好き）
10. 日本の冬／あなたの国の冬（暖かい）
11. 日本の生活／あなたの国の生活（大変 or 楽しい）

II 新幹線がいちばん速いです ☞ Gramática 2

A. Observa las imágenes de la página anterior y responde las preguntas siguientes. 🔊 K10-08

Ejemplo Q：新幹線とバスと電車の中で、どれがいちばん速いですか。
A：新幹線がいちばん速いです。

Imagen (a)

1. 新幹線とバスと電車の中で、どれがいちばん遅いですか。
2. 新幹線とバスと電車の中で、どれがいちばん安いですか。
3. 新幹線とバスと電車の中で、どれがいちばん高いですか。

第10課 ▸ 241

Imagen (b)

4. この中で、だれがいちばん背が高いですか。
　なか　　　　　　　　　　　せ　たか

5. この中で、だれがいちばん若いですか。
　なか　　　　　　　　　　　わか

6. この中で、だれがいちばん年上ですか。
　なか　　　　　　　　　　　としうえ

7. この中で、だれがいちばん髪が長いですか。
　なか　　　　　　　　　　　かみ　なが

Imagen (c)

8. この中で、どこがいちばん大きいですか。
　なか　　　　　　　　　　おお

9. この中で、どこがいちばん小さいですか。
　なか　　　　　　　　　　ちい

B. Trabajo en parejas: haz preguntas utilizando las siguientes pistas y pregúntale a tu compañero.

Ejemplo　食べ物／好き
　　　　　た　もの　す

　　→　　Q：食べ物の中で、何がいちばん好きですか。
　　　　　　　た　もの　なか　なに　　　　　す

　　　　　A：すしがいちばん好きです。
　　　　　　　　　　　　　　　す

1. 果物／好き
　くだもの　す

2. 世界の町／好き
　せかい　まち　す

3. 有名人／好き
　ゆうめいじん　す

4. 日本料理／きらい
　にほんりょうり

5. 音楽／好き
　おんがく　す

6. 季節／好き
　きせつ　す

7. クラス／いい学生
　　　　　　がくせい

8. クラス／背が高い
　　　　せ　たか

9. クラス／よく話す
　　　　　　はな

会
L10

C. Trabajo en grupo: haz un grupo de tres o cuatro personas. Pregúntense entre sí y hagan el mayor número posible de oraciones con superlativos sobre el grupo.

Ejemplo　この中で、Aさんがいちばん若いです。
　　　　　なか　　　　　　　　　　わか

　　　　　この中で、Bさんがいちばん背が高いです。
　　　　　なか　　　　　　　　　　せ　たか

　　　　　この中で、Cさんがいちばんよくクラスに遅く来ます。
　　　　　なか　　　　　　　　　　　　　　　　おそ　き

D. Actividad en clase: primero formen parejas y hagan oraciones interrogativas con comparativos y superlativos con tu compañero. (Se deben saber las respuestas). A continuación, pregunten a la clase. El resto de la clase responde las preguntas.

Ejemplo　富士山 (monte Fuji) とエベレスト (monte Everest) とどちらのほうが高いですか。
　　　　　ふじさん　　　　　　　　　　　　　　　　　　　　　　　　　　　　たか

　　　　　田中さんと山田さんとどちらのほうが若いですか。
　　　　　たなか　　やまだ　　　　　　　　　　わか

　　　　　クラスの中で今日だれがいちばんお金を持っていますか。
　　　　　なか　きょう　　　　　　　　かね　も

　　　　　世界の国の中でどこがいちばん小さいですか。
　　　　　せかい　くに　なか　　　　　　　　ちい

III これは私のです　☛Gramática 3

A. Esto es la nevera de una residencia estudiantil. Di de quién es cada cosa utilizando の.

🔊 K10-09

[Ejemplo] このりんごはリーさんのです。

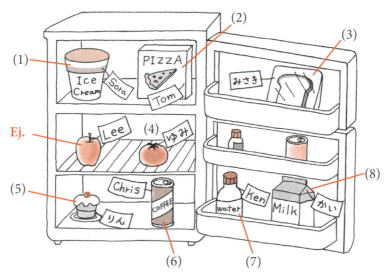

B. Mary y Yui hicieron lo siguiente antes y durante su viaje. Describe lo que hizo Yui utilizando の. 🔊 K10-10

[Ejemplo] メアリーさんは英語のガイドブック (guía) を持っていきました。
→ ゆいさんは日本語のを持っていきました。

	Ej.	1.	2.	3.	4.
メアリー	inglés	temprano	caliente	barato	rojo
ゆい	japonés	tarde	frío	hermoso	negro

1. メアリーさんは早い電車に乗りました。
2. メアリーさんはカフェで熱いコーヒーを飲みました。
3. メアリーさんは安い傘を買いました。
4. メアリーさんは赤い手袋を買いました。

C. Estás en un mercadillo. Quieres comprar los siguientes artículos. Pide ayuda al tendero/dependiente para encontrar un artículo mejor utilizando の.

Ejemplo　手袋（てぶくろ）　→　Ａ：すみません。手袋はありますか。
　　　　　　　　　　　　　Ｂ：はい、あります。
　　　　　　　　　　　　　Ａ：ちょっと大きいですね。小さいのがありますか。
　　　　　　　　　　　　　Ｂ：これはどうですか。
　　　　　　　　　　　　　Ａ：いいですね。じゃあ、これをください。
　　　　　　　　　　　　　Ｂ：ありがとうございます。

1. Ｔシャツ
2. 靴（くつ）
3. 本（ほん）
4. ジーンズ
5. 時計（とけい）

Ⅳ 見に行くつもりです　☞ Gramática 4

A. Tienes previsto hacer/no hacer las siguientes cosas la próxima semana. Di lo que harás/no harás usando 〜つもりです。 🔊 K10-11

Ejemplo　月曜日に本を読むつもりです。

Lunes	Ej. leer un libro	1. practicar piano
Martes	2. hacer ejercicio	
Miércoles	3. lavar la ropa	
Jueves	4. escribir un artículo	5. no salir
Viernes	6. cenar con un amigo	7. no estudiar japonés
Sábado	8. quedarse en casa de un amigo	9. no volver a casa
Domingo	10. no madrugar	11. quedarse en casa sin hacer nada（ごろごろする）

B. Responde las siguientes preguntas.

> Ejemplo Q：週末、映画を見に行きますか。
> A：ええ、見に行きます。／
> まだわかりませんが、見に行くつもりです。／
> 見に行かないつもりです。

1. 今日の午後、勉強しますか。
2. 週末、遊びに行きますか。
3. あさって、買い物をしますか。
4. 週末、料理を作りますか。
5. 三年後、日本にいますか。
6. 来年も日本語を勉強しますか。
7. 今度の休みに旅行しますか。

Ⅴ きれいになりました　☞ Gramática 5

A. Describe las siguientes imágenes. 🔊 K10-12

> Ejemplo きれい → きれいになりました。

Ej. きれい

(1) 眠い

(2) 元気

(3) 大きい

(4) 髪が短い

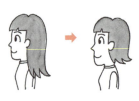

(5) ひま　(6) 暑い　(7) 涼しい

(8) 医者　(9) 春　(10) お金持ち

B. Trabajo en parejas: rellena los espacios en blanco y lee el diálogo con tu compañero.

1. A：ちょっと寒いですね。
   B：エアコンをつけたから、すぐ＿＿＿＿＿＿なりますよ。

2. A：髪が＿＿＿＿＿＿なりましたね。
   B：ええ、きのう、美容院に行きました。

3. A：子供の時、野菜がきらいでした。
   B：私もきらいでした。でも今は＿＿＿＿＿＿なりました。

4. A：たくさんお酒を飲みました。
   B：そうですね。顔が＿＿＿＿＿＿なりましたね。

5. A：このごろ＿＿＿＿＿＿なりましたね。
   B：ええ、もう冬ですね。

6. A：日本語が＿＿＿＿＿＿なりましたね。
   B：ありがとうございます。でも、まだまだです。(Todavía me falta mucho).

246 ▶ 会話・文法編

Ⅵ　どこかに行きましたか　☞Gramática 6

A. Takeshi estaba enfermo ayer. Mary hizo muchas cosas sin él. Contesta a las preguntas basándote en el siguiente cuadro. 🔊 K10-13

	Mary	Takeshi
Ej. comer	sushi y tempura	nada
bebida	té verde y café	nada
ir a	Osaka	ninguna parte
ver a	Robert	nadie
hacer	ver una película	nada

Ejemplo 1　Q：きのう、メアリーさんは何か食べましたか。

A：はい、すしと天ぷらを食べました。

Ejemplo 2　Q：きのう、たけしさんは何か食べましたか。

A：いいえ、何も食べませんでした。

1. きのう、メアリーさんは何か飲みましたか。
2. きのう、たけしさんは何か飲みましたか。
3. きのう、メアリーさんはどこかに行きましたか。
4. きのう、たけしさんはどこかに行きましたか。
5. きのう、メアリーさんはだれかに会いましたか。
6. きのう、たけしさんはだれかに会いましたか。
7. きのう、メアリーさんは何かしましたか。
8. きのう、たけしさんは何かしましたか。

B. Trabajo en parejas: haz a tu compañero las siguientes preguntas y continúa la conversación.

Ejemplo　A：週末、何かしましたか。

B：いいえ、何もしませんでした。Aさんは？

A：私は買い物をしました。

1. 先週の週末、どこかに行きましたか。
2. 先週の週末、だれかに会いましたか。
3. 今日、何か食べましたか。
4. 今週の週末、何かするつもりですか。
5. Haz tu propia pregunta utilizando どこか, だれか o 何か.

VII 自転車で行きます ☛ Gramática 7

A. Observa las imágenes y responde cada pregunta como en el ejemplo siguiente. 🔊 K10-14

Ejemplo　Q：うちから駅までどうやって行きますか。
　　　　　A：うちから駅まで自転車で行きます。

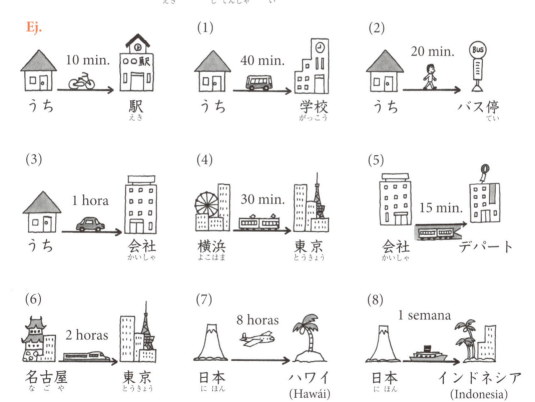

B. Utiliza las mismas imágenes y responde las preguntas como en el siguiente ejemplo.

🔊 K10-15

Ejemplo　Q：うちから駅までどのぐらいかかりますか。
　　　　　A：うちから駅まで十分かかります。

C. Pregunta a tres compañeros cómo van de su casa/ciudad al colegio y rellena la tabla.

Ejemplo 　Q：うちから大学までどうやって来ますか。
　　　　　A：自転車で来ます。
　　　　　Q：どのぐらいかかりますか。
　　　　　A：十五分ぐらいかかります。

名前	どうやって	どのぐらい

Ⅷ　まとめの練習

A. El siguiente cuadro muestra los planes de vacaciones de invierno de Mary y sus amigos. En primer lugar, responde las siguientes preguntas sobre el plan de Mary.

	Mary	irá a Hokkaido con Sora	en avión	1 semana	se alojará en un hotel	irá al zoológico
	Robert	volverá a Londres	en avión	2 semanas		se reunirá con amigos
	Naomi	irá al Polo Sur （南極）	en barco	2 meses	no sabe aún	tomará fotos de pingüinos （ペンギン）
	Takeshi	no irá a ninguna parte				

1. メアリーさんは今年の冬休みにどこかに行くつもりですか。
2. どうやって北海道へ行きますか。だれと行きますか。
3. どのぐらい行きますか。
4. どこに泊まりますか。
5. 北海道で何をするつもりですか。

¿Y los planes de los demás? Hacer parejas y preguntarse.

B. Trabajo en parejas: hablen de sus planes para las próximas vacaciones.

C. Juego de roles: uno de ustedes es el recepcionista de un hotel en Tokio y el otro es un cliente. Utilizando el Diálogo Ⅱ como modelo, haz reservas para las siguientes visitas.

Destino	Tiempo en transporte regular	*Tour* opción 1 (precio)	*Tour* opción 2 (precio)
Kamakura (鎌倉 かまくら)	1 hora y media en tren	Sábado (¥7800)	Domingo (¥7800)
Yokohama (横浜 よこはま)	1 hora en metro y tren	*Tour* diurno 昼のツアー ひる (¥5900)	*Tour* nocturno 夜のツアー よる (¥6500)
Asakusa (浅草 あさくさ)	30 minutos en autobús	Visita a pie ウォーキングツアー (¥4300)	Paseo en bicicleta 自転車のツアー じてんしゃ (¥5000)

D. Estás conversando con tus amigos que se encuentran actualmente en los siguientes lugares. Pregúntales qué tiempo hace allí.

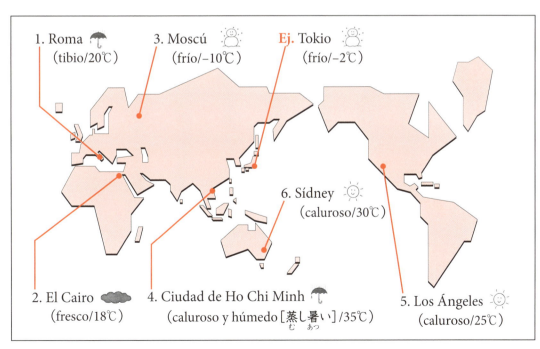

1. Roma (tibio/20℃)
2. El Cairo (fresco/18℃)
3. Moscú (frío/-10℃)
4. Ciudad de Ho Chi Minh (caluroso y húmedo [蒸し暑い むあつ]/35℃)
5. Los Ángeles (caluroso/25℃)
6. Sídney (caluroso/30℃)

Ej. Tokio (frío/-2℃)

Ejemplo A：東京はどんな天気ですか。
B：雪です。
A：気温は何度ぐらいですか。
B：マイナス (menos) 二度ぐらいです。寒いですよ。
A：そうですか。

Viaje a Japón

Te vas de viaje a Japón. Lee guías de viaje y páginas web y decídete por un destino. Contesta las siguientes preguntas.

1. どこに行きますか。地図 (mapa) のどこにありますか。
   (Muéstralo en el mapa)

2. どうしてそこに行きますか。

3. そこで、何をしますか。

4. どうやって行きますか。
   どのぐらいかかりますか。
   いくらですか。

   (Averigua al menos dos formas de llegar. Supongamos que viajas desde la estación de Tokio o, si vives en Japón, desde tu lugar de residencia actual).

Notas culturales

日本の交通機関 El transporte público en Japón
にほん こうつう きかん

El sistema de transporte público de Japón está muy desarrollado, especialmente dentro de las áreas metropolitanas y entre las principales ciudades. Las formas más comunes de transporte público son los trenes, los autobuses y, en las grandes ciudades, el metro. El Japan Railways Group (JR Group) tiene una red de trenes que cubre casi todas las zonas del país. Viajar en transporte público es agradable, seguro y eficiente. Aquí tienes algunos consejos.

Shinkansen

Japan Rail Pass

Si estás en Japón con un permiso de entrada de «visitante temporal» y quieres viajar a diferentes regiones, considera la posibilidad de comprar un **Japan Rail Pass**, que ofrece viajes ilimitados en casi todas las líneas JR (incluidos los trenes bala, excepto Nozomi y Mizuho) durante un número determinado de días.

Si estás planeando un viaje económico durante las vacaciones, el **Seishun 18 Kippu** (青春18きっぷ) puede ser la mejor opción. Este billete de
せいしゅん
descuento de temporada ofrece cinco días de viajes ilimitados en trenes JR locales y de servicio rápido por solo 12 050 yenes.

Los **autobuses interurbanos** son otra buena forma de viajar entre las principales ciudades. En comparación con los servicios ferroviarios exprés, el viaje en autobús interurbano suele durar más horas, pero cuesta menos. Además, si viajas por la noche, puedes ahorrar en gastos de alojamiento.

Autobús interurbano

写真提供：JR東海／JR四国／ジェイアールバス関東

Expresiones útiles

駅で
えき

En la estación

Tipos de trenes

普通 ── local
ふつう
急行 ── expreso
きゅうこう
特急 ── superexpreso
とっきゅう

Destino

〜行き ── con destino a ...
い
〜方面 ── en dirección a ...
ほうめん

Tipos de billetes y asientos

乗車券 ── billete (de embarque)　　自由席 ── asiento no numerado
じょうしゃけん　　　　　　　　　　じゆうせき
定期券 ── pase de plazo fijo　　　　一号車 ── vagón n.º 1
ていきけん　　　　　　　　　　　　いちごうしゃ
学割 ── descuento para estudiantes　往復 ── ida y vuelta
がくわり　　　　　　　　　　　　　おうふく
指定席 ── asiento reservado　　　　片道 ── solo ida
していせき　　　　　　　　　　　　かたみち
交通系ＩＣカード ── tarjeta recargable como Suica, Icoca, Pasmo, etc.
こうつうけいアイシー

Lugares en las estaciones

〜番線 ── vía número ...　　　　　売店 ── tienda; puesto
ばんせん　　　　　　　　　　　　ばいてん
切符売り場 ── zona de venta de billetes　出口 ── salida
きっぷうりば　　　　　　　　　　　　　でぐち
改札 ── puerta　　　　　　　　　　入口 ── entrada
かいさつ　　　　　　　　　　　　いりぐち
ホーム ── andén　　　　　　　　　階段 ── escaleras
　　　　　　　　　　　　　　　　かいだん

Varios términos del transporte público

乗り換え ── transbordo　　　　　次発 ── el que parte después
のりかえ　　　　　　　　　　　じはつ
次は〜 ── siguiente (parada) ...　終電 ── último tren
つぎ　　　　　　　　　　　　　しゅうでん
先発 ── el que parte primero
せんぱつ

Expresiones útiles

Anuncios

まもなく発車します。 ─── Estamos por partir.
電車が参ります。 ─── Viene un tren.
次は〜に止まります。 ─── La siguiente parada es ...
ドアが閉まります。ご注意ください。 ─ Las puertas se están cerrando. Por favor, tenga cuidado.

Expresiones

この電車は秋葉原に止まりますか。 ─── ¿Este tren se detiene en Akihabara?

終電は何時ですか。 ─── ¿A qué hora sale el último tren?

東京までの指定席を一枚お願いします。 ─ Un billete reservado a Tokio, por favor.

学割が使えますか。 ─── ¿Puedo obtener un descuento para estudiantes?

*   *   *

A：鎌倉行きの電車はどれですか。
¿Cuál es el tren con destino a Kamakura?

B：二番線です。
Vía número dos.

第11課　LECCIÓN 11
休みのあと　Después de las vacaciones

En esta lección, vamos a...
- Expresar lo que queremos hacer
- Hablar de nuestras experiencias
- Presentar amigos a otros amigos
- Preguntar y hablar sobre las ciudades de origen

会話　Diálogo

Yui y Mary se encuentran después de las vacaciones.

I K11-01 K11-02

1　ゆ　い：　メアリーさん、久しぶりですね。休みはどうでしたか。
2　メアリー：　すごく楽しかったです。北海道で動物園に行ったり、
3　　　　　　　買い物をしたりしました。
4　ゆ　い：　いいですね。私も旅行したいです。
5　メアリー：　ゆいさんの休みは楽しかったですか。
6　ゆ　い：　まあまあでした。一日だけドライブに行きましたが、
7　　　　　　　毎日アルバイトをしていました。

II K11-03 K11-04

1　メアリー：　ゆいさん、友だちを紹介します。こちらはジョンさんです。
2　　　　　　　ジョンさんは先月、日本に来ました。
3　ジョン：　初めまして。
4　ゆ　い：　初めまして、山川ゆいです。

第11課 ◀ 255

Ⅲ 🔊 K11-05 🔊 K11-06

1 ゆ い： ジョンさん、出身はどこですか。

2 ジョン： オーストラリアのケアンズです。

3 ゆ い： そうですか。

4 ジョン： ゆいさんはケアンズに行ったことがありますか。

5 ゆ い： いいえ、ありません。

6 ジョン： 山や海があって、きれいな所ですよ。グレートバリアリーフで有名です。

7 　　　　　ゆいさんはどこの出身ですか。

8 ゆ い： 長野です。今度遊びに来てください。食べ物もおいしいですよ。

9 ジョン： ぜひ、行きたいです。

Ⅰ

Yui: Mary, hace tiempo que no te veía. ¿Qué tal tus vacaciones?

Mary: Muy entretenidas. Fui al zoológico, hice compras y cosas así en Hokkaido.

Yui: Suena bien. Yo también quiero viajar.

Mary: ¿Te has divertido en tus vacaciones, Yui?

Yui: Más o menos. Fui a dar una vuelta un día, pero estuve trabajando a tiempo parcial todos los días.

Ⅱ

Mary: Yui, quiero presentarte a un amigo mío. Este es John. Llegó a Japón el mes pasado.

John: Mucho gusto.

Yui: Mucho gusto. Soy Yui Yamakawa.

Ⅲ

Yui: John, ¿de dónde eres?

John: Soy de Cairns, Australia.

Yui: ¿En serio?

John: ¿Has estado en Cairns?

Yui: No, no he estado.

John: Tiene montañas, mar y es un lugar bonito. Es famosa por la Gran Barrera de Coral. ¿De dónde eres, Yui?

Yui: Soy de Nagano. Por favor, ven a visitarme alguna vez. La comida también es buena.

John: Por supuesto, me encantaría.

単語
Vocabulario

Sustantivos

がいこく	外国	país extranjero
*オーストラリア		Australia
かわ	川	río
おんせん	温泉	spa; aguas termales
つり		pesca
みずうみ	湖	lago
*やま	山	montaña
キャンプ		campamento
*ドライブ		paseo (en coche)
じんじゃ	神社	santuario
びじゅつかん	美術館	museo de arte
しゃちょう	社長	presidente de una empresa
かしゅ	歌手	cantante
ルームメイト		compañero de cuarto
ホストファミリー		familia anfitriona
しょうらい	将来	futuro
ゆめ	夢	sueño
おまつり	お祭り	festival
おしょうがつ	お正月	Año Nuevo
おかし	お菓子	aperitivo; golosinas
ビール		cerveza
おもちゃ		juguete
こんがっき	今学期	este semestre
らいがっき	来学期	próximo semestre
じゅぎょう	授業	clase
*こちら		esta persona (cortés)

Verbos en -u

うそをつく		decir una mentira
おなかがすく		tener hambre
かう	飼う	tener (una mascota) （～を）
サボる		faltar a clases (sin permiso) （～を）
とる	取る	tomar (una clase); obtener (una nota) （～を）

*Palabras que aparecen en el diálogo

ならう	習う	aprender（～を）
のぼる	登る	escalar（lugar に）
はしる	走る	correr

Verbos en -ru
| つかれる | 疲れる | cansarse |
| やめる | | dejar; abandonar（～を） |

Verbos irregulares
けんかする		pelear
* しょうかいする	紹介する	presentar（persona に persona を）
ダイエットする		ponerse a dieta
ちこくする	遅刻する	llegar tarde (a una cita)（～に）
りゅうがくする	留学する	estudiar en el extranjero（lugar に）

Adverbios y otras expresiones
* しゅっしん	出身	nacido en; proveniente de（lugar の）
* ひさしぶり	久しぶり	cuánto tiempo (sin vernos)
* まあまあ		ok; más o menos
もっと		más
あと	後	después (de un evento)（evento の）
そして		y luego
* ～だけ		solo ...
～てん	～点	... puntos

VOCABULARIO ADICIONAL

職業 (Trabajos)

さっか（作家）escritor/ra
ジャーナリスト　periodista
けいさつかん（警察官）policía
しょうぼうし（消防士）bombero/ra
きょうし（教師）maestro/ra de escuela
けんきゅうしゃ（研究者）investigador/ra
うちゅうひこうし（宇宙飛行士）astronauta
スポーツせんしゅ（スポーツ選手）atleta
だいとうりょう（大統領）presidente de un país

はいゆう（俳優）actor; actriz
かんごし（看護師）enfermero/ra
シェフ　chef
まんがか（漫画家）dibujante de manga

文法 Gramática

1 〜たい

Se puede utilizar la raíz verbal (la forma verbal que va antes de ます) + たいです para describir deseo o ambición.

今度の週末は、映画を見<u>たい</u>です。 o 映画が見<u>たい</u>です。
Quiero ver una película este fin de semana.

いつか中国に行き<u>たい</u>です。
Quiero ir a China algún día.

raíz verbal + たいです	*Quiero hacer ...*

Como se ve en el primer ejemplo de arriba, un verbo que normalmente lleva la partícula を puede tener la partícula を o が cuando va seguido de たい. Las demás partículas distintas a を siguen siendo las mismas, como en el segundo ejemplo, que tiene に.

たい se conjuga como un adjetivo-い. Aquí hay ejemplos de oraciones con たい negativas y en pasado.

あの人には会い<u>たくない</u>です。
No quiero ver a esa persona.

お弁当が買い<u>たかった</u>から、コンビニに行きました。
Me fui a la tienda de conveniencia porque quería comprar un bento.

Si se trata de un deseo que se tiene desde hace tiempo, es decir, que se «ha querido y quiere», se puede usar たいと思っています en lugar de たいです.

留学し<u>たいと思っています</u>。
Siempre he querido estudiar en el extranjero. (ahora también).

Normalmente no se utiliza たいです para describir los deseos que tienen los demás. Los deseos de otra persona suelen aparecer en japonés como citas, observaciones o conjeturas. Entonces, para decir que otra persona quiere hacer algo, se usa と言っていました con たい.

メアリーさんはチベットに行きたいと言っていました。
Mary dijo que quería ir al Tíbet.

Para describir nuestra observación de que alguien quiere hacer algo, se utiliza un verbo especial たがっている, en lugar de たい. Si un verbo lleva la partícula を, el verbo derivado たがっている conservará を, a diferencia de たい, con el que se puede elegir entre las partículas が y を.

メアリーさんは着物を着たがっています。
(Parece que) Mary quiere usar kimono.

El verbo たがっている, que proviene de la forma diccionario たがる, indica «creo que quiere (algo) por la forma en que se comporta». Este tipo de oraciones se abordará en mayor profundidad en la lección 14.

> *Quiero ... / ¿Quieres ...?*
> · raíz verbal + たいです
> · たい se conjuga como un adjetivo- い
> · が u を para el objeto directo
>
> *Quieren ...*
> · raíz verbal + たがっています
> · たがる se conjuga como un verbo en -u
> · を solo

2 〜たり〜たりする

Ya sabemos que se pueden conectar dos cláusulas con la forma-*te* de los predicados, como en:

大阪で買い物をして、晩ご飯を食べます。
En Osaka, haré algunas compras y cenaré.

Esta oración, sin embargo, tiende a sugerir que ir de compras y a cenar son *las únicas* actividades que se piensan realizar en Osaka y que se harán en ese orden. Para evitar estas implicaciones y mencionar actividades o eventos solo *como ejemplos* y *sin un orden establecido*, se utiliza una forma de predicado especial 〜たり〜たりする.

大阪で買い物をしたり、晩ご飯を食べたりします。
En Osaka, haré cosas como ir de compras y cenar.

> verbo (corto, pasado) + り、verbo (corto, pasado) + り
> *hacer cosas como esto y aquello*

Para obtener la forma たり de un predicado (したり y 食べたり en el ejemplo anterior), basta con añadir り a la forma corta en pasado de un predicado (した y 食べた). El verbo auxiliar する al final de la oración indica el tiempo de la misma. Se puede cambiar una oración 〜たり〜たり する al pasado, o incorporarla a una oración más grande, conjugando la parte del verbo auxiliar.

週末は、勉強したり、友だちと話したりしました。
He estudiado y hablado con mis amigos, entre otras cosas, durante el fin de semana.

踊ったり、音楽を聞いたりするのが好きです。
Me gusta bailar, escuchar música, etc.

3 〜ことがある

La forma corta en pasado de un verbo ＋ ことがある describe que se hizo algo, o que algo sucedió, en tiempos anteriores.

富士山に登ったことがあります。
He tenido la experiencia de escalar el monte Fuji.

たけしさんは授業を休んだことがありません。
Takeshi nunca ha faltado a clase (en su vida).

| verbo (corto, pasado, afirmativo) ＋ ことがある | tener la experiencia de ... |

Una pregunta con ことがありますか se puede responder simplemente con あります/ありません, o bien, repitiendo todo el complejo verbal (行ったことがあります/行ったことがありません), pero no ことがあります sin verbo.

　Ａ：ヨーロッパに行ったことがありますか。
　　　¿Ha estado alguna vez en Europa?
　Ｂ：はい、行ったことがあります。
　　　はい、あります。
　　　（✕ はい、ことがあります。）
　　　Sí, he estado.[1]

第11課 ◀ 261

4 Sustantivo A や Sustantivo B

や conecta dos sustantivos, al igual que と. や sugiere que las cosas a las que se refiere se proponen como ejemplos y que no está citando una lista exhaustiva, de la misma manera que たり, en la Gramática 2 en la p. 259, sugiere que los dos verbos se utilizan como ejemplos.

A や B	A y B, por ejemplo

京都や奈良に行きました。
Fui a Kioto y a Nara (por ejemplo, y puede que haya visitado también otros lugares).

会
L11

---

[1] En la lección 9 aprendimos otra forma de describir las experiencias pasadas o la falta de ellas: もう〜ました y まだ〜ていません. Se usa まだ〜ていません cuando no se ha hecho algo, pero se espera hacerlo en algún momento. En cambio, con 〜たことがありません no se piensa que al final se haga. Así que, a menos que seas un aventurero, resulta gracioso decir まだ南極に行っていません (todavía no he estado en la Antártida), pero es perfectamente normal decir 南極に行ったことがありません. En el modo afirmativo, もう食べました significa que el resultado de la comida todavía se siente ahora, probablemente por eso no tienes hambre en este momento. 食べたことがあります significa que has tenido esa experiencia y el evento de comer puede haber tenido lugar hace años.

表現ノート

ひょう　げん

Expresiones lingüísticas **11**

は en oraciones negativas ▶ En oraciones negativas a menudo se encuentra la partícula は donde se podría esperar が u を. Observa las oraciones de respuesta en los siguientes diálogos:

Q：山下先生はテレビを見ますか。 ¿Ve la televisión, profesor Yamashita?
やましたせんせい　　　　　　　　み

A：いいえ、テレビは見ません。 No, no la veo.
　　　　　　　　　み

Q：コーヒーが好きですか。 ¿Le gusta el café?
　　　　　　す

A：いいえ、コーヒーは好きじゃないです。 No, no me gusta.
　　　　　　　　　　す

を y が, respectivamente, no serían antigramaticales en los ejemplos anteriores. Sin embargo, a muchos hablantes de japonés les parecen más naturales las versiones con は.

La regla general es que las oraciones negativas en japonés suelen contener al menos una frase con は. Por lo tanto, si se añade 私は a las oraciones anteriores,
わたし
la necesidad de は ya se ha satisfecho, y los hablantes de japonés se sienten mucho menos obligados a utilizar は después de テレビ y コーヒー.

は también puede seguir a partículas como で y に.

英語では話したくないです。 No quiero hablar en inglés.
えいご　　はな

広島には行ったことがありません。 Nunca he estado en Hiroshima.
ひろしま　　い

だけ ▶ Se puede añadir だけ a los números para hablar de que tienes justo esa cantidad de elementos. だけ implica que tienes hasta la cantidad necesaria, pero no más que eso.

私はその人に一回だけ会ったことがあります。
わたし　　　ひと　いっかい　　あ

He visto a esa persona solo una vez.

一つだけ質問があります。 Tengo solo una pregunta.
ひと　　しつもん

三十分だけ寝ました。 He dormido durante solo treinta minutos.
さんじゅっぷん　ね

だけ sugiere que se puede aceptar ese número, aunque hay que reconocer que podría haber sido mayor. Aprenderemos otra palabra en la lección 14, concretamente, しか, que significa «solo» en el sentido de no haber o tener suficiente.

に ▶ Se utiliza la partícula に para indicar la ocasión en la que se hace algo.

晩ご飯にサラダを食べました。 He comido ensalada en la cena.
ばん　はん　　　　た

第11課 ◀ 263

Expression Notes

に también puede indicar el papel que se quiere que desempeñe algo.

おみやげに絵葉書を買いました。 *Compré una postal como recuerdo.*

ドライブ ▶ ドライブ se utiliza cuando se va de paseo a algún lugar en coche. Para decir «dar un paseo en coche» o «ir a dar un paseo en coche», se utiliza ドライブ に行く o ドライブする.

湖までドライブに行きました／ドライブしました。
Fui a dar una vuelta al lago.

Cuando simplemente se quiere decir «conducir un coche» (no necesariamente por placer), se usa en su lugar 運転する.

日本で車を運転したことがありますか。
¿Has conducido alguna vez un coche en Japón?

夢 ▶ 夢, como la palabra española «sueño», tiene dos significados. Uno es el sueño que tienes mientras duermes, el otro, el sueño que deseas que se haga realidad. Para decir «tener un sueño», en japonés se utiliza el verbo 見る para los sueños al dormir y 持っている o ある para la visión de futuro.

ゆうべこわい夢を見ました。	*Anoche tuve un sueño aterrador.*
夢を持っています／夢があります。	*Tengo un sueño.*
あなたの将来の夢は何ですか。	*¿Cuál es tu sueño para el futuro?*

には ▶ La partícula は suele seguir a la partícula に en oraciones que describen un lugar en términos de las cosas que se encuentran en él.

(1) 東京にはデパートがたくさんあります。
(2) 東京にデパートがたくさんあります。
   En Tokio hay muchos grandes almacenes.

Hay una sutil diferencia entre las dos oraciones. La primera oración se refiere a los lugares: responden a preguntas (formuladas explícita o implícitamente) del tipo «¿Cómo es Tokio?». La segunda oración, en cambio, es una respuesta a una pregunta del tipo «¿Dónde hay muchos grandes almacenes?».

Véase la nota gramatical que habla de la diferencia entre が y は en la lección 8. En el caso de la partícula に, el contraste es entre la に simple y la combinación に は. (Véase también la nota gramatical sobre el recuento de personas en la lección 7).

会
L11

264 ▶会話・文法編

練習 Práctica
れん　しゅう

Ⅰ ハンバーガーを食べたいです 👉Gramática 1
　　　　　　　　　　た

A. Cambia las siguientes oraciones por oraciones 〜たい. 🔊 K11-11

(Ejemplo) ハンバーガーを食べる
　　　　　　　　　　　　　た

　　　　　（はい）　　→　ハンバーガーを食べたいです。
　　　　　　　　　　　　　　　　　　　　た

　　　　　（いいえ）　→　ハンバーガーを食べたくないです。
　　　　　　　　　　　　　　　　　　　　　た

1. 湖 に行く （はい）　　　　　　6. 日本で働く （はい）
   みずうみ　い　　　　　　　　　　　　にほん　はたら
2. 日本語を練習する （はい）　　　7. 車を買う （はい）
   にほんご　れんしゅう　　　　　　　　くるま　か
3. 温泉に行く （はい）　　　　　　8. 日本に住む （いいえ）
   おんせん　い　　　　　　　　　　　　にほん　す
4. ゆっくり休む （いいえ）　　　　9. 留学する （はい）
   　　　　やす　　　　　　　　　　　　りゅうがく
5. 会社の社長になる （いいえ）　　10. 山に登る （いいえ）
   かいしゃ　しゃちょう　　　　　　　　　やま　のぼ

B. Trabajo en parejas: pregunta a tu compañero si quiere hacer las cosas anteriores. Cuando respondas, di los motivos como en el ejemplo.

(Ejemplo) Ａ：ハンバーガーを食べたいですか。
　　　　　　　　　　　　　　　た

　　　　　Ｂ：はい、食べたいです。おなかがすいていますから。／
　　　　　　　　　た

　　　　　　　いいえ、食べたくないです。さっき食べましたから。
　　　　　　　　　　　た　　　　　　　　　　　　　た

C. Cambia las siguientes oraciones por oraciones 〜たい en pasado. 🔊 K11-12

(Ejemplo) おもちゃの電車で遊ぶ
　　　　　　　　　　てんしゃ　あそ

　　　　　（はい）　　→　子供の時、おもちゃの電車で遊びたかったです。
　　　　　　　　　　　　　　こども　とき　　　　　　　てんしゃ　あそ

　　　　　（いいえ）　→　子供の時、おもちゃの電車で遊びたくなかったです。
　　　　　　　　　　　　　　こども　とき　　　　　　　てんしゃ　あそ

1. テレビを見る （はい）　　　　　6. お祭りに行く （はい）
   　　　　み　　　　　　　　　　　　　まつ　い
2. 飛行機に乗る （はい）　　　　　7. ピアノを習う （いいえ）
   ひこうき　の　　　　　　　　　　　　　　なら
3. ゲームをする （いいえ）　　　　8. 車を運転する （はい）
   　　　　　　　　　　　　　　　　　　くるま　うんてん
4. 犬を飼う （はい）　　　　　　　9. 有名になる （はい）
   いぬ　か　　　　　　　　　　　　　ゆうめい
5. 学校をやめる （いいえ）　　　　10. ミッキー・マウスに会う （はい）
   がっこう　　　　　　　　　　　　　　　　　　　　　　あ

D. Trabajo en parejas: pregunta a tu compañero si quería hacer las cosas anteriores durante su infancia.

E. Trabajo en parejas: pregunta a tu compañero las siguientes preguntas y comunica las respuestas como en el ejemplo. Revisa la p. 257 para el vocabulario sobre trabajos.

Ejemplo　Ａ：けんさんは何が食べたいですか。
　　　　　Ｂ：ピザが食べたいです。
　　→　Ａ：けんさんはピザが食べたいと言っていました。
　　　　　（けんさんはピザを食べたがっています。）

1. 昼ご飯に何が食べたいですか。
2. 何がいちばん買いたいですか。
3. どこにいちばん行きたいですか。
4. だれにいちばん会いたいですか。
5. 何を習いたいですか。
6. 今週の週末、何がしたいですか。
7. 今、何をしたくないですか。
8. 子供の時、何になりたかったですか。
9. 将来、何になりたいですか。
10. 来学期、何がしたいですか。

F. Completa las siguientes oraciones.

1. 今日はいい天気だから、＿＿＿＿＿＿＿＿＿＿＿＿＿＿たいです。
2. あしたは休みだから、＿＿＿＿＿＿＿＿＿＿＿＿＿たいです。
3. 疲れたから、＿＿＿＿＿＿＿＿＿＿＿＿＿＿たくないです。
4. 田中さんはいじわるだから、一緒に＿＿＿＿＿＿＿＿＿＿たくないです。
5. 高校の時、もっと＿＿＿＿＿＿＿＿＿＿＿＿＿たかったです。

II 掃除したり、洗濯したりします　☞Gramática 2

A. Cuenta lo que hicieron las siguientes personas el fin de semana utilizando 〜たり〜たりする. 🔊 K11-13

> Ejemplo　ジョン：fue a un museo, corrió, etc.
>
> →　ジョンさんは、美術館に行ったり、走ったりしました。

1. たけし：se fue de camping, dio un paseo en coche, etc.
2. ウデイ：hizo dulces, jugó en casa, etc.
3. ソラ：fue a Osaka a divertirse, fue a comer, etc.
4. けん：limpió su habitación, lavó la ropa, etc.
5. ロバート：se reunió con amigos, vio películas, etc.
6. 山下先生：fue a unas termas, descansó, etc.

B. Trabajo en parejas: miren la imagen y hablen de lo que quieren hacer durante las próximas vacaciones utilizando 〜たり〜たり.

> Ejemplo　A：休みに何がしたいですか。
> B：海でつりをしたり、ドライブをしたりしたいです。それから……

C. Trabajo en parejas: pregunta a tu compañero lo siguiente. Cuando respondas, utiliza 〜たり〜たりする como en el ejemplo.

Ejemplo　A：あした何をしますか。
　　　　　B：宿題をしたり、カラオケに行ったりします。

1. 週末よく何をしますか。
2. デートの時、何をしますか。
3. あなたの国ではお正月に何をしますか。
4. 子供の時、よく何をしましたか。
5. 日本で何をしたいですか。
6. 冬休み／夏休みに何をしましたか。
7. クラスで何をしてはいけませんか。
8. 今学期の後、何をするつもりですか。
9. 何をするのが好きですか／きらいですか。

III 有名人に会ったことがありますか　☞Gramática 3

A. Lo siguiente es lo que John ha hecho o no. Haz oraciones utilizando 〜ことがある.

K11-14

Ejemplo　〇 comer tempura　→　天ぷらを食べたことがあります。
　　　　　× ir a Tokio　　　→　東京に行ったことがありません。

1. 〇 comer sushi
2. 〇 estudiar coreano
3. 〇 trabajar en un restaurante
4. × ir a Hiroshima
5. × escribir una carta de amor（ラブレター）
6. 〇 dormir en clase
7. 〇 escalar el monte Fuji
8. × conducir un coche en Japón
9. × ver películas japonesas
10. × ir a un santuario

B. Trabajo en parejas: haz preguntas con 〜ことがある y pregunta a tu compañero. Continúa tu conversación.

Ejemplo 日本のビールを飲む
→ A：日本のビールを飲んだことがありますか。
B：はい、あります。　　　　B：いいえ、ありません。
A：どうでしたか。　　　　　A：飲みたいですか。
B：おいしかったです。　　　B：ええ、飲みたいです。

1. ダイエットをする
2. テストで０点を取る
3. 英語を教える
4. 有名人に会う
5. カラオケに行く
6. ふぐ (pez globo) を食べる
7. 中国語を勉強する
8. 新幹線に乗る
9. うそをつく
10. 日本料理を作る
11. 遅刻する
12. 授業をサボる
13. 友だち／ルームメイト／ホストファミリーとけんかする
14. 留学する
15. 川でつりをする

IV すしや天ぷらをよく食べます　▶Gramática 4

Trabajo en parejas: pregunta a tu compañero lo siguiente. Responde con 〜や〜 como en el ejemplo.

Ejemplo A：どんな日本料理をよく食べますか。
B：すしや天ぷらをよく食べます。

1. どんなスポーツをよく見ますか。
2. どんな果物が好きですか。
3. どんな料理をよく作りますか。
4. あなたの大学の食堂には、どんな食べ物がありますか。
5. あなたの大学には、どこの国の人がいますか。
6. 外国に行ったことがありますか。どこですか。
7. 今、どんな授業を取っていますか。
8. 歌手の中で、だれが好きですか。

V まとめの練習

A. Habla de tu sueño para el futuro o de lo que soñabas cuando eras pequeño.

1. あなたの夢は何ですか。

   [Ejemplo] 私は料理が好きだから、将来、シェフ (chef) になりたいです。
   そして、日本でレストランを作って、そこで料理したいです。

2. 子供の時の夢は何でしたか。

   [Ejemplo] 子供の時、歌手になりたかったです。歌が大好きでした。
   今も、よくカラオケで歌います。

B. Actividad en clase: encuentra a alguien que ...

1. haya visto famosos _____
2. nunca haya usado palillos para comer _____
3. quiera vivir en Japón en el futuro _____
4. cuando era pequeño, quería ser un héroe (ヒーロー) _____
5. quiera faltar a clases mañana _____

C. Actividad en clase: trae fotos de tu ciudad natal y descríbela.

[Ejemplo]
私はロンドンの出身です。ロンドンはとても大きくてにぎやかです。
きれいな公園や有名な美術館やたくさんの劇場 (teatro) があります。
よくミュージカルを見たり、散歩したりしました。
夏休みに帰って、友だちに会いたいです。

Notas culturales

お正月 Año Nuevo
   しょうがつ

お正月 (Año Nuevo) es la mayor fiesta de regreso a casa en Japón. Los japoneses celebran el Año Nuevo el 1 de enero, a diferencia de la mayoría de los asiáticos, que se rigen por el calendario lunar. La mayoría de las empresas cierran en torno al día de Año Nuevo, inclusive el mismo día.

La víspera de Año Nuevo se llama 大晦日 y la gente intenta terminar sus tareas de la temporada: limpiar la casa a fondo, escribir tarjetas de felicitación (年賀状) y demás antes de esta fecha. La cena de Nochevieja suele incluir 年越しそば (fideos de trigo sarraceno o soba), ya que los fideos largos simbolizan el deseo de longevidad.

Al despedirse de alguien a quien no se espera volver a ver hasta el nuevo año, la frase tradicional de despedida es よいお年を (¡Que tengas un feliz Año Nuevo!). Cuando te encuentras con alguien por primera vez en el nuevo año, le dices あけましておめでとうございます (¡Feliz Año Nuevo!).

Muchas personas acuden a los 神社 (santuarios sintoístas) y お寺 (templos budistas) para el 初詣 o el «primer culto del año», que probablemente sea su única visita a santuarios y templos en el año, ya que Japón es una sociedad mayoritariamente laica.

En Año Nuevo, se comen platos especiales llamados お節料理. Se dice que cada plato significa un deseo concreto: los frijoles negros (黒豆) para la diligencia y la salud (un juego de palabras con la palabra まめ), las huevas de arenque (数の子) para tener mucha descendencia, etc. El alimento básico para el Año Nuevo es el おもち (pastel de arroz), que se tuesta o se sirve en 雑煮 (sopa de Año Nuevo).

Los niños esperan recibir お年玉, que son regalos en forma de dinero de sus padres, abuelos, tíos e incluso invitados de la familia.

写真提供：(株)ジャパンタイムズ／フォトライブラリー

Expresiones útiles

日本語のクラスで
にほんご

En clase de japonés

Expresiones

どちらでもいいです。—Cualquiera de los dos.

同じです。————Lo mismo.
おな

だいたい同じです。——Más o menos igual.
おな

ちょっと違います。——Un poco diferente.
ちが

使えません。————No se puede usar.
つか

だめです。————No está bien.

手をあげてください。—Levanten la mano.
て

読んできてください。————Léanlo antes de venir a clase.
よ

宿題を出してください。————Léanlo antes de venir a clase.
しゅくだい だ

10ページを開いてください。———Abran el libro en página 10.
ひら

教科書を閉じてください。———Cierren el libro de texto.
きょうかしょ と

となりの人に聞いてください。——Pregúntenle a la persona que se
ひと き sienta a tu lado.

やめてください。————Por favor, paren.

今日はこれで終わります。———Eso es todo por hoy.
きょう お

しつもんが
ありますか

会
L11

Vocabulario

しめきり＿plazo

練習＿＿＿ejercicio
れんしゅう

意味＿＿＿significado
い み

発音＿＿＿pronunciación
はつおん

文法＿＿＿gramática
ぶんぽう

質問＿＿＿pregunta
しつもん

答＿＿＿respuesta
こたえ

例＿＿＿ejemplo
れい

かっこ＿＿（　）(paréntesis)

まる＿＿＿○ (correcto)

ばつ＿＿＿× (incorrecto)

くだけた言い方＿＿expresión coloquial
い かた

かたい言い方＿＿＿expresión de libro
い かた

ていねいな言い方＿expresión cortés
い かた

方言＿＿＿＿＿＿＿dialecto
ほうげん

共通語＿＿＿＿＿＿lenguaje común
きょうつう ご

たとえば＿＿＿＿＿por ejemplo

ほかに＿＿＿＿＿＿cualquier otra cosa

〜番＿＿＿＿＿＿＿número ...
ばん

〜行目＿＿＿＿＿＿número de línea ...
ぎょう め

二人ずつ＿＿＿＿＿cada dos personas
ふたり

272 ▶ 会話・文法編

第12課　LECCIÓN 12

病気 Sentirse enfermo
びょう　き

En esta lección, vamos a..

- Dar y pedir explicaciones
- Quejarnos de que algo es demasiado
- Expresar lo que tenemos que hacer
- Describir los síntomas de una enfermedad
- Dar consejos

会話 Diálogo
かい　わ

Ⅰ Mary y Yui están conversando en la escuela. 🔊 K12-01　🔊 K12-02

1　ゆ　い：　メアリーさん、元気がありませんね。
　　　　　　　　　　　　げん　き

2　メアリー：　うーん。ちょっとおなかが痛いんです。
　　　　　　　　　　　　　　　　　　いた

3　ゆ　い：　どうしたんですか。

4　メアリー：　きのう友だちと晩ご飯を食べに行ったんです。
　　　　　　　　とも　　　　ばん　はん　た　　い

5　　　　　　　たぶん食べすぎたんです。
　　　　　　　　　　た

6　ゆ　い：　大丈夫ですか。
　　　　　　　だいじょう ぶ

7　メアリー：　ええ。心配しないでください。……ああ、痛い。
　　　　　　　　　　しんぱい　　　　　　　　　　　　　いた

8　ゆ　い：　病院に行ったほうがいいですよ。
　　　　　　びょういん　い

Ⅱ Al día siguiente, Mary está en el hospital. 🔊 K12-03　🔊 K12-04

1　メアリー：　先生、おなかが痛くて熱もあるんです。インフルエンザでしょうか。
　　　　　　　せんせい　　　　　　いた　　ねつ
　　　　　　　　　　　　　　＊　　　　　　＊　　　　　　＊

2　医　者：　インフルエンザじゃないですね。かぜです。
　　い　しゃ

3　メアリー：　よかった。あのう、もうすぐテニスの試合があるので、
　　　　　　　　　　　　　　　　　　　　　　し あい

4　　　　　　　練習しなきゃいけないんですが……。
　　　　　　　れんしゅう

5　医　者：　二三日、運動しないほうがいいでしょう。
　　い　しゃ　に さんにち　うんどう

6　メアリー：　わかりました。

7　医　者：　今日は薬を飲んで、早く寝てください。
　　い　しゃ　きょう　くすり　の　　はや　ね

8 メアリー： はい、ありがとうございました。
9 医者： お大事に。

I

Yui: No tienes buen aspecto, Mary.

Mary: Um... Me duele un poco el estómago.

Yui: ¿Qué pasa?

Mary: Ayer salí a cenar con un amigo. Probablemente comí demasiado.

Yui: ¿Estás bien?

Mary: Sí. No te preocupes. Oh, duele.

Yui: Será mejor que vayas al hospital.

II

Mary: Doctor, me duele el estómago y también tengo fiebre. ¿Tengo gripe?

　　　*　　*　　*

Doctor: No creo que sea gripe. Es solo un resfriado.

Mary: Bien. Bueno, pronto tendré un torneo de tenis, así que tengo que practicar, pero...

Doctor: Será mejor que no hagas ejercicio durante un par de días.

Mary: Entiendo.

Doctor: Toma la medicina y vete a la cama temprano esta noche.

Mary: Sí. Muchísimas gracias.

Doctor: Cuídate.

単語 Vocabulario

K12-05 (Jp-Es)
K12-06 (Es-Jp)

Sustantivos

* おなか		estómago
あし	足	pierna; pie
のど	喉	garganta
は	歯	dientes
* インフルエンザ		gripe
* かぜ	風邪	resfriado
せき		tos
ふつかよい	二日酔い	resaca
ホームシック		morriña; nostalgia
アレルギー		alergia
ジュース		jugo; zumo
たまご	卵	huevo
ふく	服	ropa
もの	物	cosa (objeto concreto)
プレゼント		regalo
きっぷ	切符	ticket (de tren)
〜だい	〜代	tarifa; tasa
ようじ	用事	asuntos de los que ocuparse
おてあらい	お手洗い	baño; aseo
* しあい	試合	partido; juego
せいじ	政治	política
せいせき	成績	nota (en un examen, etc.)
かのじょ	彼女	ella; novia
かれ	彼	él; novio
かれし	彼氏	novio
いみ	意味	significado

Adjetivos-い

せまい	狭い	estrecho; no espacioso
ひろい	広い	amplio; espacioso
わるい	悪い	malo
* いたい	痛い	dolor; doloroso

*Palabras que aparecen en el diálogo

| あまい | 甘い | dulce |
| おおい | 多い | haber muchos ... |

Adjetivo-な

| すてき（な） | 素敵 | bonito |

Verbos en -u

あるく	歩く	caminar
かぜをひく	風邪をひく	resfriarse
*ねつがある	熱がある	tener fiebre
のどがかわく	喉が渇く	tener sed
はらう	払う	pagar（〜を）
なくす		perder; extraviar（〜を）
きょうみがある	興味がある	estar interesado (en ...)（tema に）

Verbos en -ru

| せきがでる | せきが出る | toser |
| わかれる | 別れる | romper; separarse（persona と） |

Verbos irregulares

| きんちょうする | 緊張する | ponerse nervioso |
| *しんぱいする | 心配する | preocuparse |

Adverbios y otras expresiones

*おだいじに	お大事に	Cuídate.; Que te mejores.
*げんきがない	元気がない	no se ve bien; no parece sano/ animado
できるだけ		lo más posible
*たぶん	多分	probablemente; tal vez
*もうすぐ		muy pronto; en unos momentos/ días
はじめて	初めて	por primera vez
*にさんにち	二三日	dos o tres días
それに		además, ...
おなじ	同じ	mismo; igual

文法 Gramática

1 ～んです

Hay dos formas distintas de hacer una declaración en japonés. Una forma es, simplemente, informar de los hechos tal y como se observan. Este es el modo de hablar que hemos aprendido hasta ahora. En esta lección, aprenderemos un nuevo modo: el modo de *explicar* las cosas.

> forma corta (verbos/adjetivos/sustantivos) + んです
> = explicación en términos de verbos/adjetivos/sustantivos

Cuando se llega tarde a una cita porque el autobús no ha llegado a tiempo, se podría explicar simple y llanamente diciendo バスが来ませんでした, pero se puede marcar más la disculpa si se da como *explicación* del retraso. Se puede decir:

バスが来なかった<u>んです</u>。　　*(Es que)* el autobús no llegó.

Una explicación, por tanto, conecta un hecho (que el autobús no llegue) con otro elemento de la situación en cuestión (llegar tarde a la cita). La expresión final de la oración んです sirve de enlace entre lo que dice la oración y lo que explica. Compara:

あしたテストがあります。	*Mañana tengo un examen.* (una simple observación).
あしたテストがある<u>んです</u>。	*Es que mañana tengo un examen. (Así que no puedo salir esta noche).*
トイレに行きたいです。	*Quiero ir al baño.* (declaración de un deseo).
トイレに行きたい<u>んです</u>。	*Es que quiero ir al baño. (Así que dime dónde está).*

んです en sí es invariable y no suele aparecer en forma negativa ni pasada,[1] pero el predicado que la precede puede ser afirmativo o negativo, presente o pasado.

成績がよくない<u>んです</u>。　(en respuesta a la pregunta «¿Por qué pareces tan molesto?»)
(Es que) Mis notas no son buenas.

試験が終わった<u>んです</u>。　(explicando a una persona que te ha sorprendido sonriendo)
Es que el examen ha terminado. (Por eso estoy sonriendo).

---

[1] En los intercambios informales, んです aparece en su forma corta, んだ. En preguntas informales, んですか se sustituye por の. Los examinaremos más a fondo en la lección 15.

Cuando sigue a un sustantivo o a un adjetivo-な en presente afirmativo, な va antes.

	oraciones declarativas	oraciones explicativas
adjetivos-な:	静かです	静かなんです
sustantivos:	学生です	学生なんです

Se puede utilizar んです en preguntas para invitar al interlocutor a hacer aclaraciones. Se utiliza muy a menudo junto con palabras interrogativas, como どうして (por qué) y どうした (qué ha pasado).

A：どうして彼と別れたんですか。

¿Por qué rompiste con tu novio? (Tienes que decírmelo).

B：彼、ぜんぜんお風呂に入らないんです。

Es que nunca se baña. (Es una razón suficiente, ¿no?)

A：どうしたんですか。

¿Qué ha pasado? (Pareces destrozado).

B：うちの猫が死んだんです。[2]

Es que se murió mi gato. (Eso debería explicar mi aspecto actual).

También se puede utilizar んです para comentar algo adicional a lo que se acaba de decir.

A：かわいいノートですね。

Qué cuaderno más bonito.

B：ええ。日本で買ったんです。

Sí. Lo compré en Japón (para tu información).

En el lenguaje escrito, se ve のです en lugar de んです. Tiene las mismas funciones, pero es estilísticamente más formal.

---

[2] A la pregunta どうしたんですか se responde mejor con una oración んです, con el sujeto marcado con la partícula が en lugar de は, como en este ejemplo. Véase la lección 8 para una explicación relacionada.

278 ▶ 会話・文法編

2 〜すぎる

La raíz de los verbos puede ir seguida del verbo auxiliar すぎる, que significa «demasiado» o «en exceso». すぎる se conjuga como un verbo en -ru regular.

早く起きすぎました。 *Me levanté demasiado temprano.*

食べすぎてはいけません。 *No debes comer demasiado.*

すぎる también puede seguir a la raíz de los adjetivos-い y -な (las partes que no cambian al conjugarlos), se omiten い o な al final de los adjetivos y luego se añade すぎる.[3]

(高い) この本は高すぎます。 *Este libro es demasiado caro.*

(静かな) この町は静かすぎます。 *sta ciudad es demasiado tranquila.*

> raíz verbal/raíz del adjetivo ＋ すぎる　　　... demasiado

Se utiliza すぎる cuando algo va más allá de lo normal o adecuado, sugiriendo que es algo negativo. Así, 親切すぎます (demasiado amable), por ejemplo, no es un verdadero cumplido. Si simplemente se quiere decir que algo está en un grado alto, conviene usar modificadores como とても y すごく.

3 〜ほうがいいです

ほうがいいです «es mejor (para ti) que hagas ...» es una expresión final de oración que se puede utilizar para dar un consejo. ほうがいいです sigue a un verbo en forma corta. Normalmente se utiliza el pasado de un verbo con ほうがいいです si el verbo está en afirmativo. Sin embargo, cuando el consejo es negativo, el verbo está en *presente*.

> verbo (corto, pasado, afirmativo)　⎫　　　　　　　　　　*Es mejor.*
> verbo (corto, presente, negativo)　⎬ ＋ ほうがいいです　*Es mejor (que) no ...*

もっと野菜を食べたほうがいいですよ。 *Será mejor que comas más verduras.*

授業を休まないほうがいいですよ。 *Es mejor no saltarse las clases.*

---

[3] Además de la conjugación del verbo, también se usa el sustantivo すぎ, como en 食べすぎです.

4 〜ので

Se puede usar ので para dar la razón de la situación descrita en el resto de la oración. Semánticamente, ので es muy similar a から. Estilísticamente, ので suena ligeramente más formal que から y se utiliza mucho en el lenguaje escrito.

> (razón) ので (situación)。　　(situación) *porque* (razón).

いつも日本語で話すので、日本語が上手になりました。
Mi japonés ha mejorado porque siempre lo hablo.

宿題がたくさんあったので、きのうの夜、寝ませんでした。
Anoche no dormí porque tenía muchos deberes.

La parte de la razón de una oración con ので suele estar en forma corta. Cuando ので sigue a un adjetivo-な o a un sustantivo en una cláusula afirmativa en presente, な va antes como ocurre con el predicado explicativo んです.

その人はいじわるなので、きらいです。　　(Compárese: いじわるだから)
No me gusta esa persona porque es mala.

今日は日曜日なので、銀行は休みです。　　(Compárese: 日曜日だから)
Los bancos están cerrados porque hoy es domingo.

5 〜なければいけません / 〜なきゃいけません

Se utiliza なければいけません y なきゃいけません[4] para decir que es necesario o «se debe» hacer algo. La variante なければ es más formal y suele verse en el lenguaje escrito, mientras que la variante なきゃ es muy coloquial y se encuentra principalmente en el lenguaje oral.

試験があるから、勉強しなければいけません／なきゃいけません。
Tengo que estudiar porque tengo un examen.

---

[4] Hay más variedades para las oraciones de «deber»: なくちゃいけません, なくてはいけません y ないといけません. También se puede sustituir なりません por いけません en las combinaciones なければ y なきゃ, como なければなりません, なきゃなりません.

280 ▶ 会話・文法編

なければ y なきゃ significan «si no haces...» e いけません significa aproximadamente «no poder ir», por lo tanto, なければいけません y なきゃいけません significan literalmente «no puedes irte sin hacer...» con un doble negativo que da lugar al sentido afirmativo del mandato. な en なければ y なきゃ proviene del negativo ない. Basta con omitir la última い y sustituirla por ければ o きゃ.

verbo	corta en negativo	«deber»
食べる	食べない	食べなければいけません / 食べなきゃいけません
言う	言わない	言わなければいけません / 言わなきゃいけません
する	しない	しなければいけません / しなきゃいけません
くる	こない	こなければいけません / こなきゃいけません

Se puede cambiar いけません por いけませんでした para decir *tenía que hacerlo*. En el lenguaje informal se puede usar la forma corta なきゃいけない. Se puede acortar aún más y dejarlo solo en なきゃ.

今朝は、六時に起きなきゃいけませんでした。 (forma larga, pasado)
Esta mañana he tenido que levantarme a las seis.

彼女が来るから、部屋を掃除しなきゃ（いけない）。 (forma corta, presente)
Debo limpiar la habitación porque viene mi novia.

6 ～でしょうか

Cuando se hace a alguien una pregunta de la que no sabe la respuesta, puede sentirse avergonzado. Para evitar esas situaciones incómodas, la pregunta se formula con でしょうか, que añade una nota de timidez y cortesía.

Ａ：あした、雨が降るでしょうか。
¿Lloverá mañana?

Ｂ：降ると思います。
Creo que sí.

でしょう significa probablemente. Al hacer una pregunta con でしょうか, se da a entender que uno cree que el oyente probablemente tenga una opinión mejor informada, lo cual sería de agradecer.

でしょうか sigue a predicados en forma corta (afirmativa o negativa, presente o pasada). Cuando sigue a un sustantivo o a un adjetivo-な en una oración afirmativa en presente, los sigue directamente, sin だ en medio.

来週は暖かいでしょうか。
¿Cree que la próxima semana será más cálida?

トマトは野菜でしょうか。　（×野菜だでしょうか）
¿El tomate es una verdura?

これ、もう話したでしょうか。
¿Ya te he hablado de esto?

Se puede utilizar el でしょう no interrogativo para hacer una conjetura. Se puedes añadir たぶん antes en la oración para señalar que es una suposición.[5]

たぶんあしたは寒くないでしょう。
Quizá mañana no haga frío.

Expresiones lingüísticas

表現ノート

12

うーん▶うーん, con la sílaba *u* prolongada, indica reflexión y vacilación. Se suele utilizar cuando uno no se puede decidir o cuando se va a dar una respuesta que puede ser desfavorable para el interlocutor.

Ａ：結婚してください。
Ｂ：うーん、まだ結婚したくないんです。もう少し待ってください。

会
L12

---

[5] En conversaciones informales, se utiliza でしょう (con la entonación de pregunta y más a menudo pronunciado como でしょ algo más corto) para comprobar si el interlocutor está de acuerdo en que se ha entendido correctamente lo que se acaba de decir.

ジョン、中国語がわかるでしょ？これ、読んで。
John, entiendes chino, ¿verdad? Léeme esto.

練習 Práctica

I 頭が痛いんです 👉Gramática 1

A. Te encuentras en las siguientes situaciones. Explícalas utilizando 〜んです。 🔊 K12-07

Ejemplo  頭が痛いです。
→ Q：どうしたんですか。
　A：頭が痛いんです。

(1) 彼から電話が
　　ありました

(2) プレゼントを
　　もらいました

(3) あしたは休みです

(4) きのうは
　　誕生日でした

(5) 試験が難しく
　　なかったです

(6) のどが痛いです

(7) かぜをひきました

(8) 切符をなくしました

ticket de tren

(9) あした試験があります

第12課 ◀ 283

(10) せきが出ます

(11) 彼女と別れました

(12) お手洗いに行きたいです

B. Responde los comentarios usando 〜んです. K12-08

Ejemplo

すてきな車ですね。

El de mi padre → 父のなんです。

(1) きれいな花ですね。

Las recibí de mi amigo (me las dio mi amigo).

(2) 新しい靴ですね。

Italianos（イタリア）

(3) かわいい服ですね。

Yo la hice.

(4) いいかばんですね。

Era barato.

(5) かっこいい彼氏ですね。

amable

C. Trabajo en parejas: tu compañero ha dicho algo bueno sobre algo que tienes. Responde usando 〜んです.

(Ejemplo)　Ｂ：すてきな時計ですね。
　　　　　Ａ：友だちにもらったんです。

D. Trabajo en parejas: hagan diálogos en los que se pregunten razones.

(Ejemplo)　Fui a Tokio la semana pasada.
　　→　Ａ：先週東京に行きました。
　　　　Ｂ：どうして東京に行ったんですか。
　　　　Ａ：母がアメリカから来たんです。

1. Estoy muy cansado.
2. No tengo dinero.
3. Quiero casarme con mi novio/a.
4. Me voy a Japón a estudiar.
5. Se le da bien el chino.
6. No quiero ver esa película.

II 食べすぎました　☛Gramática 2

A. Describe las siguientes imágenes utilizando 〜すぎる. Utiliza «verbo＋すぎる» del (1) al (4) y «adjetivo＋すぎる» del (5) al (10).　🔊 K12-09

(Ejemplo 1)　作りすぎました。
(Ejemplo 2)　この部屋はせますぎます。

Ej. 1　　Ej. 2　　(1)　　(2)

B. Fíjate en los siguientes verbos. Piensa en los resultados de hacer estas cosas en exceso y haz oraciones como en el ejemplo.

Ejemplo 食べる → 食べすぎたから、おなかが痛いんです。

1. お酒を飲む
2. 勉強する
3. パソコンを使う
4. 本を読む
5. 走る
6. 甘い物を食べる
7. 歌を歌う
8. 緊張する
9. 服を買う

C. Trabajo en grupo: quéjense de sus clases, su ciudad, su escuela, su residencia estudiantil (寮), su cafetería, etc.

Ejemplo A：このクラスは宿題が多すぎます。
B：私もそう思います。それに、試験は難しすぎます。
C：それから、授業は八時半に始まります。早すぎます。

III 薬を飲んだほうがいいです　☛Gramática 3

A. Utilizando las siguientes pistas, aconseja a un amigo que tiene dolor de cabeza. Decide si debes utilizar la afirmativa o la negativa. 🔊 K12-10

Ejemplo 薬を飲む → B：頭が痛いんです。
A：薬を飲んだほうがいいですよ。

1. 早く寝る
2. 遊びに行く
3. 病院に行く
4. 仕事を休む
5. うちに帰る
6. 運動する

B. Trabajo en parejas: da consejos a tu compañero en las siguientes situaciones utilizando ～ほうがいい.

Ejemplo　日本語が上手になりたい
→　　B：日本語が上手になりたいんです。
　　　　A：日本人の友だちを作ったほうがいいですよ。／
　　　　　　できるだけ英語を話さないほうがいいですよ。

1. ホームシックだ
2. やせたい
3. 友だちとけんかした
4. お金がない
5. 成績が悪い
6. 二日酔いだ
7. 歯が痛い
8. 教科書をなくした
9. いつも授業に遅刻する

C. Trabajo en parejas: eres un consejero de salud. Alguien que no se ha estado sintiendo bien está en tu oficina. Haz las siguientes preguntas. Rellena primero este formulario y luego da tu consejo con ～ほうがいい.

a.　よく運動しますか。	はい　　いいえ
b.　よく甘い物を食べますか。	はい　　いいえ
c.　よく野菜を食べますか。	はい　　いいえ
d.　朝ご飯を食べますか。	はい　　いいえ
e.　よくお酒を飲みますか。	はい　　いいえ
f.　たばこを吸いますか。	はい　　いいえ
g.　よく歩きますか。	はい　　いいえ
h.　何時間ぐらい寝ますか。	＿＿＿＿＿時間
i.　どんな料理をよく食べますか。	＿＿＿＿＿

第12課 ◀ 287

Ⅳ いい天気なので、散歩します ☛Gramática 4

A. Conecta las dos oraciones utilizando 〜ので. 🔊 K12-11

Ejemplo いい天気です／散歩します　→　いい天気なので、散歩します。

1. 安いです／買います
2. あの授業はおもしろくないです／サボりたいです
3. 今週は忙しかったです／疲れています
4. かぜでした／バイトを休みました
5. 彼女はいつも親切です／人気があります
6. 政治に興味がありません／新聞を読みません
7. 友だちと同じ授業を取っています／一緒に勉強します
8. のどがかわきました／ジュースが飲みたいです
9. 歩きすぎました／足が痛いです
10. ホテルの部屋は広かったです／よかったです

B. Haz frases según el ejemplo utilizando como razones las pistas que aparecen a continuación.

Ejemplo かぜをひきました　→　かぜをひいたので、授業を休みました。

1. お金がありません
2. おなかがすいています
3. 卵アレルギーです
4. 用事があります
5. 単語の意味がわかりません
6. 疲れました

会
L12

C. Completa los espacios en blanco con las palabras adecuadas.

1. ＿＿＿＿＿＿＿＿＿＿＿＿＿＿＿＿ので、人気があります。
2. ＿＿＿＿＿＿＿＿＿＿＿＿＿＿＿＿ので、かぜをひきました
3. ＿＿＿＿＿＿＿＿＿＿＿＿＿＿＿＿ので、別れました。
4. ＿＿＿＿＿＿＿＿＿＿＿＿＿＿＿＿ので、日本に住みたくないです。
5. ＿＿＿＿＿＿＿＿＿＿＿＿＿＿＿＿ので、遅刻しました
6. ＿＿＿＿＿＿＿＿＿＿＿＿＿＿＿＿ので、緊張しています。
7. ＿＿＿＿＿＿＿＿＿＿＿＿＿＿＿＿ので、＿＿＿＿＿＿＿＿＿＿。

288 ▶ 会話・文法編

Ⅴ 七時に起きなければいけません/起きなきゃいけません ☞Gramática 5

A. Mañana tienes un día muy ajetreado. Tienes que hacer lo siguiente. Haz oraciones según el ejemplo. 🔊 K12-12

Ejemplo 七時に起きる → 七時に起きなければいけません。

1. 八時にうちを出る
2. 九時に授業に出る
3. 一時に先生に会う
4. 二時から英語を教える
5. 午後、図書館に行って、本を借りる
6. 電気代を払いに行く
7. 夜、宿題をする
8. 晩ご飯の後、薬を飲む

B. Responde las siguientes preguntas.

1. 日本語の授業で何をしなければいけませんか。
2. かっこよくなりたいんです。何をしなければいけませんか。
3. 友だちが遊びに来ます。何をしなければいけませんか。
4. あしたは初めてのデートです。何をしなければいけませんか。
5. 子供の時、何をしなければいけませんでしたか。

C. Utilizando las pistas de A, dile a tu amigo lo que debes hacer mañana. 🔊 K12-13

Ejemplo 七時に起きる → 七時に起きなきゃいけない。

D. Trabajo en parejas: tu compañero te invita a hacer las siguientes cosas juntos en un momento determinado. Rechaza la invitación y explica por qué utilizando 〜なきゃいけない.

Ejemplo jugar al tenis

→ A：あしたの朝、一緒にテニスをしませんか。
　 B：すみません。あしたはうちにいなきゃいけないんです。

1. hacer las tareas / los deberes
2. almorzar
3. beber café
4. estudiar en la biblioteca
5. ir al karaoke
6. viajar

Ⅵ 日本は寒いでしょうか ☞Gramática 6

A. Estás en el despacho del consejero de estudios en el extranjero. Estás preocupado por tu próximo viaje a Japón. Haz al consejero las siguientes preguntas utilizando でしょうか。 🔊 K12-14

[Ejemplo] 日本は寒いですか。
→ 日本は寒いでしょうか。

1. 冬は雪が降りますか。
2. 授業はいつ始まりますか。
3. 先生は厳しいですか。
4. 日本語のクラスは大変ですか。
5. アニメ (anime) のサークルがありますか。
6. 部屋代はいくらですか。
7. ホストファミリーは英語を話しますか。
8. アルバイトをしてもいいですか。
9. 薬を持っていったほうがいいですか。

B. Trabajo en parejas: estás conversando con un casamentero, que te va a presentar una pareja. Usando でしょうか, pregunta tanto como puedas sobre esa persona, sobre su apariencia, edad, etc. Decide si quieres salir con esa persona.

[Ejemplo] A：その人の仕事は何でしょうか。
B：歌手です。でも、あまり有名じゃないと思います。
(más preguntas y respuestas)
⋮
A：そうですか！会いたいです。／うーん、ちょっと。

290 ▶ 会話・文法編

Ⅶ まとめの練習
（れんしゅう）

A. Utilizando el Diálogo Ⅰ como modelo, haz sketches en las siguientes situaciones.

—Tu amigo parece triste.

—Tu amigo parece feliz.

B. Trabajo en parejas: A y B están decidiendo cuándo pueden jugar al tenis juntos. Hagan el papel de A y B. Discutan sus horarios y encuentren el día en que ambos estén disponibles. Consulten la página siguiente para ver el horario de B.

Ejemplo

Ａ：来週の月曜日に一緒にテニスをしませんか。
　　（らいしゅう）（げつよう び）（いっしょ）

Ｂ：来週の月曜日はちょっと……。英語を教えなきゃ いけないんです。
　　（らいしゅう）（げつよう び）　　　　　（えい ご）（おし）
　　日曜日はどうですか。
　　（にちよう び）

Horario de A

21 Dom.	escribir un artículo
22 Lun.	
23 Mar.	leer libros
24 Mié.	
25 Jue.	
26 Vie.	reunirme con el profesor
27 Sáb.	

第12課 ◀ 291

C. Juego de roles: visita la consulta del médico
Utilizando el Diálogo Ⅱ como modelo, actúa en el papel de médico o paciente.
Médico: rellena el informe médico que aparece a continuación y aconseja al paciente.
Paciente: describe tus síntomas y responde a las preguntas del médico.

Nombre: _____   **Edad:** _____

Síntomas: ☐ Dolor de garganta   ☐ Tos

☐ Dolor de cabeza   ☐ Fiebre

☐ Dolor de estómago   ☐ Alergia

☐ Cualquier otro dolor   ☐ Otros

Trabajo en parejas Ⅶ B. (p. 290)

Ejemplo Ａ：来週の月曜日に一緒にテニスをしませんか。
　　　　　らいしゅう　げつようび　いっしょ
　　　　Ｂ：来週の月曜日はちょっと……。英語を教えなきゃいけないんです。
　　　　　らいしゅう　げつようび　　　　　　えいご　おし
　　　　　日曜日はどうですか。
　　　　　にちようび

Horario de B

21 Dom.	
22 Lun.	enseñar inglés
23 Mar.	
24 Mié.	ir al hospital
25 Jue.	
26 Vie.	
27 Sáb.	limpiar las habitaciones, lavar la ropa, etc.

会
L12

Notas culturales

日本の気候 El clima en Japón
にほん きこう

Japón tiene cuatro estaciones: primavera (de marzo a mayo), verano (de junio a agosto), otoño (de septiembre a noviembre) e invierno (de diciembre a febrero). Las estaciones del año en Japón pueden ser muy diferentes según el lugar al que se vaya.

(2018)

	Naha	Tokio	Sapporo
Floración de los cerezos	A mediados de enero	Finales de marzo	Principios de mayo
Comienza la temporada de lluvias	Principios de mayo	A mediados de junio	No hay temporada de lluvias
Primera nevada	No nieva	Enero	Octubre
Temperaturas de enero	Máx.: 19,6 Mín.: 15,0	Máx.: 9,4 Mín.: 0,6	Máx.: 0 Mín.: −5,5
Temperaturas de agosto	Máx.: 31,2 Mín.: 26,4	Máx.: 32,5 Mín.: 24,6	Máx.: 25,0 Mín.: 18,3
Precipitación anual	2469,5 mm	1445,5 mm	1282,0 mm

El invierno es soleado y seco en la costa del Pacífico, pero nublado y con nieve en la costa del Mar del Japón. La primavera es más bien corta porque las temperaturas diarias suben rápidamente y la estación se ve acortada por la llegada de la temporada de lluvias (梅雨), que dura aproximadamente un mes y medio. El verano en la mayor parte de Japón es caluroso y muy húmedo, y casi tropical en algunos lugares. Los tifones (台風) tocan tierra ocasionalmente en verano y a principios de otoño.
たいふう

La temperatura, incluida la temperatura corporal, se mide en grados Celsius. Aquí hay una escala de conversión para aquellos que estén más acostumbrados al sistema Fahrenheit.

Expresiones útiles

健康と病気
Salud y enfermedad

En la recepción de la clínica

Paciente: すみません。初めてなんですが。
Disculpe. Esta es mi primera visita.

Recepcionista: はい、保険証を見せてください。
De acuerdo. Por favor, muéstreme su tarjeta de seguro médico.

* * *

Paciente: これは何の薬ですか。
¿Qué tipo de medicamentos son estos?

Recepcionista: 痛み止めです。食後に飲んでください。
Son analgésicos. Por favor, tómese uno después de las comidas.

Paciente: わかりました。
Entendido.

Recepcionista: お大事に。
Cuídese.

Expresiones para enfermedades（病気）y lesiones（けが）

下痢です。	Tengo diarrea.
便秘です。	Estoy estreñido.
生理です。	Tengo la regla.
花粉症です。	Tengo alergia al polen.
（～に）アレルギーがあります。	Tengo alergia a …
虫歯があります。	Tengo caries.
くしゃみが出ます。	Estornudo.
鼻水が出ます。	Me gotea la nariz.
背中がかゆいです。	Me pica la espalda.
発疹があります。	Tengo sarpullidos.

めまいがします。———————————— Me siento mareado.
吐きました。———————————— He vomitado.
　は
気分が悪いです。———————————— No me siento bien.
き ぶん　わる
やけどをしました。———————————— Me quemé.
足を骨折しました。———————————— Me rompí la pierna.
あし　こっせつ
けがをしました。———————————— Me hice daño.

Vocabulario

● Consultorio médico

　内科———————— médico/ca
　ないか
　皮膚科———————— dermatólogo/ga
　ひ ふ か
　外科———————— cirujano/na
　げか
　産婦人科———————— obstetra y ginecólogo/ga
　さん ふ じん か
　整形外科———————— cirujano/na ortopédico/ca
　せいけいげ か
　眼科（目医者）—— oftalmólogo/ga
　がん か　め いしゃ
　歯科（歯医者）—— dentista
　し か　は いしゃ
　耳鼻科———————— otorrinolaringólogo/ga
　じ び か

● Varios

　抗生物質———————— antibiótico
　こうせいぶっしつ
　レントゲン———————— radiografía
　手術———————— operación; cirugía
　しゅじゅつ
　注射———————— inyección
　ちゅうしゃ
　体温計———————— termómetro
　たいおんけい
　点滴———————— alimentación intravenosa
　てんてき

読み書き編

よみかきへん

Lectura y escritura

第1課 ひらがな *Hiragana* —————————————— 296

第2課 カタカナ *Katakana* —————————————— 300

第3課 まいにちのせいかつ La vida cotidiana ———— 304

第4課 メアリーさんのしゅうまつ El fin de semana de Mary —— 308

第5課 りょこう Viaje ————————————————— 312

第6課 私のすきなレストラン Mi restaurante favorito ———— 318
わたし

第7課 メアリーさんのてがみ La carta de Mary ————— 324

第8課 日本の会社員 Los oficinistas japoneses ————— 329
にほん　かいしゃいん

第9課 ソラさんの日記 El diario de Sora ——————— 334
にっき

第10課 昔話「かさじぞう」El cuento popular *Kasajizo* —— 340
むかしばなし

第11課 友だち・メンバー募集 Buscar amigos/socios —— 346
とも　　　　　ぼしゅう

第12課 七夕 Festival de *Tanabata* —————————— 352
たなばた

296 ▶ 読み書き編

第1課
<small>だい いっ か</small>

ひらがな *Hiragana*

あ *a*	い *i*	う *u*	え *e*	お *o*
か *ka*	き *ki*	く *ku*	け *ke*	こ *ko*
さ *sa*	し *shi*	す *su*	せ *se*	そ *so*
た *ta*	ち *chi*	つ *tsu*	て *te*	と *to*
な *na*	に *ni*	ぬ *nu*	ね *ne*	の *no*
は *ha*	ひ *hi*	ふ *fu*	へ *he*	ほ *ho*
ま *ma*	み *mi*	む *mu*	め *me*	も *mo*
や *ya*		ゆ *yu*		よ *yo*
ら *ra*	り *ri*	る *ru*	れ *re*	ろ *ro*
わ *wa*				を *o*
ん *n*				

I Práctica de *Hiragana*

A. Elige el *hiragana* correcto. 🔊 Y01-1

1. *yo*   ま　よ
2. *ho*   は　ほ
3. *me*   ぬ　め
4. *su*   む　す
5. *ki*   さ　き
6. *chi* さ　ち
7. *ta*   た　に
8. *ro*   ろ　る
9. *e*   え　ん

B. Empareja las palabras. 🔊 Y01-2

Nombre de persona

1. たなか   ·   · Sakuma
2. やまもと ·   · Tanaka
3. さくま   ·   · Morikawa
4. たかはし ·   · Takahashi
5. もりかわ ·   · Yamamoto

Nombre de lugar

6. くまもと ·   · Morioka
7. おかやま ·   · Yokohama
8. もりおか ·   · Mito
9. よこはま ·   · Okayama
10. みと   ·   · Kumamoto

C. Escucha la grabación y añade al *hiragana* los signos diacríticos ゛ y ゜ donde sea necesario. 🔊 Y01-3

1. いちこ   *ichigo* (fresa)
2. たんこ   *dango* (bolitas de harina de arroz)
3. さふとん   *zabuton* (cojín)
4. かいこくしん   *gaikokujin* (extranjero)
5. たんほほ   *tanpopo* (diente de león)
6. かんへき   *ganpeki* (acantilado)

298 ▶読み書き編

D. Escucha la grabación y marca con un círculo la palabra *hiragana* correspondiente. 🔊 Y01-4

1. *shashin* (fotografía)　　（ しやしん ・ しゃしん ）

2. *dokusho* (lectura)　　（ どくしょ ・ どくしよ ）

3. *kyori* (distancia)　　（ きょり ・ きより ）

4. *hiyasu* (enfriar)　　（ ひゃす ・ ひやす ）

5. *chairo* (marrón)　　（ ちゃいろ ・ ちやいろ ）

6. *onna no hito* (mujer)　　（ おんなのひと ・ おっなのひと ）

7. *kitte* (sello postal)　　（ きて ・ きって ）

8. *motto* (más)　　（ もつと ・ もっと ）

E. Lee los siguientes pares de palabras, prestando atención a las vocales largas. 🔊 Y01-5

1. おばさん　― おばあさん
   (tía)　　　　(abuela)

2. おじいさん ― おじさん
   (abuelo)　　　(tío)

3. しゅじん　― しゅうじん
   (marido)　　　(prisionero)

4. おや　― おおや
   (padres)　　(propietario)

5. せいき ― せき
   (siglo)　　(asiento)

F. Poner el *hiragana* en el orden correcto para que tenga sentido.

Example だともち　→　と も だ ち

1. わんで ___ ___ ___

2. しわた ___ ___ ___

3. んほに ___ ___ ___

4. えなま ___ ___ ___

5. んせせい ___ ___ ___ ___

6. がだいく ___ ___ ___ ___

II Práctica de lectura

Lee las autopresentaciones de las siguientes personas y responde las preguntas. Consulta la lista de vocabulario de las pp. 38-40. 🔊 Y01-6

(1)
たなか まいです。
かいしゃいんです。

(2)
はらだ りょうです。
だいがくせいです。
せんこうは れきしです。

(3)
かとう ゆうとです。
だいがくいんせいです。
せんこうは けいざいです。

(4)
わたしの なまえは
きたの ひろみです。
こうこうの
さんねんせいです。

(5)
やまだ まことです。
だいがくせいです。
せんこうは にほんごです。

> Preguntas:
> 1. ¿Quién es oficinista?
> 2. ¿Quién se especializa en japonés?
> 3. ¿Quién es estudiante de secundaria superior?
> 4. ¿Cuál es la especialidad de Harada?

III Práctica de escritura

Lee la autopresentación de Aoi y escribe la tuya.

はじめまして、まえかわ あおいです。
にほんじんです。
だいがくの いちねんせいです。
せんこうは えいご*です。
よろしくおねがいします。

* えいご　inglés

第2課 カタカナ Katakana

LECCIÓN 2

ア a	イ i	ウ u	エ e	オ o
カ ka	キ ki	ク ku	ケ ke	コ ko
サ sa	シ shi	ス su	セ se	ソ so
タ ta	チ chi	ツ tsu	テ te	ト to
ナ na	ニ ni	ヌ nu	ネ ne	ノ no
ハ ha	ヒ hi	フ fu	ヘ he	ホ ho
マ ma	ミ mi	ム mu	メ me	モ mo
ヤ ya		ユ yu		ヨ yo
ラ ra	リ ri	ル ru	レ re	ロ ro
ワ wa				ヲ o
ン n				

I Práctica de Katakana

A. Elige el katakana correcto. 🔊 Y02-1

1. o   オ ア   4. shi シ ツ   7. ru レ ル
2. nu ヌ メ   5. ku   ワ ク   8. ho モ ホ
3. sa テ サ   6. ma   マ ム   9. yu エ ユ

B. Empareja las siguientes palabras e imágenes. 🔊 Y02-2

1. (　) オレンジジュース   7. (　) サンドイッチ
2. (　) フライドポテト   8. (　) ステーキ
3. (　) ケーキ   9. (　) カレー
4. (　) サラダ   10. (　) ピザ
5. (　) チョコレートパフェ   11. (　) トースト
6. (　) コーヒー   12. (　) アイスティー

C. Empareja cada país con su capital.

Países	Capitales
1. マレーシア	・オタワ
2. オランダ	・ワシントンＤＣ
3. アメリカ	・ニューデリー
4. エジプト	・アムステルダム
5. オーストラリア	・クアラルンプール
6. スウェーデン	・ブエノスアイレス
7. インド	・キャンベラ
8. アルゼンチン	・カイロ
9. カナダ	・ストックホルム

D. Pon el *katakana* en el orden correcto para que tenga sentido.

(Ejemplo) マホス → ス マ ホ

1. トノー ___ ___ ___
2. ンペ ___ ___
3. ニュメー ___ ___ ___ ___
4. ンジーズ ___ ___ ___ ___

Ⅱ Práctica de lectura

Mary escribió sobre cuatro de las cosas que aparecen a continuación. Identifica los objetos sobre los que escribió. 🔊 Y02-3

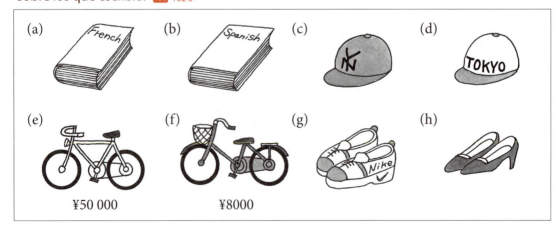

1. (　) これは わたしの ぼうしじゃないです。
   キャシーさんの ぼうしです。
   ニューヨークヤンキースの ぼうしです。

2. (　) これは わたしの じてんしゃです。
   オーストラリアの じてんしゃです。
   たかいです。

3. (　) これは ミシェルさんの ほんです。
   スペインごの ほんじゃないです。
   フランスごの ほんです。

4. (　) これは ジャクソンさんの くつです。
   イタリアの くつじゃないです。
   アメリカの くつです。

III Práctica de escritura

Haz tu propia etiqueta con tu nombre.[1]

(Ejemplo)

メアリー・ハート

メアリー・ハート

---

[1] **Tu nombre en japonés**
Los japoneses solo tienen un nombre y un apellido, que se coloca en primer lugar, como en:
　たなか たけし　[apellido — nombre]
Los nombres extranjeros se escriben normalmente en *katakana* y en su orden nativo. A menudo se utiliza un punto «・» o un espacio entre el nombre y el apellido.
　Mary Hart　→　メアリー・ハート　o　メアリー ハート　[nombre — apellido]
Los nombres de Asia Oriental, como los coreanos o chinos, pueden escribirse en kanji.
　Yao Ming　→　ヨウ メイ　or　姚 明　[apellido — nombre]
En el caso de los apellidos dobles, se suele utilizar «=» entre los dos nombres.
　John Smith-Jones　→　ジョン・スミス=ジョーンズ

304 ▶ 読み書き編

第3課 LECCIÓN 3
まいにちのせいかつ La vida cotidiana

001	一 (uno)	▶いち　いっ ▷ひと	一(いち) uno　一時(いちじ) la una 一年生(いちねんせい) estudiante de primer año 一分(いっぷん) un minuto　一つ(ひとつ) un; uno
			(1) 一
002	二 (dos)	▶に ▷ふた	二(に) dos　二時(にじ) las dos en punto 二年生(にねんせい) estudiante de segundo año 二つ(ふたつ) dos　二日間(ふつかかん) dos días
			(2) 一　二
003	三 (tres)	▶さん ▷みっ	三(さん) tres　三時(さんじ) las tres en punto 三年生(さんねんせい) estudiante de tercer año 三月(さんがつ) marzo　三つ(みっつ) tres
			(3) 一　二　三
004	四 (cuatro)	▶し ▷よん　よ 　よっ	四(よん) cuatro　四時(よじ) las cuatro en punto 四年生(よねんせい) estudiante de cuarto año 四月(しがつ) abril　四つ(よっつ) cuatro
			(5) 丨　冂　匹　四　四
005	五 (cinco)	▶ご ▷いつ	五(ご) cinco　五時(ごじ) las cinco en punto 五月(ごがつ) mayo　五歳(ごさい) cinco años 五つ(いつつ) cinco
			(4) 一　丆　五　五
006	六 (seis)	▶ろく　ろっ ▷むっ	六(ろく) seis　六時(ろくじ) las seis 六百(ろっぴゃく) seiscientos 六分(ろっぷん) seis minutos　六つ(むっつ) seis
			(4) 丶　亠　宀　六
007	七 (siete)	▶しち ▷なな	七(しち／なな) siete　七時(しちじ) las siete en punto 七月(しちがつ) julio　七つ(ななつ) siete 七人(ななにん／しちにん) siete personas
			(2) 一　七
008	八 (ocho)	▶はち　はっ ▷やっ	八(はち) ocho　八時(はちじ) las ocho en punto 八百(はっぴゃく) ochocientos 八歳(はっさい) ocho años　八つ(やっつ) ocho
			(2) ノ　八

第3課 ◂ 305

読 L3

	九	▶きゅう　く ▷ここの (nueve)	九(きゅう) nueve　　九時(くじ) las nueve en punto 九月(くがつ) septiembre　　九歳(きゅうさい) nueve años 九つ(ここのつ) nueve
009			(2) ノ　九
010	十	▶じゅう 　じゅっ　じっ ▷とお (diez)	十(じゅう) diez　　十時(じゅうじ) las diez en punto 十月(じゅうがつ) octubre 十歳(じゅっさい／じっさい) diez años　　十(とお) diez
			(2) 一　十
011	百	▶ひゃく 　びゃく 　ぴゃく (cien)	百(ひゃく) cien　　三百(さんびゃく) trescientos 六百(ろっぴゃく) seiscientos　　八百(はっぴゃく) ochocientos
			(6) 一　アｰ　ア　万　百　百
012	千	▶せん　ぜん (mil)	千(せん) mil　　三千(さんぜん) tres mil 八千(はっせん) ocho mil 千円(せんえん) mil yenes
			(3) ノ　二　千
013	万	▶まん diez mil)	一万(いちまん) diez mil 十万(じゅうまん) cien mil 百万(ひゃくまん) un millón
			(3) 一　フ　万
014	円	▶えん ▷まる (yen; círculo)	百円(ひゃくえん) cien yenes 円(えん) círculo　　円高(えんだか) yen fuerte 円い(まるい) redondo
			(4) ｜　冂　冂　円
015	時	▶じ ▷とき (tiempo)	一時(いちじ) a la una　　時間(じかん) tiempo; ... horas 子どもの時(こどものとき) cuando era uno pequeño 時々(ときどき) a veces　　時計(とけい) reloj
			(10) ｜　冂　月　日　旷　旪　旪　旹　時　時

(▶ indica el *on-yomi* [pronunciación tomada originalmente del chino] y
▷ indica el *kun-yomi* [lectura nativa del japonés]).

I 漢字の練習 (Práctica de kanji)

A. Lee el precio de los siguientes artículos en kanji y escríbelo en números.

Ejemplo チョコレート   (1) ハンカチ   (2) せんす

百五十円   六百五十円   千八百円
(￥150)   (￥   )   (￥   )

(3) きもの   (4) テレビ   (5) いえ

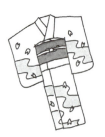      

七十一万四千円   十二万三千円   三千九百万円
(￥   )   (￥   )   (￥   )

B. Escribe los siguientes precios en kanji.

Ejemplo ￥5420 → _五千四百二十円_

1. ￥30   _____   6. ￥12 500   _____

2. ￥140   _____   7. ￥168 000   _____

3. ￥251   _____   8. ￥3 200 000 _____

4. ￥6070   _____   9. ￥57 000 000 _____

5. ￥8190   _____

II まいにちのせいかつ

Un estudiante escribe sobre su rutina diaria. Lee el pasaje para averiguar su horario y rellena los siguientes espacios en blanco. 🔊 Y03

読
L3

> わたしはまいにち七時におきます。うちであさごはんをた
> べます。八時にだいがくへいきます。九時ににほんごをべん
> きょうします。十二時半にだいがくでひるごはんをたべます。
> ときどきコーヒーをのみます。四時にとしょかんでほんをよ
> みます。六時ごろうちへかえります。十時にテレビをみます。
> 十二時ごろねます。

7:00　_____

(　　　)　ir a la universidad

9:00　_____

(　　　)　almorzar

4:00　_____

6:00　_____

(　　　)　ver la televisión

(　　　)　_____

III 書く練習 (Práctica de escritura)

Escribe sobre tu rutina diaria. Utiliza el pasaje anterior como modelo.

308 ▶読み書き編

第4課　メアリーさんのしゅうまつ　El fin de semana de Mary

LECCIÓN 4

016	日 (día; sol)	▶に　にち 　にっ ▷び　ひ　か	日本 (にほん) Japón　日曜日 (にちようび) domingo 毎日 (まいにち) todos los días　母の日 (ははのひ) Día de la Madre　日記 (にっき) diario (de vida)　三日 (みっか) tres días
			(4) 丨　冂　日　日
017	本 (libro; base)	▶ほん ▷もと	本 (ほん) libro　日本 (にほん) Japón 日本語 (にほんご) idioma japonés 山本さん (やまもとさん) Sr./Sra. Yamamoto
			(5) 一　十　才　木　本
018	人 (persona)	▶じん　にん ▷ひと	日本人 (にほんじん) los japoneses 一人で (ひとりで) solo　この人 (このひと) esta persona 三人 (さんにん) tres personas
			(2) ノ　人
019	月 (luna; mes)	▶げつ　がつ ▷つき	月曜日 (げつようび) lunes　一月 (いちがつ) enero 月 (つき) luna　今月 (こんげつ) este mes 一か月 (いっかげつ) un mes
			(4) 丿　刀　月　月
020	火 (fuego)	▶か ▷ひ　び	火曜日 (かようび) martes 火 (ひ) fuego　火山 (かざん) volcán 花火 (はなび) fuegos artificiales　火星 (かせい) Marte
			(4) 丶　丷　少　火
021	水 (agua)	▶すい ▷みず	水曜日 (すいようび) miércoles　水 (みず) agua 水泳 (すいえい) natación　水道 (すいどう) suministro de agua 水着 (みずぎ) bañador
			(4) 亅　刁　オ　水
022	木 (árbol)	▶もく ▷き	木曜日 (もくようび) jueves 木 (き) árbol　木村さん (きむらさん) Sr./Sra. Kimura
			(4) 一　十　才　木
023	金 (oro; dinero)	▶きん ▷かね	金曜日 (きんようび) viernes お金 (おかね) dinero　料金 (りょうきん) tarifa お金持ち (おかねもち) persona rica; millonaria
			(8) ノ　人　스　全　全　金　金

024	土 (suelo)	▶ど　と ▷つち	土曜日（どようび）sábado 土（つち）suelo　土地（とち）tierra　粘土（ねんど）arcilla
			(3) 一　十　土
025	曜 (entre semana)	▶よう	日曜日（にちようび）domingo 曜日（ようび）día de la semana
			(18) 𠆢 𠆢 日 日 日 日 日 日 日 日 日 日 日 日 日 日 曜 曜
026	上 (arriba)	▶じょう ▷うえ　のぼ	上（うえ）arriba; encima 上手な（じょうずな）bueno para　屋上（おくじょう）tejado 上る（のぼる）subir
			(3) 丨　上　上
027	下 (abajo)	▶か ▷した　くだ	下（した）debajo 地下鉄（ちかてつ）metro　下手な（へたな）malo para 下さい（ください）Por favor dame/haga ...
			(3) 一　丁　下
028	中 (centro)	▶ちゅう 　じゅう ▷なか	中（なか）dentro de 中国（ちゅうごく）China　中学（ちゅうがく）escuela secundaria 一年中（いちねんじゅう）todo el año
			(4) 丨　口　口　中
029	半 (mitad)	▶はん	三時半（さんじはん）las tres y media 半分（はんぶん）y media　半年（はんとし）medio año 半額（はんがく）a mitad de precio
			(5) 丶　丷　丷　半　半

(▶ indica el *on-yomi* y ▷ indica el *kun-yomi*).

I 漢字の練習 (Práctica de kanji)

A. Empareja los kanji con sus equivalentes en español.

1. 水曜日 ・　　　・ domingo
2. 金曜日 ・　　　・ lunes
3. 日曜日 ・　　　・ martes
4. 月曜日 ・　　　・ miércoles
5. 土曜日 ・　　　・ jueves
6. 木曜日 ・　　　・ viernes
7. 火曜日 ・　　　・ sábado

B. Observa la imagen y elige el kanji apropiado para los espacios en blanco.

上　下　中

1. レストランはビルの＿＿＿＿です。
   (edificio)
2. 日本語学校はレストランの＿＿＿＿です。
3. スーパーはレストランの＿＿＿＿です。

II おかあさんへのメモ

メアリーさんはおかあさんにメモをかきました。
Lee la nota y responde las preguntas.

1. メアリーさんはきょうなにをしますか。
2. うちでばんごはんをたべますか。
3. 何時ごろかえりますか。

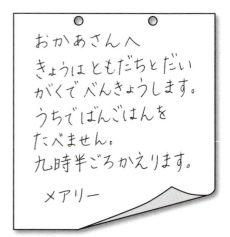

第4課 ◀ 311

Ⅲ メアリーさんのしゅうまつ

Lee el siguiente pasaje sobre el fin de semana de Mary. 🔊 Y04

読
L4

1 　　金曜日に日本人のともだちとこうえんにいきました。こうえんでともだちとはなしました。それから、レストランへいきました。たくさんたべました。

　　土曜日は一人でおてらへいきました。たくさんみせがありま
5 した。みせでおまんじゅうをかいました。

　　日曜日はおそくおきました。おかあさんもおそくおきました。わたしはあさ、ざっしをよみました。それから、おかあさんとひるごはんをたべました。ごごは日本語をべんきょうしました。
9 レポートもかきました。

みせ　　　tienda; almacén
おまんじゅう　manju (bollo dulce)
おそく　　(hacer algo) tarde

Responde las siguientes actividades en el orden en que Mary las realizó.

(　　) → (　　) → (　　) → (　　) → (　　)

(a) estudió japonés	(b) fue a un restaurante	(c) fue a un parque
(d) compró manju	(e) leyó una revista	

Ⅳ 書く練習 (Práctica de escritura)

A. Vas a salir. Escribe una nota a alguien de tu casa diciendo cuándo vas a volver y si vas a cenar en casa.

B. Escribe sobre tu fin de semana. Utiliza el pasaje anterior como modelo.

312 ▶読み書き編

第5課
りょこう Viaje

LECCIÓN 5

030	山	▶さん ▷やま (montaña)	山(やま) montaña 山川さん(やまかわさん) Sr./Sra. Yamakawa 富士山(ふじさん) monte Fuji
			(3) 丨 山 山
031	川	▷かわ　がわ (río)	川(かわ) río　山川さん(やまかわさん) Sr./Sra. Yamakawa 小川さん(おがわさん) Sr./Sra. Ogawa
			(3) ノ 川 川
032	元	▶げん　がん ▷もと (origen)	元気な(げんきな) bien 元日(がんじつ) el primer día del año　地元(じもと) local
			(4) 一 二 テ 元
033	気	▶き (espíritu)	元気な(げんきな) bien　天気(てんき) tiempo (atmosférico) 電気(でんき) electricidad; luz　気持ち(きもち) sentimiento 人気(にんき) popularidad
			(6) ノ ヽ 气 気 気 気
034	天	▶てん (cielo)	天気(てんき) tiempo (atmosférico) 天国(てんごく) cielo　天皇(てんのう) emperador de Japón 天才(てんさい) genio
			(4) 一 二 チ 天
035	私	▶し ▷わたし (yo; privado)	私(わたし) yo 私立大学(しりつだいがく) universidad privada
			(7) ノ 二 千 千 禾 私 私
036	今	▶こん ▷いま (ahora)	今(いま) ahora　今日(きょう) hoy 今晩(こんばん) esta noche　今月(こんげつ) este mes 今年(ことし) este año
			(4) ノ 人 今 今
037	田	▷た　だ (arrozal)	田中さん(たなかさん) Sr./Sra. Tanaka 山田さん(やまださん) Sr./Sra. Yamada 田んぼ(たんぼ) arrozal
			(5) 丨 冂 m 田 田

038	女 (mujer)	▶じょ ▷おんな	女の人(おんなのひと) mujer 女性(じょせい) mujer　女の子(おんなのこ) chica 長女(ちょうじょ) la hija mayor
			(3) く 女 女
039	男 (hombre)	▶だん ▷おとこ	男の人(おとこのひと) hombre 男性(だんせい) hombre　男の子(おとこのこ) chico 男子学生(だんしがくせい) estudiante masculino
			(7) ノ 冂 冂 田 田 甲 男
040	見 (ver)	▶けん ▷み	見る(みる) ver 見物(けんぶつ) turismo　花見(はなみ) contemplación de las flores　意見(いけん) opinión
			(7) ノ 冂 日 月 目 貝 見
041	行 (ir)	▶こう　ぎょう ▷い	行く(いく) ir 銀行(ぎんこう) banco　一行目(いちぎょうめ) primera línea o fila　旅行(りょこう) viaje
			(6) ノ ク イ 彳 行 行
042	食 (comer)	▶しょく ▷た	食べる(たべる) comer 食べ物(たべもの) comida　食堂(しょくどう) cafetería 食事(しょくじ) comida　朝食(ちょうしょく) desayuno
			(9) ノ 人 个 今 今 今 食 食 食
043	飲 beber	▶いん ▷の	飲む(のむ) beber 飲み物(のみもの) bebida 飲酒運転(いんしゅうんてん) conducción en estado de ebriedad
			(12) ノ 人 个 今 今 今 食 食 飠 飲 飲 飲

(▶ indica el *on-yomi* y ▷ indica el *kun-yomi*).

I 漢字の練習 (Práctica de kanji)

A. Utiliza cada una de las partes siguientes para escribir un kanji que lo incorpore.

Ejemplo 目 → 見

1. 良
2. 欠
3. ム
4. 二
5. 力
6. 气
7. 入
8. 良
9. メ
10. 田

B. Empareja las siguientes oraciones con las imágenes.

1. (　) えいがを見ます。
2. (　) コーヒーを飲みます。
3. (　) ハンバーガーを食べます。
4. (　) 男の人と女の人がいます。
5. (　) 山と川があります。
6. (　) 今日はいい天気です。
7. (　) 銀行に行きます。
　　　　　ぎんこう

C. Relaciona el kanji con su lectura.

1. (　) 一日
2. (　) 二日
3. (　) 三日
4. (　) 四日
5. (　) 五日
6. (　) 六日
7. (　) 七日
8. (　) 八日
9. (　) 九日
10. (　) 十日
11. (　) 二十日

(a) いつか　(b) ここのか　(c) ついたち　(d) とおか　(e) なのか　(f) はつか
(g) ふつか　(h) みっか　(i) むいか　(j) ようか　(k) よっか

II たのしいりょこう

A. Empareja las siguientes palabras en katakana con sus equivalentes en español.

1. コーヒー・   ・pastel
2. コンサート・   ・café
3. ウィーン・   ・cafetería
4. カフェ・   ・música clásica
5. クラシック・   ・concierto
6. ケーキ・   ・Viena

B. Lee el siguiente post de Moe. Marca con ○ las cosas que hizo o hace y con × las cosas que no hizo ni hace en Viena. Y05-1

 山田もえ
1月6日 17:35 ・

1　今、ウィーンにいます。
　　ここはちょっとさむいです。
　　ウィーンはとてもきれいなまちです。

　　きのうはおしろを見ました。
5　ふるかったですが、とてもきれいでした。
　　たくさんしゃしんをとりました。

　　よるはクラシックのコンサートに行きました。よかったです。

　　ウィーンにはカフェがたくさんあります。
10　まいにちカフェでコーヒーを飲みます。
　　ケーキも食べます。すごくおいしいです。

👍❤ 田中 ようこさん、他15人　　コメント2件
👍 いいね！　💬 コメントする　↪ シェア

1. (　) ver un viejo castillo
2. (　) ir a ver un ballet
3. (　) tomar fotos
4. (　) beber cerveza en una cafetería
5. (　) disfrutar de los dulces
6. (　) comer en McDonald's

おしろ　castillo
〜が　　..., pero
よる　　noche

C. Robert escribió una postal a su antigua madre anfitriona. Lee la siguiente postal y responde las siguientes preguntas en japonés. 🔊 Y05-2

1. ロバートさんは今どこにいますか。
2. どんな天気ですか。
3. きのうは なにをしましたか。
4. 今日は なにをしましたか。だれとしましたか。

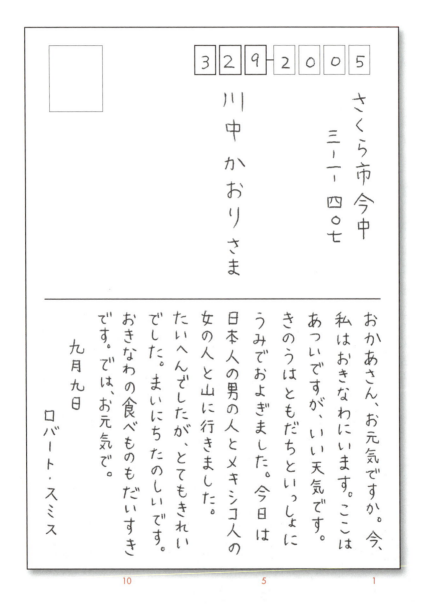

〜さま　Sr./Sra. (utilizado en cartas)　　男の人　hombre
メキシコ　México　　女の人　mujer　　山　montaña
たいへん（な）　duro　　では、お元気で　Cuídese.

第5課 ◀ 317

Ⅲ 書く練習 (Práctica de escritura)
かく れんしゅう

Las siguientes son las direcciones de tus amigos japoneses en tu libreta de bolsillo. Cópialas en las postales y escribe sobre tus vacaciones.

名　前 な　まえ	住　　　所 じゅう　　しょ
今中なみ いまなか	〒753-0041　山口県山口市東山 36-8 　　　　　　やまぐちけんやまぐち し ひがしやま
上田元気 うえ だ げん き	〒112-0002　東京都文京区小石川 7-7 　　　　　　とうきょう と ぶんきょう く こ いしかわ

読
L5

Las direcciones japonesas

Las direcciones japonesas comienzan con el código postal, seguido de la prefectura, la ciudad y el distrito, de la siguiente manera:

(1) 〒 (2) 753 - 0041
(3) 山口県 (4) 山口市 (5) 東山 (6) 36 - 8
　　やまぐちけん　　やまぐち し　ひがしやま
(7) 今中なみ (8) 様
　　いまなか　　さま

(1) símbolo postal　　(4) ciudad, pueblo, etc.　　(7) nombre
(2) código postal　　(5) distrito　　(8) «Sr./Sra.»
(3) prefectura　　(6) número de bloque y número de casa

Obsérvese que, como todos los textos japoneses, las direcciones pueden escribirse tanto en vertical como en horizontal.

318 ▶ 読み書き編

第6課　LECCIÓN 6
私のすきなレストラン Mi restaurante favorito

044	東 (este)	▶とう ▷ひがし	東(ひがし) este　　東口(ひがしぐち) salida este 東京(とうきょう) Tokio　　関東(かんとう) zona de Kanto 東洋(とうよう) Oriente (8) 一 厂 厂 戸 百 亘 車 東 東
045	西 (oeste)	▶せい　さい ▷にし	西(にし) oeste　　西口(にしぐち) salida oeste 北西(ほくせい) noroeste　　関西(かんさい) zona de Kansai 西洋(せいよう) Occidente (6) 一 厂 冂 丙 西 西
046	南 (sur)	▶なん ▷みなみ	南(みなみ) sur　　南口(みなみぐち) salida sur 南東(なんとう) sureste　　南極(なんきょく) Antártida 東南アジア(とうなんアジア) Sudeste Asiático (9) 一 十 广 六 内 内 南 南 南
047	北 (norte)	▶ほく　ほっ ▷きた	北(きた) norte　　北口(きたぐち) salida norte 東北(とうほく) zona de Tohoku　　北極(ほっきょく) Polo Norte 北海道(ほっかいどう) Hokkaido (5) ー ｜ ‡ 北 北
048	口 (boca)	▶こう ▷ぐち　くち	北口(きたぐち) salida norte 口(くち) boca　　人口(じんこう) población 入リ口／入口(いりぐち) entrada (3) ｜ 口 口
049	出 (salir)	▶しゅっ 　しゅつ ▷で　だ	出る(でる) salir　　出口(でぐち) salida　　出かける(でかける) salir (a comer; al cine)　　出す(だす) sacar algo 出席(しゅっせき) asistencia　　輸出(ゆしゅつ) exportar (5) ｜ 屮 中 出 出
050	右 (derecha)	▶う　ゆう ▷みぎ	右(みぎ) derecha　　右折(うせつ) giro a la derecha 左右(さゆう) derecha e izquierda　　右手(みぎて) mano derecha 右側(みぎがわ) lado derecho (5) ノ ナ オ 右 右
051	左 (izquierda)	▶さ ▷ひだり	左(ひだり) izquierda　　左折(させつ) giro a la izquierda 左手(ひだりて) mano izquierda 左利き(ひだりきき) zurdo/da (5) 一 ナ 左 左 左

第6課 ◀ 319

052	**分** (minuto; dividir)	▶ぶん ぷん ぶん ▷わ	五分(ごふん) cinco minutos 十分(じゅっぷん／じっぷん) diez minutos 自分(じぶん) uno mismo　分ける(わける) dividir
			(4) ノ 八 分 分
053	**先** (adelante)	▶せん ▷さき	先生(せんせい) profesor/ra　先週(せんしゅう) la semana pasada 先に(さきに) adelante　先月(せんげつ) el mes pasado 先輩(せんぱい) senpai (miembro veterano)
			(6) ノ ⺧ ⺧ 生 牛 先
054	**生** (nacimiento)	▶せい しょう ▷う	学生(がくせい) estudiante　先生(せんせい) profesor/ra 生まれる(うまれる) nacer 一生に一度(いっしょうにいちど) una vez en la vida
			(5) ノ ⺧ 牛 牛 生
055	**大** (grande)	▶だい たい ▷おお	大学生(だいがくせい) estudiante universitario 大きい(おおきい) grande　大変な(たいへんな) duro 大人(おとな) adulto/ta　大使館(たいしかん) embajada
			(3) 一 ナ 大
056	**学** (aprendizaje)	▶がく がっ ▷まな	大学(だいがく) universidad　学生(がくせい) estudiante 学校(がっこう) escuela　学ぶ(まなぶ) estudiar 学部(がくぶ) departamento; facultad
			(8) ` ⺍ ⺍ ⺍ ⺍ 学 学 学
057	**外** (afuera)	▶がい ▷そと	外国(がいこく) país extranjero 外国人(がいこくじん) extranjero/ra 外(そと) afuera　海外(かいがい) el extranjero
			(5) ノ ク タ 列 外
058	**国** (país)	▶こく ごく こっ ▷くに	外国(がいこく) país extranjero　中国(ちゅうごく) China 国(くに) país　韓国(かんこく) Corea del Sur 国会(こっかい) la Dieta (el parlamento japonés)
			(8) 丨 冂 冂 冂 囝 国 国 国

(▶ indica el *on-yomi* y ▷ indica el *kun-yomi*).

I 漢字の練習 (Práctica de kanji)

A. Combina los siguientes kanji para formar palabras compuestas. Puedes utilizar el mismo kanji más de una vez.

Ejemplo 外 + 国 → 外国

| 気 | 生 | 外 | 先 | 学 | 天 | 日 | 国 | 今 | 大 |

B. Indica en el mapa dónde se encuentra cada lugar.

1. (　　) レストラン・アルデンテ：えきの中にあります。南口の近くです。
2. (　　) ロイヤルホテル：えきの東口を出て、まっすぐ五分ぐらいです。
3. (　　) 山下先生のうち：北口を出て、右へ十分ぐらいです。
4. (　　) こうえん：西口をまっすぐ十五分ぐらい行ってください。
5. (　　) 大学：北口を出て、左へ十分ぐらい行ってください。

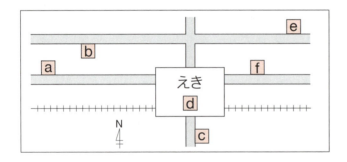

えき　　　estación
出る　　　salir
まっすぐ　recto

II でんごんばん (Tablón de anuncios)

Observa el tablón de anuncios de la página siguiente y responde las preguntas.

1. Si quieres comprar una bicicleta, ¿con quién vas a contactar?
2. ¿Dónde se celebrará la fiesta? ¿Vas a traer algo?
3. ¿Cómo se llega a la sala de conciertos?
4. ¿Qué se puede hacer en las vacaciones de invierno (de diciembre a enero)?

ホームステイ プログラム

東北のまちでホームステイをしませんか。
十二月二十八日(日)〜一月三日(土)
きれいな山と川の近くです。

えいごをおしえてください。
日本人の大学生です。
misakit@genkinihongo.com
みさき

セール!!
じてんしゃ
￥8,000

あたらしいです。
でんわしてください。
(よる7時〜11時)
山田　597-1651

ハロウィーン パーティー

ところ：山下先生のうち
じかん：6時〜
ともだちをつれてきてもいいですよ！
飲みものをもってきてください。

イタリアンレストラン マンジャーレ

ランチ 1,200円
Aセット（サラダ・コーヒー）
Bセット（パン・コーヒー）

ギターコンサート

11月12日(金)
6：30〜

西コンサートホール
(西駅3出口を出て左へ3分)

Ⅲ 私のすきなレストラン

Naomi escribe sobre su restaurante favorito. Lee el pasaje y responde las preguntas. Y06

私のすきなレストラン

私のすきなレストランは、イタリアりょうりのマンジャーレです。えきの南口を出て、右へ五分ぐらいです。ちいさいレストランです。シェフはイタリア人のアントニオさんです。アントニオさんはとてもおもしろい人です。アントニオさんのりょうりはとてもおいしいです。私はよくマンジャーレに行きます。マンジャーレでワインを飲んで、ピザを食べます。アイスクリームもおいしいです。ここでいつもたくさん食べます。りょうりはやすいですから。外国人もたくさんきます。みなさんもきてください。

イタリア	Italia	ピザ	pizza
りょうり	cocina (método); comida	いつも	siempre
シェフ	chef	みなさん	todos; todos ustedes
ワイン	vino		

A. ¿Dónde está el restaurante?

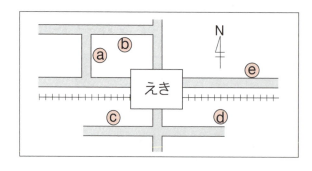

B. Encierra en un círculo la comida o la bebida que el autor toma en el restaurante.

ピザ	パスタ	アイスクリーム
ワイン	ビール	ステーキ

C. Elige la respuesta correcta.

1. マンジャーレは $\left\{ \begin{array}{c} 大きい \\ ちいさい \end{array} \right\}$ レストランです。

2. マンジャーレは $\left\{ \begin{array}{c} たかい \\ やすい \end{array} \right\}$ です。

3. アントニオさんは $\left\{ \begin{array}{c} おもしろい \\ つまらない \end{array} \right\}$ 人です。

4. マンジャーレに外国人が $\left\{ \begin{array}{c} きます。 \\ きません。 \end{array} \right\}$

読
L6

Ⅳ 書く練習 (Práctica de escritura)

A. Estás organizando una fiesta. Escribe un folleto sobre la fiesta. Asegúrate de incluir: qué tipo de fiesta es, a qué hora empieza, dónde se celebra, qué llevar, cómo llegar, etc.

B. Escribe sobre tu restaurante favorito. Puedes incluir lo siguiente.

(1) nombre del restaurante

(2) cómo llegar

(3) descripción del restaurante, como quienes trabajan allí y cómo es el lugar

(4) lo que recomiendas (lo que es bueno)

第7課 LECCIÓN 7

メアリーさんのてがみ La carta de Mary

	漢字	読み	用例
059	京 (capital)	▶きょう	東京(とうきょう)Tokio　京子(きょうこ)Kyoko 京都(きょうと)Kioto 上京する(じょうきょうする)ir a la capital (8) ` 一 亠 古 古 亨 京 京
060	子 (niño/ña)	▶し ▷こ	子ども(こども)niño/ña　京子(きょうこ)Kyoko 女の子(おんなのこ)chica　男の子(おとこのこ)chico 女子学生(じょしがくせい)estudiante femenina (3) ⁊ 了 子
061	小 (pequeño)	▶しょう ▷ちい	小さい(ちいさい)pequeño 小学校(しょうがっこう)escuela primaria 小学生(しょうがくせい)alumno de primaria (3) 亅 小 小
062	会 (reunirse)	▶かい ▷あ	会う(あう)reunirse　会社(かいしゃ)empresa 会社員(かいしゃいん)oficinista 会議(かいぎ)reunión　教会(きょうかい)iglesia (6) ノ 人 个 会 会 会
063	社 (empresa)	▶しゃ じゃ	会社(かいしゃ)empresa 神社(じんじゃ)santuario　社会(しゃかい)sociedad 入社(にゅうしゃ)ingreso a una empresa (7) ` ⼀ ネ ネ ネ 社 社
064	父 (padre)	▶ふ ▷ちち とう	父(ちち)padre　お父さん(おとうさん)padre 父母(ふぼ)padre y madre　祖父(そふ)abuelo (4) ノ ハ グ 父
065	母 (madre)	▶ぼ ▷はは かあ	母(はは)madre　お母さん(おかあさん)madre 母語(ぼご)lengua materna　祖母(そぼ)abuela (5) ⼃ 乛 乜 母 母
066	高 (alto)	▶こう ▷たか	高い(たかい)caro; alto　高校(こうこう)escuela secundaria superior 高校生(こうこうせい)estudiante de secundaria superior 最高(さいこう)lo mejor (10) ` 一 亠 古 古 声 高 高 高 高

067	校 (escuela)	▶こう	学校(がっこう) escuela 高校(こうこう) escuela secundaria superior 高校生(こうこうせい) estudiante de secundaria superior 中学校(ちゅうがっこう) escuela secundaria
			(10) 一 十 才 木 木' 松 杧 柼 校 校
068	毎 (todos)	▶まい	毎日(まいにち) todos los días 毎週(まいしゅう) todas las semanas 毎晩(まいばん) todas las noches 毎年(まいねん／まいとし) todos los años
			(6) ノ ノ ⺧ 乞 勺 毎 毎
069	語 (palabra)	▶ご	日本語(にほんご) idioma japonés 英語(えいご) idioma inglés 敬語(けいご) expresiones honoríficas
			(14) ` 一 ㇒ ㇒ ㇒ 言 言 訂 訂 訊 語 語 語 語
070	文 (oración)	▶ぶん	文学(ぶんがく) literatura 作文(さくぶん) composición 文字(もじ) letra; carácter 文化(ぶんか) cultura 文法(ぶんぽう) gramática
			(4) ㇒ 一 ナ 文
071	帰 (volver)	▶き ▷かえ	帰る(かえる) volver 帰国(きこく) volver al país de uno 帰宅(きたく) volver a casa 帰り(かえり) vuelta
			(10) ⼁ ⼌ 丿 丿 丿 丿 丿 帰 帰 帰
072	入 (entrar)	▶にゅう ▷はい い いり	入る(はいる) entrar 入り口／入口(いりぐち) entrada 入れる(いれる) poner algo en; meter 輸入(ゆにゅう) importar
			(2) ノ 入

(▶ indica el *on-yomi* y ▷ indica el *kun-yomi*).

326 ▶読み書き編

Ⅰ 漢字の練習
かんじ　れんしゅう

A. Rellena los espacios en blanco con el kanji apropiado.

1. 日本＿＿＿＿学　　高＿＿＿＿三年生　　　＿＿＿＿と母
ねん

父　文　校

2. ＿＿＿＿＿日、＿＿＿＿＿は六時におきます。

母　毎

3. その＿＿＿＿は日本の大学に＿＿＿＿りました。

人　入

4. 東＿＿＿＿に行きました。食べものは＿＿＿＿かったです。

京　高

B. ¿Qué nuevos kanji de esta lección incluyen los siguientes *katakana*?

Ejemplo　エ ➡ 左

1. ヨ ➡

3. ム ➡

2. ネ ➡

4. ロ ➡

C. Sopa de letras: encuentra siete kanji compuestos de esta lección y seis compuestos de repaso.

Ejemplo　先生

帰	父	文	学	山	西
行	食	高	校	女	田
東	会	出	口	毎	日
京	社	母	天	時	本
右	中	元	気	先	語
外	国	人	左	生	男

Ⅱ　メアリーさんのてがみ

Mary escribió una carta al profesor Nishikawa, su profesor de japonés en su país. 🔊 Y07

西川 京子先生へ

西川先生、お元気ですか。アリゾナはあついですか。日本はすこしさむいです。今、私は日本のかぞくと大学のちかくにすんでいます。ここは小さくて、しずかなまちです。私のかぞくは四人です。みんなとてもしんせつで、たのしいです。お父さんはコンピューターの会社ではたらいています。いそがしくて、毎日おそく帰ります。お母さんはとてもおもしろい人です。いっしょによくはなします。いもうとは高校生です。らいねん大学ですから、よくべんきょうします。毎日学校から帰って、すぐじゅくへ行きます。日本の高校生はたいへんですね。

おにいさんは東京の大学に行っていますから、あまり会いません。私は今、日本語と日本文学のクラスをとっています。テニスサークルにも入っています。とてもおもしろいです。西川先生はいつ日本に帰りますか。日本で会いましょう。たのしみにしています。からだに気をつけてください。

十一月三日

メアリー・ハート

すこし　　un poco
みんな　　todos
〜から　　desde ...
じゅく　　escuela intensiva
文学　　　literatura
とる　　　tomar (una clase)
(〜を)たのしみにする
　　　　　esperar (a)
からだに気をつける
　　　　　cuidarse a sí mismo

Resume lo que Mary escribió sobre los siguientes temas en japonés.

1. Japón: _____

2. Su ciudad: _____

3. Padre: _____

4. Madre: _____

5. Hermana: _____

6. Hermano: _____

7. La escuela: _____

A. Escribe sobre los siguientes temas.

1. 日本は／私の国は_____
   _____

2. 私のまちは_____
   _____

3. かぞくは_____
   _____

4. ともだちは_____
   _____

B. Escribe una carta a un amigo o profesor japonés. Describe tu ciudad, tu escuela, tu familia, tus amigos, etc.

第8課 ◀ 329

第8課　LECCIÓN 8

日本の会社員 Los oficinistas japoneses
いん

073 **員** (miembro)	▶いん	会社員 (かいしゃいん) oficinista 店員 (てんいん) empleado de la tienda　会員 (かいいん) miembro　駅員 (えきいん) empleado de la estación	
		(10) 丶 丷 口 口 尸 尸 胃 胃 冒 員 員	
074 **新** (nuevo)	▶しん ▷あたら	新しい (あたらしい) nuevo　新聞 (しんぶん) periódico 新幹線 (しんかんせん) tren bala 新鮮な (しんせんな) fresco	
		(13) 丶 一 宀 亡 立 立 辛 辛 亲 亲′ 新 新 新	
075 **聞** (escuchar)	▶ぶん ▷き	聞く (きく) escuchar　新聞 (しんぶん) periódico 聞こえる (きこえる) oírse	
		(14) 丨 冂 冂 冃 門 門 門 門 門 門 閂 閏 閏 聞	
076 **作** (hacer)	▶さく ▷つく	作る (つくる) hacer 作文 (さくぶん) composición　作品 (さくひん) obra (de arte, etc.)　作者 (さくしゃ) autor/ra	
		(7) ノ イ 亻 亻 仁 竹 作 作	
077 **仕** (servir)	▶し ▷つか	仕事 (しごと) trabajo 仕返し (しかえし) venganza 仕える (つかえる) servir; trabajar bajo	
		(5) ノ イ 亻 什 仕	
078 **事** (cosa)	▶じ ▷ごと　こと	仕事 (しごと) trabajo 事 (こと) cosa　火事 (かじ) fuego　食事 (しょくじ) comida 返事 (へんじ) respuesta	
		(8) 一 一 戸 戸 戸 写 写 事	
079 **電** (electricidad)	▶でん	電車 (でんしゃ) tren　電気 (でんき) electricidad; luz 電話 (でんわ) teléfono　電池 (でんち) batería 電子レンジ (でんしレンジ) horno microondas	
		(13) 一 戸 戸 而 而 雨 雨 雨 零 零 零 雷 電	
080 **車** (coche)	▶しゃ ▷くるま	車 (くるま) coche　電車 (でんしゃ) tren 自転車 (じてんしゃ) bicicleta　車いす (くるまいす) silla de ruedas　駐車場 (ちゅうしゃじょう) aparcamiento	
		(7) 一 戸 戸 戸 戸 亘 車	

読
L8

081	休 (descansar)	▶きゅう ▷やす	休む (やすむ) estar ausente; descansar 休み (やすみ) vacaciones; ausencia 休日 (きゅうじつ) día festivo
			(6) ノ イ 仁 什 仚 休
082	言 (decir)	▶げん ▷い こと	言う (いう) decir 言語学 (げんごがく) lingüística　方言 (ほうげん) dialecto 言葉 (ことば) palabra; lenguaje
			(7) 丶 亠 亖 言 言 言 言
083	読 (leer)	▶どく ▷よ	読む (よむ) leer 読書 (どくしょ) libros de lectura 読み物 (よみもの) material de lectura
			(14) 丶 亠 亖 言 言 言 訂 訂 訂 読 読 読 読
084	思 (pensar)	▶し ▷おも	思う (おもう) pensar 不思議な (ふしぎな) misterioso 思い出す (おもいだす) recordar
			(9) 丿 口 m 田 田 田 思 思 思
085	次 (siguiente)	▶じ ▷つぎ	次 (つぎ) siguiente 次女 (じじょ) segunda hija　目次 (もくじ) índice de contenidos 次回 (じかい) la próxima vez
			(6) 丶 冫 冫 沪 次 次
086	何 (qué)	▷なに なん	何 (なに) qué　何時 (なんじ) a qué hora 何人 (なんにん) cuántas personas 何か (なにか) algo
			(7) ノ イ 仁 仃 何 何 何

(▶ indica el *on-yomi* y ▷ indica el *kun-yomi*).

I 漢字の練習

A. Utiliza las partes de abajo para escribir el mayor número posible de kanji.

Ejemplo: 乂 → 文 父

1. 言　2. 木　3. 日　4. 田　5. イ　6. 口

B. Combina las siguientes frases con un verbo apropiado.

1. 新聞を　　　　　　　　・作る
2. 音楽を　　　　　　　　・休む
3. 仕事を　　　　　　　　・読む
4. 日本語はおもしろいと　・する
5. ハンバーガーを　　　　・思う
6. 電車に　　　　　　　　・聞く
7. クラスを　　　　　　　・のる

II 日本の会社員

A. 留学生のウデイさんはアンケートを作って、日本人の会社員に聞きました。
Lee el siguiente cuestionario.

```
アンケート
1. 仕事のストレスがありますか。
   □はい　　□いいえ
2. よく残業をしますか。
   □よくする　□ときどきする
   □ぜんぜんしない
3. 仕事の後、何をしますか。
4. 休みはたいてい何をしますか。
```

アンケート	cuestionario
ストレス	estrés
残業（ざんぎょう）	trabajo en horas extras
〜の後（〜のあと）	después de ...

332 ▶読み書き編

B. ¿Cómo responderías a las preguntas anteriores?

C. ウデイさんはアンケートについてレポートを書きました。
Lee el siguiente informe y responde las preguntas. 🔊 Y08

日本の会社員

ウデイ・クマール

　私は電車で毎日会社員を見ます。みんなとても疲れていると思います。この間、新聞で「日本の会社員とストレス」の話を読みました。私はアンケートを作って、会社員十人に聞きました。

　まず、「仕事のストレスがありますか」と聞きました。七人は「はい」と答えました。「仕事が大変で、休みがあまりない」と言っていました。次に、「よく残業をしますか」と聞きました。三人は「よく残業をする」と言っていました。四人は「ときどき残業をする」と言っていました。次に「仕事の後、何をしますか」と聞きました。五人は「何もしない。すぐ家に帰る」と言っていました。二人は「お酒を飲みに行く」と言っていました。最後に「休みはたいてい何をしますか」と聞きました。六人は「疲れているから、家にいる」と言っていました。

　日本の会社員はたくさん仕事をして、ストレスもあります。だから、休みもあまり出かけません。アンケートをして、日本の会社員はとても大変だと思いました。

疲れている（つかれている）	estar cansado	答える（こたえる）	responder
この間（このあいだ）	el otro día	次に	en segundo lugar
話（はなし）	historia; charla	最後に（さいごに）	por último
まず	en primer lugar		

1. ウデイさんは新聞で何の話を読みましたか。

2. ウデイさんはだれにアンケートをしましたか。

3. 何人いましたか。

    (a) 仕事のストレスがある。　……　＿＿＿＿人

    (b) よく残業をする。　　　　　……　＿＿＿＿人

    (c) ときどき残業をする。　　　……　＿＿＿＿人

    (d) 仕事の後、お酒を飲む。　……　＿＿＿＿人

    (e) 休みの日は出かけない。　……　＿＿＿＿人

4. アンケートの後、ウデイさんはどう思いましたか。

5. ウデイさんのレポートを読んで、あなたはどう思いましたか。

Ⅲ 書く練習

Haz un cuestionario y haz las preguntas a varias personas. Escribe después un informe basado en los resultados.

334 ▶ 読み書き編

第9課 LECCIÓN 9
ソラさんの日記 El diario de Sora
にっき

087	午 (mediodía)	▶ご	午前（ごぜん）a.m.　　午後（ごご）p.m.; por la tarde
			午前中（ごぜんちゅう）por la mañana
			正午（しょうご）mediodía
			(4) ⟋ ⟍ 二 午

088	後 (después)	▶ご ▷あと　うし	午後（ごご）p.m.; por la tarde　　〜の後（のあと）después de ...
			後で（あとで）más tarde　　後ろ（うしろ）atrás; detrás
			最後に（さいごに）por último
			(9) ⟋ ク イ 仁 彳 彳 彳 谷 後

089	前 (antes)	▶ぜん ▷まえ	前（まえ）antes; frente　　午前（ごぜん）a.m.
			名前（なまえ）nombre
			前売り（まえうり）venta anticipada
			(9) ⟍ ⟋ 广 广 广 芦 前 前 前

090	名 (nombre)	▶めい　みょう ▷な	名前（なまえ）nombre　　有名な（ゆうめいな）famoso
			名刺（めいし）tarjeta de identificación
			氏名（しめい）nombre completo　　名字（みょうじ）apellido
			(6) ⟋ ク タ 夕 名 名

091	白 (blanco)	▶はく ▷しろ	白い（しろい）blanco
			白紙（はくし）hoja en blanco　　白（しろ）color blanco
			白鳥（はくちょう）cisne
			(5) ⟋ 亻 白 白 白

092	雨 (lluvia)	▶う ▷あめ	雨（あめ）lluvia
			雨期（うき）temporada de lluvias　　梅雨（つゆ）temporada de lluvias
			大雨（おおあめ）lluvia torrencial
			(8) 一 厂 厅 币 币 雨 雨 雨

093	書 (escribir)	▶しょ ▷か	書く（かく）escribir
			辞書（じしょ）diccionario　　教科書（きょうかしょ）libro de texto
			図書館（としょかん）biblioteca
			(10) ⟍ 一 ⺋ ⺕ ⺕ 聿 聿 書 書 書

094	友 (amigo/ga)	▶ゆう ▷とも	友だち（ともだち）amigo/ga
			親友（しんゆう）mejor amigo/ga　　友人（ゆうじん）amigo/ga
			友情（ゆうじょう）amistad
			(4) 一 ナ 方 友

095 間 (entre)	▶かん げん ▷あいだ	時間 (じかん) tiempo; ... horas　二時間 (にじかん) dos horas 間 (あいだ) entre　人間 (にんげん) ser humano 一週間 (いっしゅうかん) una semana
		(12) 丨 丨 丨 丨 丨 門 門 門 問 問 間 間
096 家 (casa)	▶か ▷いえ や	家 (いえ) casa 家族 (かぞく) familia　作家 (さっか) autor/ra 家事 (かじ) tareas domésticas　家賃 (やちん) alquiler
		(10) 丶 丷 宀 宀 宁 宇 宇 宇 家 家
097 話 (hablar)	▶わ ▷はな はなし	話す (はなす) hablar　話 (はなし) hablar; historia 電話 (でんわ) teléfono 会話 (かいわ) conversación
		(13) 丶 亠 亖 亖 言 言 言 言 計 計 計 話 話
098 少 (pequeño)	▶しょう ▷すこ すく	少し (すこし) pequeño 少ない (すくない) algunos　少々 (しょうしょう) un poco 少女 (しょうじょ) chica　少年 (しょうねん) chico
		(4) 丿 丷 小 少
099 古 (antiguo)	▶こ ▷ふる	古い (ふるい) viejo (para las cosas) 中古 (ちゅうこ) de segunda mano　古代 (こだい) la antigüedad
		(5) 一 十 忄 古 古
100 知 (saber)	▶ち ▷し	知る (しる) saber 知人 (ちじん) conocido/da 知り合い (しりあい) conocido/da
		(8) 丿 ト 上 チ 矢 知 知 知
101 来 (venir)	▶らい ▷く きこ	来る (くる) venir　来ます (きます) venir 来ない (こない) no venir　来週 (らいしゅう) la próxima semana 来日 (らいにち) visitar Japón
		(7) 一 ニ ァ 立 平 来 来

(▶ indica el *on-yomi* y ▷ indica el *kun-yomi*.)

336 ▶読み書き編

Ⅰ 漢字の練習
（かんじ　れんしゅう）

A. Rellena los espacios en blanco con el kanji apropiado.

1. この_____いＴシャツは五_____円でした。 | 百　白 |

2. _____さいケーキを_____し食べました。 | 小　少 |

3. 一時_____音楽を_____きました。 | 聞　間 |
   （おんがく）

4. 日本_____を_____します。 | 話　語 |

B. Elige la palabra más adecuada para cada espacio en blanco.

1. はじめまして。私の_____はキムです。 | 名前　午前 |

2. 毎日たいてい_____七時ごろおきます。 | 午後　午前 |

3. このかさは古いから、_____かさをかいます。
   | 大きい　新しい |

4. 今日はいい_____だった。でも、あしたは_____がふると思う。
   | 元気　天気　白　雨 |

5. メアリーのお父さんを_____いますか。 | 帰って　知って |

Ⅱ ソラさんの日記
（にっき）

ソラさんは日記を書きました。　🔊 Y09-1
（にっき）

1 　11月25日（土）　雨

　　今日は朝から雨がふっていた。午前中は友だちにメールを書い
　（あさ）
て、一時間ぐらい音楽を聞いた。
　　　　　　　（おんがく）
　　昼ごろメアリーの家へ行った。白くて、大きい家だった。メア
　（ひる）

リーのホストファミリーの山本さんに会った。お父さんはせが高くて、やせている人だった。
　家で晩ご飯を食べた。お母さんは「何もありませんが」と言っていたが、たくさんごちそうがあった。晩ご飯はとてもおいしかった。お母さんは料理がすごく上手だと思う。
　晩ご飯の後、いろいろな話をした。そして、きれいな着物をもらった。お母さんは少し古いと言っていたが、すごくきれいだ。メアリーのホストファミリーはとてもしんせつで楽しかった。

日記（にっき）	diario (de vida)	いろいろ（な）	varios
午前中（ごぜんちゅう）	por la mañana	話をする	tener una charla
昼（ひる）	mediodía	そして	y luego
ホストファミリー	familia anfitriona	着物（きもの）	kimono; traje tradicional japonés
ごちそう	comida excelente		

A. Coloca las siguientes imágenes en el orden correcto según el diario de Sora.

(　) → (　) → (　) → (　) → (　)

B. Marca cada una de las siguientes afirmaciones con ○ si es verdadera o con × si es falsa.

1. (　　) ソラさんは新しい着物をもらった。
2. (　　) お父さんはせがひくくて、やせている。
3. (　　) 晩ご飯は何もなかった。
4. (　　) ソラさんはお母さんの料理が好きだ。
5. (　　) 天気がよくなかった。
6. (　　) メアリーさんのホストファミリーの名前は山田だ。

C. ソラさんはメアリーさんのホストファミリーにメールを書きました。
Lee el siguiente correo. Y09-2

ありがとうございました

Sora Kim　11:30
To yamamoto22@genkinihongo.com

1　山本さま

　きのうはどうもありがとうございました。
　とてもたのしかったです。

　りょうではあまり日本のりょうりを食べませんが、
5　お母さんのりょうりはとてもおいしかったです。
　それから、きものをありがとうございました。
　とてもきれいなきものですね。

　かんこくにもあそびに来てください。
　私はソウルのおもしろいところを知っていますから、
10　あんないします。

　ソラ・キム
　sora@genkinihongo.com

りょう
　residencia estudiantil
あんないする
　mostrar a alguien los alrededores

III 書く練習

A. ¿Qué hiciste ayer? Escribe un diario.

B. Escribe un correo de agradecimiento a alguien.

> Expresiones útiles:
>
> いろいろおせわになりました。(Gracias por todo).
>
> 体に気をつけてください。(Por favor, cuídese).
>
> お会いできるのを楽しみにしています。(Estoy deseando verle).
>
> 〜おめでとう（ございます）。(Felicidades por ...)
>
> （お）たんじょうびおめでとう。(Feliz cumpleaños).

第10課 LECCIÓN 10

昔話(むかしばなし)「かさじぞう」 El cuento popular *Kasajizo*

102	住	▶じゅう ▷す (vivir)	住む(すむ) vivir 住所(じゅうしょ) dirección 移住する(いじゅうする) inmigrar (7) ノ イ イ' 仁 件 住 住
103	正	▶しょう せい ▷ただ (derecha)	お正月(おしょうがつ) Año Nuevo 正しい(ただしい) derecha 正午(しょうご) mediodía 正解(せいかい) respuesta correcta (5) 一 丅 下 正 正
104	年	▶ねん ▷とし (año)	三年生(さんねんせい) estudiante de tercer año 来年(らいねん) el próximo año 今年(ことし) este año 年(とし) año (6) ノ 𠂉 仁 仁 左 年
105	売	▶ばい ▷う (vender)	売る(うる) vender 売店(ばいてん) tienda; puesto de venta 自動販売機(じどうはんばいき) máquina expendedora (7) 一 十 士 声 声 売 売
106	買	▶ばい ▷か (comprar)	買う(かう) comprar 買い物(かいもの) compras 売買(ばいばい) compraventa (12) ' 冖 罒 罒 罒 罒 罒 買 買 買 買 買
107	町	▶ちょう ▷まち (ciudad)	町(まち) ciudad 北山町(きたやまちょう) ciudad de Kitayama 町長(ちょうちょう) alcalde de una ciudad o pueblo (7) 丨 冂 冊 用 田 町 町
108	長	▶ちょう ▷なが (largo)	長い(ながい) largo 長男(ちょうなん) el hijo mayor 社長(しゃちょう) presidente/ta de la empresa (8) 丨 厂 F F 巨 長 長 長
109	道	▶どう ▷みち (camino)	道(みち) camino; carretera 書道(しょどう) caligrafía 柔道(じゅうどう) judo 北海道(ほっかいどう) Hokkaido (12) 丶 丷 䒑 䒑 产 首 首 首 首 道 道 道

110	雪 (nieve)	▶せつ ▷ゆき	雪 (ゆき) nieve 新雪 (しんせつ) nieve fresca 雪だるま (ゆきだるま) muñeco de nieve
			(11) ⼀ ⼁ ⼀ ⾬ ⾬ ⾬ ⾬ ⾬ ⾬ 雪 雪
111	立 (ponerse de pie)	▶りつ ▷た	立つ (たつ) ponerse de pie 国立大学 (こくりつだいがく) universidad nacional 私立高校 (しりつこうこう) escuela secundaria superior privada
			(5) ⼂ ⼀ ⼗ ⽴ 立
112	自 (mismo; propio)	▶じ	自分 (じぶん) uno mismo 自動車 (じどうしゃ) automóvil　自転車 (じてんしゃ) bicicleta 自由 (じゆう) libertad
			(6) ⼂ ⼃ ⼌ ⽩ ⾃ 自
113	夜 (noche)	▶や ▷よる　よ	夜 (よる) noche 夜中 (よなか) medio de la noche　今夜 (こんや) esta noche 夜明け (よあけ) amanecer
			(8) ⼂ ⼀ ⼴ ⼴ ⼴ 夜 夜 夜
114	朝 (mañana)	▶ちょう ▷あさ	朝 (あさ) mañana　今朝 (けさ) esta mañana 朝食 (ちょうしょく) desayuno 毎朝 (まいあさ) todas las mañanas
			(12) ⼀ ⼗ ⼾ ⼾ ⼾ ⾃ ⾃ 卓 朝 朝 朝 朝
115	持 (sostener)	▶じ ▷も	持つ (もつ) llevar; sostener　持ってくる (もってくる) traer 所持品 (しょじひん) pertenencias 気持ち (きもち) sentimiento
			(9) ⼀ ⼀ ⼿ ⼿ 扌 扌 扌 持 持

(▶ indica el *on-yomi* y ▷ indica el *kun-yomi*).

342 ▶読み書き編

I 漢字の練習

A. Añade trazos a los siguientes kanji y conviértelos en los nuevos kanji de esta lección.

(Ejemplo) 二 → 立

1. 上 →   　3. 雨 →   　5. 白 →   　7. 員 →
2. 田 →   　4. 月 →   　6. 土 →   　8. 自 →

B. Escribe cada antónimo en kanji.

1. 買う　　⇔ _____   　3. みじかい ⇔ _____
2. すわる　⇔ _____   　4. 夜　　　 ⇔ _____

C. Rellena los espacios en blanco con los kanji adecuados de la lista y añade hiragana cuando sea necesario.

売　雪　住　買　長　立　持

1. 町で_____をしました。
   　　　compras

2. かさを_____ていますか。
   　　　tener

3. 本屋では本を_____ています。
   　や　　　　　venden

4. よく_____がふります。
   　　　nieve

5. おじいさんの話は_____。
   　　　　　　　　era larga

6. 駅の近くに_____でいます。
   えき ちか　　vive

7. 私の後ろに女の人が_____。
   　　　　　　　　　estaba de pie

Ⅱ かさじぞう

A. Responde las siguientes preguntas.

1. 日本ではお正月に何をすると思いますか。

2. (Imagen 1) これはおじぞうさんです。何だと思いますか。

3. (Imagen 2) このおじいさんとおばあさんがこの話の主人公 (personajes principales) です。どんな人だと思いますか。どんな生活をしていると思いますか。

1  2

B. Lee el cuento popular japonés «かさじぞう» en las pp. 344-345. Y10

C. Coloca las siguientes imágenes en el orden correcto.

( ) → ( ) → ( ) → ( ) → ( ) → ( )

むかしむかし　érase una vez
かさ　　　　　sombrero de bambú
お正月　　　　Año Nuevo
年　　　　　　año
おもち　　　　pastel de arroz
売る　　　　　vender
かなしい　　　triste
山道（やまみち）
　　　　　　　camino de montaña
じぞう／おじぞうさん
　　　　　　　deidad tutelar de
　　　　　　　los niños
雪　　　　　　nieve
かぶせる　　　poner (un som-
　　　　　　　brero) en la cabeza de una
　　　　　　　persona (persona に un
　　　　　　　sombrero を)
自分　　　　　uno mismo
とる　　　　　quitarse
いいこと　　　buena acción
声（こえ）　　voz
戸（と）　　　puerta
びっくりする　sorprenderse
しあわせ（な）feliz

「このかさは古いですが、どうぞ。」と言って、おじいさんにかぶせました。

うちに帰って、おじいさんはおばあさんにおじぞうさんの話をしました。

おばあさんは「おじいさん、いいことをしましたね。」と言いました。その夜おそく、おじいさんはだれかの声を聞きました。

「おじいさん、おじいさん。」おじいさんは戸を開けて、びっくりしました。六人のおじぞうさんが立っていました。おじぞうさんはお正月のおもちをたくさん持っていました。

お正月の朝になりました。おじいさんとおばあさんはおもちをたくさん食べました。二人はとてもしあわせでした。

D. Marca cada una de las siguientes afirmaciones con ○ si es verdadera o con ✕ si es falsa.

1. （　　）おじいさんとおばあさんはお金持ちだった。
2. （　　）だれもおじいさんのかさを買わなかった。
3. （　　）おじいさんはおじぞうさんにかさを売った。
4. （　　）雪の中でおじいさんはおじぞうさんを六つ見た。
5. （　　）おじいさんは新しいかさを六つ持っていた。
6. （　　）おばあさんはおじいさんの話を聞いて、かなしくなった。
7. （　　）おじぞうさんはお金をたくさん持ってきた。
8. （　　）おじいさんとおばあさんのお正月はとてもよかった。

読
L10

かさじぞう

むかしむかし、山の中におじいさんとおばあさんが住んでいました。
おじいさんとおばあさんはうちでかさを作っていました。あしたはお正月です。新しい年がはじまります。でも、おじいさんとおばあさんはお金がなかったから、お正月のおもちもありませんでした。二人はかさを売って、おもちを買うつもりでした。
おじいさんはかさを持って、町に売りに行きました。でも、だれもかさを買いませんでした。おじいさんはかなしくなりました。
おじいさんは長い山道を歩いて帰りました。雪がたくさんふっていました。
「あっ！おじぞうさんだ！」
雪の中におじぞうさんが六つ立っていました。
おじいさんは「おじぞうさん、さむくないですか。」と聞きました。
おじぞうさんは何も言いませんでした。
「どうぞかさを使ってください。」
おじいさんはおじぞうさんのあたまの上にかさをかぶせました。
「一つ、二つ、三つ、四つ、五つ」
かさは五つでした。一人のおじぞうさんはかさがありませんでした。
おじいさんは自分のかさをとりました。

Ⅲ 書く練習

Escoge un tema de la siguiente lista y escribe lo que haces/hiciste en esos días.

お正月　　クリスマス (Navidad)　　ハロウィーン (Halloween)

誕生日 (Cumpleaños)　　バレンタインデー (Día de San Valentín)

ラマダン (Ramadán)　　ハヌカー (Janucá)

ディーワーリー (Diwali)　　Otros

346 ▶読み書き編

第11課
友だち・メンバー募集 Buscar amigos/socios
ぼ しゅう

LECCIÓN 11

116 手 (mano)	▶しゅ ▷て	手紙(てがみ) carta　歌手(かしゅ) cantante 手(て) mano　手話(しゅわ) lengua de señas 上手な(じょうずな) bueno en	
		(4) 一 ニ 三 手	
117 紙 (papel)	▶し ▷がみ　かみ	手紙(てがみ) carta 紙(かみ) papel　和紙(わし) papel japonés 表紙(ひょうし) portada　折り紙(おりがみ) origami	
		(10) ⟨ ⟨ ⟨ ⟨ ⟨ 糸 紆 紅 紙 紙	
118 好 (favorito; gustar)	▶こう ▷す　この	好きな(すきな) gustar　大好きな(だいすきな) querer 好意(こうい) buena voluntad　好み(このみ) preferencia; gusto 好物(こうぶつ) comida favorita	
		(6) ⟨ 夕 女 好 好 好	
119 近 (cerca)	▶きん ▷ちか	近く(ちかく) cerca de; alrededor de　近所(きんじょ) barrio 最近(さいきん) recientemente 中近東(ちゅうきんとう) Oriente Próximo y Oriente Medio	
		(7) ′ ⼁ ⼍ 斤 沂 近 近	
120 明 (brillante)	▶めい ▷あか	明るい(あかるい) alegre; brillante 明日(あす／あした) mañana　説明(せつめい) explicación 発明(はつめい) invención　文明(ぶんめい) civilización	
		(8) l ⼝ ⽇ 日 旫 明 明 明	
121 病 (enfermo)	▶びょう	病院(びょういん) hospital　病気(びょうき) enfermedad 重病(じゅうびょう) enfermedad grave 急病(きゅうびょう) enfermedad repentina	
		(10) ′ 亠 广 广 疒 疒 疒 疠 病 病	
122 院 (institución)	▶いん	病院(びょういん) hospital 大学院(だいがくいん) escuela de posgrado 美容院(びよういん) salón de belleza	
		(10) ′ ⻖ ⻖ 阝 阝' 阝' 陀 陀 院 院	
123 映 (reflexionar)	▶えい ▷うつ	映画(えいが) película 映画館(えいがかん) cine　映る(うつる) reflejarse	
		(9) l ⼝ ⽇ 日 旫 旫 昫 映 映	

第11課 ◀ 347

124 画 (imagen, dibujo)	▶が　かく	映画（えいが）película 画家（がか）pintor/ra　計画（けいかく）plan 漫画（まんが）manga; cómic
		(8) 一 厂 厅 币 币 币 画 画
125 歌 (cantar)	▶か ▷うた	歌う（うたう）cantar　歌（うた）canción 歌手（かしゅ）cantante　国歌（こっか）himno nacional 歌舞伎（かぶき）Kabuki　歌詞（かし）letra (de canción)
		(14) 一 厂 厅 哥 可 豆 戸 哥 哥 哥 哥 歌 歌 歌
126 市 (ciudad)	▶し ▷いち	川口市（かわぐちし）ciudad de Kawaguchi 市役所（しやくしょ）ayuntamiento　市長（しちょう）alcalde/ desa　市場（いちば）mercado
		(5) 亠 亠 广 亠 市
127 所 (lugar)	▶じょ　しょ ▷ところ 　ところ	いろいろな所（ところ）varios lugares 近所（きんじょ）barrio 台所（だいどころ）cocina　住所（じゅうしょ）dirección
		(8) 一 ㇋ ㇋ ㇕ 戸 戸 所 所
128 勉 (hacer esfuerzos)	▶べん ▷つと	勉強する（べんきょうする）estudiar 勉める（つとめる）esforzarse　勤勉な（きんべんな）diligente
		(10) ノ ㇉ ㇏ 各 各 各 免 免 免 勉
129 強 (fuerte)	▶きょう　ごう ▷つよ	勉強する（べんきょうする）estudiar 強い（つよい）fuerte　強情な（ごうじょうな）obstinado 強盗（ごうとう）robo　強力な（きょうりょくな）poderoso
		(11) ㇇ ㇉ 弓 弓 弘 弘 弼 弘 強 強 強
130 有 (existir)	▶ゆう ▷あ	有名な（ゆうめいな）famoso 有料（ゆうりょう）peaje; tasa　有る（ある）existir 有能な（ゆうのうな）talento
		(6) ノ ナ ナ 冇 有 有
131 旅 (viaje)	▶りょ ▷たび	旅行（りょこう）viaje　旅館（りょかん）posada japonesa 一人旅（ひとりたび）viajar solo　旅券（りょけん）pasaporte
		(10) 亠 亠 方 方 方 扩 扩 旅 旅 旅

（▶ indica el *on-yomi* y ▷ indica el *kun-yomi*）.

I 漢字の練習

A. Combina las siguientes partes para formar los kanji nuevos de esta lección.

B. Pon un kanji en cada casilla para hacer compuestos.

(1) 歌 ☐ / 紙   (2) ☐く / 所   (3) 有 ☐ / 前   (4) ☐院 / 気

II 友だち・メンバー募集

A. 質問に答えてください。(Responde las siguientes preguntas).

1. あなたは友だちやメンバーを募集したことがありますか。
2. 友だちやメンバーを募集している人に、メールや手紙を書いたことがありますか。

B. 右ページの「友だち・メンバー募集」を読みましょう。 🔊 Y11-1

C. 次の人はだれですか。その人の名前を書いてください。

1. La persona a la que le gusta el cine   (   ) さん
2. La persona a la que le gustan los niños   (   ) さん
3. La persona que trabaja para una empresa   (   ) さん
4. La persona que quiere ir al concierto   (   ) さん
5. La persona a la que le gustan las actividades al aire libre
                                                           (   ) さん

友だち・メンバー募集(ぼしゅう)

いっしょにボランティアをしませんか
つくば市のボランティアサークルです。週末に近所の病院でボランティアをしています。子どもに勉強を教えたり、いっしょに歌を歌ったりしています。子どもが大好きな人、ボランティアを始めませんか。

ひろクン

アウトドアが好きな人
会社員です。川口市に住んでいます。アウトドアが好きで、休みの日には車で近くの山や川に行きます。将来は外国の山に登りたいと思っています。山に登るのが好きな人、メールください。

ゆう

映画について話しませんか？
22歳の大学生です。ホラー映画が大好きです。週末はバイトがあるから、いつも平日に一人で映画を見に行きます。いっしょに映画を見て、話しませんか？将来はホラー映画を作りたいです。

貞子(さだこ)

いっしょにバンドをやりませんか
ロックが好きな明るい女の子です。ギターをひくのが好きで、将来は歌手になりたいと思っています。私といっしょにバンドをやりませんか。それからコンサートもいっしょに行きましょう！

カオリン

メンバー	miembro; integrante	ホラー	horror
～募集（ぼしゅう）	se busca ...	平日（へいじつ）	día laborable
ボランティア	voluntario/ria	バンド	banda
近所	barrio	明るい	alegre
アウトドア	actividades al aire libre		

D. 質問に答えてください。

1. ひろクンは、病院で何をしていますか。

2. ゆうは車を運転しますか。

3. 貞子はどんな映画が好きですか。

4. カオリンは何になりたいと思っていますか。

5. あなたはどの人と友だちになりたいですか。どうしてですか。

E. 「友だち・メンバー募集」を見て、エバさんはゆうさんにメッセージを書きました。メッセージを読んで、質問に答えてください。 🔊 Y11-2

はじめまして。

私はメキシコ人の留学生です。一月に日本に来ました。今、日本語や日本文化を勉強しています。

私もアウトドアが大好きで、山に登ったり、つりをしたりするのが好きです。旅行も好きです。日本では、まだあまり旅行していませんが、これからいろいろな所に行くつもりです。古いお寺や神社を見たいと思っています。日本の有名なお祭りも見たいです。

日本人の友だちをたくさん作って、日本語でいろいろなことを話したいと思っています。よかったら、お返事ください。

エバ

文化（ぶんか）	cultura
これから	a partir de ahora
こと	cosas; asuntos
お返事（おへんじ）	respuesta

1. エバさんはいつ日本に来ましたか。

2. エバさんは何をするのが好きですか。

3. エバさんは日本でどこに行きたいと思っていますか。

Ⅲ 書く練習
れんしゅう

A. Describe quién eres en detalle y qué tipo de miembros/amigos buscas. Crea un título pegadizo.

B. Responde uno de los anuncios de Ⅱ-B o de los anuncios publicados por tus compañeros.

読
L11

第12課 LECCIÓN 12

七夕 Festival de *Tanabata*
（たなばた）

132	昔	▷むかし (tiempos antiguos)	昔(むかし) viejos tiempos 昔話(むかしばなし) viejo cuento 大昔(おおむかし) la antigüedad (8) 一 十 艹 共 芢 芕 昔 昔
133	々	(símbolo de repetición de un kanji)	昔々(むかしむかし) érase una vez 人々(ひとびと) personas 時々(ときどき) a veces　色々な(いろいろな) varios (3) ノ 夂 々
134	神	▶じん　しん こう ▷かみ (Dios)	神さま(かみさま) Dios　神社(じんじゃ) santuario 神道(しんとう) Sintoísmo 神戸市(こうべし) ciudad de Kobe (9) 丶 ラ ネ ネ ネ 初 初 神 神
135	早	▶そう ▷はや (temprano)	早い(はやい) temprano 早起きする(はやおきする) madrugar 早朝(そうちょう) temprano en la mañana (6) 丨 口 日 日 旦 早
136	起	▶き ▷お (levantarse)	起きる(おきる) levantarse 起こす(おこす) despertar a alguien 再起動(さいきどう) reiniciar (10) 一 十 土 キ キ 走 走 起 起 起
137	牛	▶ぎゅう ▷うし (vaca)	牛(うし) vaca 牛乳(ぎゅうにゅう) leche　牛肉(ぎゅうにく) carne de vacuno 子牛(こうし) ternera; ternero (4) ノ 十 二 牛
138	使	▶し ▷つか (usar)	使う(つかう) usar 大使(たいし) embajador/ra　使用中(しようちゅう) «Ocupado» お使い(おつかい) recado (8) ノ イ 仁 仁 伊 伊 使 使
139	働	▶どう ▷はたら ばたら (trabajar)	働く(はたらく) trabajar 共働き(ともばたらき) ambos cónyuges trabajan 労働(ろうどう) trabajo (13) ノ イ 仁 亻 仟 价 伊 伊 信 俥 偅 働 働

140	連	▶れん ▷つ (vincular)	連れて帰る (つれてかえる) traer (a una persona) de vuelta 国連 (こくれん) Naciones Unidas 連休 (れんきゅう) festivos consecutivos («puente») ⑽ 一 一 厂 戸 百 亘 車 車 連 連
141	別	▶べつ ▷わか (separar)	別れる (わかれる) separar　別に (べつに) no en particular 特別な (とくべつな) especial　差別 (さべつ) discriminación 別々に (べつべつに) por separado ⑺ 丶 口 口 号 another 別
142	度	▶ど (vez; grados)	一度 (いちど) una vez　今度 (こんど) futuro cercano 温度 (おんど) temperatura　三十度 (さんじゅうど) 30 grados 態度 (たいど) actitud ⑼ 丶 广 广 户 庐 庐 庐 度 度
143	赤	▶せき ▷あか (rojo)	赤 (あか) color rojo　赤い (あかい) rojo 赤ちゃん (あかちゃん) bebé　赤道 (せきどう) el ecuador 赤十字 (せきじゅうじ) la Cruz Roja ⑺ 一 十 土 亍 赤 赤 赤
144	青	▶せい ▷あお (azul)	青 (あお) color azul　青い (あおい) azul 青年 (せいねん) juventud　青空 (あおぞら) cielo azul 青信号 (あおしんごう) luz verde ⑻ 一 十 キ 圭 主 青 青 青
145	色	▶しき　しょく ▷いろ (color)	色 (いろ) color 色々な (いろいろな) varios　景色 (けしき) paisaje 特色 (とくしょく) característica ⑹ 丿 勹 缶 缶 色 色

(▶ indica el *on-yomi* y ▷ indica el *kun-yomi*).

I 漢字の練習

A. Empareja cada lectura con su kanji y su traducción.

Ejemplo むかし	・早・	・usar
1. はや（い）	・青・	・vaca
2. お（きる）	・昔・	・levantarse
3. つか（う）	・牛・	・temprano
4. わか（れる）	・色・	・color
5. あか	・赤・	・la antigüedad
6. あお	・起・	・separar
7. いろ	・別・	・azul
8. うし	・使・	・rojo

B. ¿Qué nuevos kanji de esta lección incluyen los siguientes *katakana*?

1. マ →   2. ネ →   3. カ →   4. ヌ →

C. ¿Qué nuevo kanji de esta lección comparte el mismo componente que cada par de kanji de abajo?

Ejemplo 朝 前 → 青

1. 住 仕   2. 道 近   3. 万 旅

II 七夕

A. 絵 (dibujo) を見てください。これは何だと思いますか。七夕の日に作ります。

B. 七夕の話を読みましょう。 🔊 Y12

七月七日は七夕です。これは七夕の話です。

昔々、天に神さまが住んでいました。娘が一人いて、名前はおりひめでした。おりひめはとてもまじめで、毎日、朝早く起きてはたを織っていました。

ある日、神さまは思いました。「おりひめはもう大人だ。結婚したほうがいい。」

神さまはまじめな男の人を見つけました。天の川の向こうに住んでいる人で、名前はひこぼしでした。ひこぼしは牛を使って、畑で働いていました。

おりひめとひこぼしは結婚しました。二人はとても好きになりました。いつもいっしょにいて、ぜんぜん働きませんでした。神さまは怒りました。でも二人は仕事をしませんでした。神さまはとても怒って、おりひめを家に連れて帰りました。二人は別れなければいけませんでした。おりひめはひこぼしに会いたくて、毎日泣いていました。神さまは二人がかわいそうだと思って、言いました。

「おりひめ、ひこぼし、あなたたちは一年に一度だけ会ってもいい。それは七月七日の夜だ。おりひめ、あなたはその日、天の川の向こうに行ってもいい。でも、朝までに帰らなければいけない。」

一年に一度、七夕の夜におりひめとひこぼしは会います。二人の願いはかなうのです。

この日、私たちは赤や青などいろいろな色のたんざくに願いを書きます。七夕の日の願いはかなうと人々は言います。ある子供は「いい成績を取りたい」と書きます。ある人は「すてきな人に会いたい」と書きます。あなたは七夕の日にどんな願いを書きますか。

天（てん）	los cielos; cielo	怒る（おこる）	enfadarse
神さま	Dios	連れて帰る	traer (a una persona) de vuelta
娘（むすめ）	hija	泣く（なく）	llorar
まじめ（な）	serio; sobrio; diligente	かわいそう（な）	lamentable
はたを織る（おる）	tejer	一年に一度	una vez al año
ある〜	un ... （ある日 un día）	〜までに	antes de (hora/fecha)
大人（おとな）	adulto	願い（ねがい）	deseo
見つける（みつける）	encontrar	かなう	cumplirse
天の川（あまのがわ）	la Vía Láctea	私たち（わたしたち）	nosotros
向こう（むこう）	el otro lado; allí	〜など	y así sucesivamente
牛	vaca	たんざく	papel para escribir poemas
畑（はたけ）	granja	人々	personas

C. 質問に答えてください。

1. おりひめはどんな人ですか。

2. ひこぼしはどんな人ですか。

3. どうして神さまは怒りましたか。

4. 七月七日におりひめは何をしますか。

5. どうして私たちは七夕の日にたんざくに願いを書きますか。

6. 神さまはやさしい人だと思いますか。どうしてですか。

Ⅲ 書く練習

あなたの願いを五つ書いてください。

巻末
かんまつ
Apéndice

文法さくいん Índice gramatical ——— 358
ぶんぽう

単語さくいん1 Índice de vocabulario (Jp-Es) ——— 360
たんご

単語さくいん2 Índice de vocabulario (Es-Jp) ——— 369
たんご

日本地図 Mapa de Japón ——— 378
にほんちず

数 Números ——— 380
かず

活用表 Tabla de conjugación ——— 382
かつようひょう

文法さくいん Índice gramatical
ぶんぽう

> Este es un índice para los aspectos y expresiones gramati-
> cales que aparecen en Gramática, Expresiones lingüísticas,
> Expresiones útiles y Notas culturales.
>
> **Ej.** L5-3···Gramática 3 en la lección 5
> E······Expresiones lingüísticas
> U······Expresiones útiles
> C······Notas culturales

A Adjetivos ———————— L5-1, L5-2, L5-3
    forma-*te* ———————————— L7-4
   Adverbios de frecuencia ———————— L3-6
C Calificar sustantivos ———————— L9-5
   Comparación ———————— L10-1, L10-2
   Contar ———————————— L5-6, L7-6
D Días ———————————————— L4-U
F Forma-*te* —————————————— L6-1
    adjetivos—————————————— L7-4
    para describir dos actividades ———— L6-3
    ている (acción en curso) ————————— L7-1
    ている (resultado de un cambio) ——— L7-2
    てください (por favor) ——————————— L6-2
    てくる ————————————————— L10-E
    てはいけません (no debe) ———————— L6-5
    てもいいです (poder) ————————— L6-4
   Formas cortas ———— L8-1, L8-2, L9-1, L9-2
H Habla informal ———————— L8-2, L9-2
M Meses —————————————— L4-U
   Modificación del sustantivo ———————— L9-5
    adjetivos————————————— L5-3
    sustantivo の sustantivo————————— L1-3
N Números ———————— Números, L1-E, L2-E
O Oraciones interrogativas ———————— L1-2
   Orden de las palabras ———————— L3-7
P Palabras de localización ——————— L4-2
   Partes del cuerpo ———————— L7-3, L7-U
   Partículas ———————————— L3-3
   Por favor (をください/ おねがいします / どうぞ)
   —————————————————— L2-E
S Solo（だけ）————————————— L11-E
T Términos de parentesco ———————— L7-C

Tiempo —————————————————— L1-U
   días/semanas/meses/años ————— L4-U
   referencias temporales ———————— L3-4
   じかん (horas) —————————————— L4-6
Tiempo pasado
   adjetivos ———————————— L5-2
   formas cortas —————————— L9-1
   verbos ————————————— L4-4
   です ————————————————— L4-3
Tiempo presente (verbo) ———— L3-1, L3-2
U Utilizar oraciones para calificar sustantivos
   —————————————————— L9-5
V Verbos ———————————— L3-1, L4-4
   formas cortas ——————————— L8-1
   tiempo presente ————————— L3-2
   Verbos en -*ru*/-*u*/irregulares — L3-1, L6-1, L8-1

あ あそぶ ——————————————— L7-E
   あなた ——————————————— L4-E
   あのう ——————————————— L1-E
   ありがとう (ございます) —————— Saludos-E
   あります / います ————————— L4-1
い いいえ ——————————————— Saludos-E
   いちばん (comparación) ————— L10-2
   (と)いっていました ————————— L8-4, L9-4
   いってらっしゃい/ いってきます / ただいま /
    おかえりなさい —————————— Saludos-E
う うーん —————————————— L12-E
え えっ / あっ ————————————— L4-E
お お (prefijo) —————————————— L6-E
   おそい/ おそく ——————————— L8-E
   おねがいします ——————————— L2-E
   おはよう (ございます) —————— Saludos-E
   (と)おもいます —————————— L8-3, L9-3
か が
    de final de oración ———————— L10-E
    describir las partes del cuerpo ——— L7-3
    sujeto ———————————— L4-1, L8-7
    ～がすき, etc. ——————————— L5-4, L8-6

文法さくいん ◀ 359

	から (porque)	L6-6, L9-7
	ください	L2-E
	てください (por favor)	L6-2
	ないでください (por favor, no)	L8-5
	～をください	L2-E
こ	ここ / そこ / あそこ / どこ	L2-3
	ことがある (experiencia anterior)	L11-3
	この / その / あの / どの	L2-2
	これ / それ / あれ / どれ	L2-1
さ	さようなら	Saludos-E
	さん	L1-E
し	しる / わかる	L7-E
す	すき (な) / きらい (な)	L5-4, L8-6
	～すぎる (demasiado)	L12-2
	すみません	Saludos-E
	(sustantivo) する	L8-E
せ	せんせい	L1-E
そ	そうですか	L1-E
	そうですね / そうですか	L5-E
た	たい (querer)	L11-1
	たくさん	L4-7
	だけ (solo)	L11-E
	～たり～たりする	L11-2
	だれの	L2-4
ち	ちょっと	L3-E
つ	つもりだ (tener la intención de)	L10-4
て	て → Véase forma-*te*	
	で	L3-3, L10-7
	でしょうか	L12-6
	です	L1-1
	じゃない (negativo)	L2-6
	でした (pasado)	L4-3
と	と	
	cita	L8-3, L8-4, L9-3, L9-4
	y	L4-8
	といっていました	L8-4, L9-4
	どうぞ	L2-E
	どうも	L6-E
	とおもいます	L8-3, L9-3

	どこかに / どこにも	L10-6
	ドライブ	L11-E
な	ないでください (por favor, no)	L8-5
	なければいけません (tener que [verbo])	L12-5
	なにか / なにも	L8-8
	なる (convertirse en; llegar a ser)	L10-5
に	に	L3-3, L11-E
	(raíz verbal) にいく	L7-5
	には	L11-E
ね	ね	L2-7
の	の	
	sustantivo の sustantivo	L1-3
	uno	L10-3
	(verbo) のがすき, etc.	L8-6
	ので (porque)	L12-4
	のほうが (comparación)	L10-1
は	は	L1-1, L3-8, L11-E
	はい / ええ	L3-E
へ	へ	L3-3
ほ	ほうがいい (será mejor que [verbo])	L12-3
ま	(～の) まえ	L4-E
	ましょう / ましょうか (vamos a...)	L5-5
	ましょうか (ofrecer ayuda)	L6-7
	ませんか (invitación)	L3-5
も	も (también)	L2-5, L4-5
	もう / まだ	L9-6
や	や	L11-4
ゆ	ゆめ	L11-E
よ	よ	L2-7
	より (comparación)	L10-1
を	を	L3-3
ん	んです	L12-1

単語さくいん1　Índice de vocabulario (Jp - Es)

あいうえお　かきくけこ　さしすせそ　たちつてと　なにぬねの　はひふへほ　まみむめも　やゆよ　らりるれろ　わをん

```
会……会話・文法編
     (Sección de Conversación y gramática)
読……読み書き編
     (Sección de Lectura y escritura)
G……あいさつ (Saludos)
(e)……Expresiones útiles
I・II・III……問題番号（読み書き編）
     (número de ejercicio en la
      sección de Lectura y escritura)
[u] verbo en -u　[ru] verbo en -ru
[irr.] verbo irregular
```

あ

アイスクリーム　helado　会L3
あいだ　間　entre　会L4
あう　会う　conocer; ver (a una persona) [u]　会L4
アウトドア　actividades al aire libre　読L11-II
あおい　青い　azul　会L9, 会L9(e)
あおしんごう　青信号　luz verde (del semáforo)　会L9(e)
あかい　赤い　rojo　会L9, 会L9(e)
あかるい　明るい　alegre　読L11-II
あき　秋　otoño　会L10
あける　開ける　abrir (algo) [ru]　会L6
あさ　朝　por la mañana　会L3
あさごはん　朝ご飯　desayuno　会L3
あさって　pasado mañana　会L4(e), 会L8
あし　足　pierna; pie　会L7(e), 会L12
アジアけんきゅう　アジア研究　estudios asiáticos　会L1
あした　明日　mañana　会L3, 会L4(e)
あそこ　allí/á　会L2
あそぶ　遊ぶ　jugar; pasar un rato agradable [u]　会L6
あたたかい　暖かい　cálido; tibio　会L10
あたま　頭　cabeza　会L7(e)
あたまがいい　頭がいい　brillante; inteligente; astuto　会L7
あたらしい　新しい　nuevo　会L5
あつい　熱い　caliente (cosa)　会L5
あつい　暑い　caluroso (tiempo)　会L5
（〜の）あと　後　después (de un evento)　読L8-II, 会L11
あとで　後で　después　会L6
あなた　usted　会L4
あに　兄　(mi) hermano mayor　会L7
あね　姉　(mi) hermana mayor　会L7
あの　aquel ... (de allí)　会L2
あのう　um...　会L1

アボカド　aguacate; palta　会L8(e)
あまい　甘い　dulce　会L12
あまのがわ　天の川　la Vía Láctea　読L12-II
あまり + negativo　no mucho; no tanto　会L3
あめ　雨　lluvia　会L8
アメリカ　EE.UU.　会L1
あらう　洗う　lavar [u]　会L8
ありがとう　Gracias.　会G
ありがとうございます　Gracias (cortés).　会G
ある　hay ... [u]　会L4
ある〜　un ...　読L12-II
あるいて　歩いて　a pie　会L10
あるく　歩く　caminar [u]　会L12
アルバイト　trabajo a tiempo parcial　会L4
あれ　aquel (el de allí)　会L2
アレルギー　alergia　会L8(e), 会L12
アンケート　cuestionario　読L8-II
あんないする　案内する　mostrar a alguien los alrededores [irr.]　読L9-II

い

いい　bueno　会L3
いいえ　No.; En absoluto.　会G
いいこ　いい子　niño bueno　会L9
いいこと　buena acción　読L10-II
いう　言う　decir [u]　会L8
いえ　家　hogar; casa　会L3
〜いき　〜行き　con destino a ...　会L10(e)
イギリス　Gran Bretaña　会L1, 会L2
いく　行く　ir [u]　会L3
いくら　cuánto　会L2
いしゃ　医者　doctor/ra　会L1, 会L10
いじわる（な）　意地悪　malicioso　会L9
いす　silla　会L2(e), 会L4
いそがしい　忙しい　ocupado (personas/días)　会L5
いそぐ　急ぐ　apresurarse [u]　会L6
いたい　痛い　dolor; doloroso　会L12
いただきます　Gracias por la comida (antes de comer).　会G
いたみどめ　痛み止め　analgésico　会L12(e)
イタリア　Italia　読L6-III
いちがつ　一月　enero　会L4(e)
いちご　fresa　会L8(e)
いちごうしゃ　一号車　vagón n.º 1　会L10(e)
いちじ　一時　la una　会L1, 会L1(e)

いちじかん　一時間　una hora　会L4
いちねんせい　一年生　estudiante de primer año　会L1
いちねんにいちど　一年に一度　una vez al año　読L12-II
いちばん　一番　mejor　会L10
いつ　cuándo　会L3
いつか　五日　el quinto día del mes　会L4(e)
いっしょに　一緒に　juntos　会L5
いつつ　五つ　cinco　会L9
いってきます　Voy y vuelvo.　会G
いってらっしゃい　Que te vaya bien (lit., ve y vuelve).　会G
いっぷん　一分　un minuto　会L1(e)
いつも　siempre　読L6-III, 会L8
いぬ　犬　perro/rra　会L4
いま　今　ahora　会L1
いみ　意味　significado　会L11(e), 会L12
いもうと　妹　hermana menor　会L1, 会L7
いらっしゃいませ　Bienvenido (a nuestra tienda).　会L2
いりぐち　入口　entrada　会L10(e)
いる　(una persona) está en ... ; se queda en ... [ru]　会L4
いる　necesitar [u]　会L8
いろ　色　color　会L9
いろいろ（な）　varios　読L9-II
インド　la India　会L1
インフルエンザ　gripe　会L12

う

うぅん　oh, oh; no　会L8
うえ　上　sobre　会L4
うし　牛　vaca　読L12-II
うしろ　後ろ　atrás　会L4
うそをつく　decir una mentira [u]　会L11
うた　歌　canción　会L7
うたう　歌う　cantar [u]　会L7
うち　hogar; casa; mi casa　会L3
うちゅうひこうし　宇宙飛行士　astronauta　会L11
うみ　海　mar　会L5
うる　売る　vender [u]　読L10-II
うん　ajá; sí　会L8
うんてんする　運転する　conducir [irr.]　会L8
うんどうする　運動する　entrenar [irr.]　会L9

単語さくいん1 ◀361

あいう**えお** **かき**くけこ　さしすせそ　たちつてと　なにぬねの　はひふへほ　まみむめも　やゆよ　らりるれろ　わをん

え

エアコン　aire acondicionado　会L6
えいが　映画　película　会L3
えいご　英語　inglés (idioma)　会L2
ええ　sí　会L3
えき　駅　estación (de trenes)
　　　　　　　読L6-I, 会L10
エジプト　Egipto　会L1
エルサイズ　Ｌサイズ　talla L　会L5
～えん　～円　... yenes　会L2
えんぴつ　鉛筆　lápiz　会L2(e)

お

おいしい　delicioso　会L2
おうふく　往復　ida y vuelta　会L10(e)
おおい　多い　haber muchos ...　会L12
おおきい　大きい　grande　会L5
オーストラリア　Australia　会L1, 会L11
おかあさん　お母さん　madre
　　　　　　　会L1, 会L2
おかえり（なさい）　Bienvenido (a casa).
　　　　　　　会G
おかし　お菓子　aperitivo; golosinas
　　　　　　　会L11
おかね　お金　dinero　会L6
おかねもち　お金持ち　persona rica;
　　millonaria　会L10
おきる　起きる　levantarse [ru]　会L3
おこる　怒る　enfadarse [u]　読L12-II
おさけ　お酒　sake; bebida alcohólica
　　　　　　　会L3
おじいさん　abuelo; anciano　会L7
おしえる　教える　enseñar; instruir [ru]
　　　　　　　会L6
おじぞうさん　deidad tutelar de los niños
　　　　　　　読L10-II
おしょうがつ　お正月　Año Nuevo
　　　　　　　読L10-II, 会L11
おしり　お尻　nalgas　会L7(e)
おしろ　お城　castillo　読L5-II
おそい　遅い　lento; tarde　会L10
おそく　遅く　(hacer algo) tarde
　　　　　　　読L4-III, 会L8
おそくなる　遅くなる　llegar tarde [u]
　　　　　　　会L8
おだいじに　お大事に　Cuídate.; Que te
　　mejores.　会L12
おちゃ　お茶　té verde　会L3
おてあらい　お手洗い　baño; aseo　会L12
おてら　お寺　templo　会L4
おとうさん　お父さん　padre　会L1, 会L2
おとうと　弟　hermano menor
　　　　　　　会L1, 会L7

おとこのひと　男の人　hombre
　　　　　　　読L5-II, 会L7
おととい　antes de ayer　会L4(e)
おととし　el año antepasado　会L4(e)
おとな　大人　adulto　読L12-II
おどる　踊る　bailar [u]　会L9
おなか　estómago　会L7(e), 会L12
おなかがすく　tener hambre [u]　会L11
おなじ　同じ　mismo; igual　会L12
おにいさん　お兄さん　hermano mayor
　　　　　　　会L1, 会L7
おねえさん　お姉さん　hermana mayor
　　　　　　　会L1, 会L7
（～を）おねがいします　..., por favor.
　　　　　　　会L2
おばあさん　abuela; anciana　会L7
おはよう　Buenos días.　会G
おはようございます　Buenos días
　　(cortés).　会G
おふろ　お風呂　baño　会L8
おふろにはいる　お風呂に入る
　　bañarse [u]　会L8
おへんじ　お返事　respuesta　読L11-II
おべんとう　お弁当　caja de almuerzo
　　　　　　　会L9
おぼえる　覚える　memorizar [ru]　会L9
おまつり　お祭り　festival　会L11
おまんじゅう　manju (bollo dulce)
　　　　　　　読L4-III
おみやげ　お土産　recuerdo; souvenir
　　　　　　　会L5
おもう　思う　pensar [u]　会L8
おもしろい　面白い　interesante;
　　divertido　会L5
おもち　pastel de arroz　読L10-II
おもちゃ　juguete　会L11
おやすみ（なさい）　Buenas noches (antes
　　de irse a dormir).　会G
およぐ　泳ぐ　nadar [u]　会L5
おりる　降りる　bajarse [ru]　会L6
オレンジ　naranja　会L9(e)
おわる　終わる　(algo) termina [u]　会L9
おんがく　音楽　música　会L3
おんせん　温泉　spa; aguas termales
　　　　　　　会L11
おんなのひと　女の人　mujer
　　　　　　　読L5-II, 会L7

か

～か～　o　会L10
～が　..., pero　読L5-II, 会L7
カーテン　cortina　会L2(e)
がいこく　外国　país extranjero　会L11
かいさつ　改札　puerta　会L10(e)

かいしゃ　会社　empresa　会L7
かいしゃいん　会社員　oficinista
　　　　　　　会L1, 会L8
かいだん　階段　escaleras　会L10(e)
かいもの　買い物　compras　会L4
かう　買う　comprar [u]　会L4
かう　飼う　tener (una mascota) [u]
　　　　　　　会L11
かえす　返す　devolver (una cosa) [u]
　　　　　　　会L6
かえる　帰る　volver; regresar [u]　会L3
かお　顔　cara　会L7(e), 会L10
かおがあおい　顔が青い　estar pálido
　　　　　　　会L9(e)
かかる　tomar (cantidad de tiempo/dinero)
　　[u]　会L10
かく　書く　escribir [u]　会L4
がくせい　学生　estudiante　会L1
がくわり　学割　descuento para
　　estudiantes　会L10(e)
～かげつ　～か月　(por) ... meses　会L10
（めがねを）かける　（眼鏡を）かける
　　ponerse (lentes/gafas) [ru]　会L7
かさ　sombrero de bambú　読L10-II
かさ　傘　paraguas　会L2
かし　菓子　aperitivo; golosinas　会L11
かしゅ　歌手　cantante　会L11
かぜ　風邪　resfriado　会L12
かぜをひく　風邪をひく　resfriarse [u]
　　　　　　　会L12
かぞく　家族　familia　会L7
かた　肩　hombro　会L7(e)
かたいいいかた　かたい言い方
　　expresión de libro　会L11(e)
かたみち　片道　solo ida　会L10(e)
かっこ　paréntesis　会L11(e)
かっこいい　guapo　会L5
がっこう　学校　escuela　会L3
かど　角　esquina　会L6(e)
かなう　cumplirse [u]　読L12-II
かなしい　悲しい　triste　読L10-II
カナダ　Canadá　会L1
かね　金　dinero　会L6
かねもち　金持ち　persona rica;
　　millonaria　会L10
かのじょ　彼女　ella; novia　会L12
かばん　bolsa; bolso　会L2
カフェ　cafetería　会L3
かぶき　歌舞伎　Kabuki; arte teatral
　　tradicional japonés　会L9
かぶせる　poner (un sombrero) en la
　　cabeza de una persona [ru]　読L10-II
かぶる　ponerse (un sombrero) [u]　会L7
かふんしょう　花粉症　alergia al polen
　　　　　　　会L12(e)

| あいうえお | **かきくけこ** | さしすせそ | たちつてと | なにぬねの | はひふへほ | まみむめも | やゆよ | らりるれろ | わをん |

かみ 髪 pelo 会L7, 会L7(e)
かみさま 神様 Dios 読L12-II
カメラ cámara 会L8
かようび 火曜日 martes 会L4, 会L4(e)
〜から desde ... 読L7-II, 会L9
カラオケ karaoke 会L8
からだにきをつける 体に気をつける cuidarse a sí mismo [ru] 読L7-II
かりる 借りる pedir prestado [ru] 会L6
かれ 彼 él; novio 会L12
かれし 彼氏 novio 会L12
かわ 川 río 会L11
かわいい lindo; tierno 会L7
かわいそう（な） lamentable 読L12-II
がんか 眼科 oftalmólogo/ga 会L12(e)
かんこく 韓国 Corea (del Sur) 会L1, 会L2
かんごし 看護師 enfermero/ra 会L1, 会L11
かんじ 漢字 kanji; caracter chino 会L6
かんたん（な） 簡単 fácil; simple 会L10
かんぱい 乾杯 ¡Salud! (brindis) 会L8

きいろい 黄色い amarillo 会L9(e)
きおん 気温 temperatura (clima, no cosas) 会L8
きく 聞く escuchar; oír [u] 会L3
きく 聞く preguntar [u] 会L5
きせつ 季節 estación 会L10
きた 北 norte 会L6(e)
ギター guitarra 会L9
きっぷ 切符 ticket (de tren) 会L12
きっぷうりば 切符売り場 zona de venta de billetes 会L10(e)
きのう 昨日 ayer 会L4, 会L4(e)
きぶんがわるい 気分が悪い sentirse enfermo 会L12(e)
きめる 決める decidir [ru] 会L10
きもの 着物 kimono; traje tradicional japonés 読L9-II
キャベツ col 会L8(e)
キャンプ campamento 会L11
きゅうこう 急行 expreso 会L10(e)
ぎゅうにく 牛肉 ternera 会L8(e)
ぎゅうにゅう 牛乳 leche 会L10
きゅうふん 九分 nueve minutos 会L1(e)
きゅうり pepino 会L8(e)
きょう 今日 hoy 会L3, 会L4(e)
きょうかしょ 教科書 libro de texto 会L6
きょうし 教師 maestro/ra de escuela 会L11

きょうだい 兄弟 hermanos y hermanas 会L7
きょうつうご 共通語 lenguaje común 会L11(e)
きょうみがある 興味がある estar interesado (en ...) [u] 会L12
〜ぎょうめ 〜行目 número de línea ... 会L11(e)
きょねん 去年 el año pasado 会L4(e), 会L9
きらい（な） 嫌い no gustar; disgustar 会L5
きる 切る cortar [u] 会L8
きる 着る ponerse; llevar; usar (prendas de cintura hacia arriba) [ru] 会L7
きれい（な） bonito; limpio 会L5
きんいろ 金色 dorado 会L9(e)
ぎんいろ 銀色 plateado 会L9(e)
ぎんこう 銀行 banco 会L2
きんじょ 近所 barrio 読L11-II
きんちょうする 緊張する ponerse nervioso [irr.] 会L12
きんようび 金曜日 viernes 会L4, 会L4(e)

くがつ 九月 septiembre 会L4(e)
くじ 九時 las nueve en punto 会L1(e)
くしゃみ estornudo 会L12(e)
くすり 薬 medicina 会L9
くすりをのむ 薬を飲む tomar medicamentos [u] 会L9
くだけたいいかた くだけた言い方 expresión coloquial 会L11(e)
（〜を）ください Por favor, deme ... 会L2
くだもの 果物 fruta 会L5
くち 口 boca 会L7, 会L7(e)
くつ 靴 zapatos 会L2
くに 国 país; lugar de origen 会L6
くび 首 cuello 会L7(e)
くもり 曇り nublado 会L8
〜ぐらい alrededor de (medida aproximada) 会L4
クラス clase 会L4
グリーン verde 会L9(e)
くる 来る venir [irr.] 会L3
くるま 車 auto; coche; carro 会L7
グレー gris 会L9(e)
くろい 黒い negro 会L9, 会L9(e)

けいざい 経済 economía 会L1, 会L2
けいさつかん 警察官 policía 会L11
ケーキ pastel 会L10
ゲーム juego 会L4

けが lesión 会L12(e)
げか 外科 cirujano/na 会L12(e)
けさ 今朝 esta mañana 会L8
けしゴム 消しゴム borrador; goma 会L2(e)
けす 消す apagar; borrar [u] 会L6
けっこうです 結構です Estaría bien.; No sería necesario. 会L6
けっこんする 結婚する casarse [irr.] 会L7
げつようび 月曜日 lunes 会L4, 会L4(e)
げり 下痢 diarrea 会L12(e)
けんかする pelear [irr.] 会L11
げんき（な） 元気 saludable; enérgico 会L5
げんきがない 元気がない no se ve bien; no parece sano/animado 会L12
けんきゅうしゃ 研究者 investigador/ra 会L11

〜ご 〜後 después de ... 会L10
〜ご 〜語 idioma ... 会L1
こうえん 公園 parque 会L4
こうがく 工学 ingeniería 会L1
こうこう 高校 escuela secundaria superior 会L1
こうこうせい 高校生 estudiante de secundaria superior 会L1
こうせいぶっしつ 抗生物質 antibiótico 会L12(e)
こうつうけいアイシーカード 交通系 ICカード tarjeta recargable como Suica, Icoca, Pasmo, etc. 会L10(e)
こえ 声 voz 読L10-II
コーヒー café 会L3
ゴールド dorado 会L9(e)
ごがつ 五月 mayo 会L4(e)
こくさいかんけい 国際関係 relaciones internacionales 会L1
こくばん 黒板 pizarra de tiza 会L2(e)
ここ aquí 会L2
ごご 午後 p.m. 会L1
ここのか 九日 el noveno día del mes 会L4(e)
ここのつ 九つ nueve 会L9
ごじ 五時 las cinco en punto 会L1(e)
ごぜん 午前 a.m. 会L1
ごぜんちゅう 午前中 por la mañana 読L9-II
こたえ 答／答え respuesta 会L11(e)
こたえる 答える responder [ru] 読L8-II
ごちそう comida excelente 読L9-II
ごちそうさま（でした） Gracias por la comida (después de comer). 会G

単語さくいん1

あいうえお　かきくけ**こ**　**さ**しすせそ　たちつてと　なにぬねの　はひふへほ　まみむめも　やゆよ　らりるれろ　わをん

こちら　esta persona (cortés)　会L11
こっせつする　骨折する　fracturarse (un hueso)　会L12(e)
こと　cosas; asuntos　読L11-II
ことし　今年　este año　会L4(e), L10
こども　子供　niño/ña　会L4
この　este ...　会L2
このあいだ　この間　el otro día　読L8-II
このごろ　hoy en día　会L10
ごはん　ご飯　arroz; comida　会L4
ごふん　五分　cinco minutos　会L1(e)
ごめんなさい　Lo siento.; Perdón.　会L4
これ　este　会L2
これから　a partir de ahora　読L11-II
〜ごろ　sobre las ...　会L3
ごろごろする　relajarse en casa; quedarse en casa sin hacer nada [irr.]　会L10
こわい　怖い　espeluznante; que da miedo　会L5
こんいろ　紺色　azul marino　会L9(e)
こんがっき　今学期　este semestre　会L11
こんげつ　今月　este mes　会L4(e), L8
コンサート　concierto　会L9
こんしゅう　今週　esta semana　会L4(e), L6
こんど　今度　futuro cercano　会L9
こんにちは　Buenas tardes.　会G
こんばん　今晩　esta noche　会L3
こんばんは　Buenas tardes/noches.　会G
コンビニ　tienda de conveniencia　会L2
コンピューター　informática　会L1, L2

サークル　actividad del club　会L7
サーフィン　surf　会L5
〜さい　〜歳　... años de edad　会L1
さいごに　最後に　por último　読L8-II
さいふ　財布　cartera; billetera　会L2
さかな　魚　pescado　会L2
さくぶん　作文　ensayo; composición　会L9
さけ　酒　sake; bebida alcohólica　会L3
さっか　作家　escritor/ra　会L11
サッカー　fútbol　会L10
ざっし　雑誌　revista　会L3
さびしい　寂しい　solitario　会L9
サボる　faltar a clases (sin permiso) [u]　会L11
〜さま　〜様　Sr./Sra. ...　読L5-II
さむい　寒い　frío (tiempo, no cosas)　会L5
さようなら　Adiós.　会G
さらいげつ　再来月　el mes subsiguiente　会L4(e)

さらいしゅう　再来週　la semana subsiguiente　会L4(e)
さらいねん　再来年　el año subsiguiente　会L4(e)
〜さん　Sr./Sra. ...　会L1
さんがつ　三月　marzo　会L4(e)
ざんぎょう　残業　trabajo en horas extras　読L8-II
さんじ　三時　las tres en punto　会L1(e)
さんじっぷん/さんじゅっぷん　三十分　treinta minutos　会L1(e)
ざんねん（ですね）　残念（ですね）　Es una pena.　会L8
さんふじんか　産婦人科　obstetra y ginecólogo/ga　会L12(e)
さんぷん　三分　tres minutos　会L1(e)
さんぽする　散歩する　dar un paseo [irr.]　会L9

〜じ　〜時　en punto　会L1
しあい　試合　partido; juego　会L12
しあわせ（な）　幸せ　feliz　読L10-II
ジーンズ　jeans; vaqueros　会L2
シェフ　chef　読L6-III, 会L11
しか　歯科　dentista　会L12(e)
しがつ　四月　abril　会L4(e)
じかん　時間　tiempo　会L10
〜じかん　〜時間　... horas　会L4
しけん　試験　examen　会L9
しごと　仕事　trabajo; ocupación　会L8
じしょ　辞書　diccionario　会L2(e)
しずか（な）　静か　tranquilo　会L5
じぞう　deidad tutelar de los niños　読L10-II
した　下　bajo　会L4
しちがつ　七月　julio　会L4(e)
しちじ　七時　las siete en punto　会L1(e)
しっています　知っています　lo sé　会L7
じっぷん　十分　diez minutos　会L1(e)
しつもん　質問　pregunta　会L11(e)
していせき　指定席　asiento reservado　会L10(e)
じてんしゃ　自転車　bicicleta　会L2
しぬ　死ぬ　morir [u]　会L6
じはつ　次発　el que parte después　会L10(e)
じびか　耳鼻科　otorrinolaringólogo/ga　会L12(e)
じぶん　自分　uno mismo　読L10-II
しめきり　締め切り　plazo　会L11(e)
しめる　閉める　cerrar (algo) [ru]　会L6
じゃあ　entonces ...; si ese es el caso, ...　会L2

ジャーナリスト　periodista　会L11
じゃがいも　patata　会L8(e)
しゃしん　写真　imagen; fotografía　会L4
しゃちょう　社長　presidente de una empresa　会L11
シャワー　ducha　会L6
シャワーをあびる　シャワーを浴びる　ducharse [ru]　会L6
じゅういちがつ　十一月　noviembre　会L4(e)
じゅういちじ　十一時　las once en punto　会L1(e)
じゅういちにち　十一日　el undécimo día del mes　会L4(e)
じゅういっぷん　十一分　once minutos　会L1(e)
じゅうがつ　十月　octubre　会L4(e)
〜しゅうかん　〜週間　(por) ... semanas　会L10
じゅうきゅうふん　十九分　diecinueve minutos　会L1(e)
じゅうごふん　十五分　quince minutos　会L1(e)
じゅうさんぷん　十三分　trece minutos　会L1(e)
じゅうじ　十時　las diez en punto　会L1(e)
ジュース　jugo; zumo　会L12
じゆうせき　自由席　asiento no numerado　会L10(e)
しゅうでん　終電　último tren　会L10(e)
じゅうななふん　十七分　diecisiete minutos　会L1(e)
じゅうにがつ　十二月　diciembre　会L4(e)
じゅうにじ　十二時　las doce en punto　会L1(e)
じゅうにふん　十二分　doce minutos　会L1(e)
じゅうはちふん/じゅうはっぷん　十八分　dieciocho minutos　会L1(e)
しゅうまつ　週末　fin de semana　会L3
じゅうよっか　十四日　el decimocuarto día del mes　会L4(e)
じゅうよんぷん　十四分　catorce minutos　会L1(e)
じゅうろっぷん　十六分　dieciséis minutos　会L1(e)
じゅぎょう　授業　clase　会L11
じゅく　塾　escuela intensiva　読L7-II
しゅくだい　宿題　deberes; tareas　会L5
しゅじゅつ　手術　operación; cirugía　会L12(e)
しゅっしん　出身　nacido en; proveniente de　会L11
じゅっぷん　十分　diez minutos　会L1(e)

あいうえお　かきくけこ　さ**し す せ そ**　**た ち**つてと　なにぬねの　はひふへほ　まみむめも　やゆよ　らりるれろ　わをん

しゅふ　主婦　ama de casa　会L1
しょうかいする　紹介する　presentar [irr.]　会L11
しょうがつ　正月　Año Nuevo 読L10-II, 会L11
じょうしゃけん　乗車券　billete (de embarque)　会L10(e)
じょうず（な）　上手　hábil; bueno en ... 会L8
しょうぼうし　消防士　bombero/ra 会L11
しょうらい　将来　futuro　会L11
しょくご　食後　después de las comidas 会L12(e)
しょくどう　食堂　cafetería; comedores 会L7
しり　尻　nalgas, trasero　会L7(e)
しりません　知りません　no lo sé　会L7
しる　知る　conocer [u]　会L7
シルバー　plateado　会L9(e)
しろ　城　castillo　読L5-II
しろい　白い　blanco　会L9, 会L9(e)
しろくろ　白黒　blanco y negro　会L9(e)
〜じん　〜人　persona de ... [como gentilicio]　会L1
しんかんせん　新幹線　Shinkansen; «tren bala»　会L10
しんごう　信号　semáforo　会L6(e)
じんじゃ　神社　santuario　会L11
しんせつ（な）　親切　amable　会L7
しんぱいする　心配する　preocuparse [irr.]　会L12
しんぶん　新聞　periódico　会L2

すいか　sandía　会L8(e)
すいようび　水曜日　miércoles 会L4, 会L4(e)
スーパー　supermercado　会L4
すき（な）　好き　gustar　会L5
スキー　esquí　会L9
すぐ　de inmediato　会L6
すごく　extremadamente　会L5
すこし　少し　un poco　読L7-II
すし　sushi　会L10
すずしい　涼しい　fresco (tiempo, no cosas)　会L10
すてき（な）　素敵　bonito　会L12
すてる　捨てる　tirar [ru]　会L8
ストレス　estrés　読L8-II
スペイン　España　会L8
スポーツ　deportes　会L3
スポーツせんしゅ　スポーツ選手　atleta　会L11
スマホ　smartphone; móvil; celular　会L2

すみません　Disculpe.; Lo siento.　会G
すむ　住む　vivir en [u]　会L7
する　hacer [irr.]　会L3
すわる　座る　sentarse [u]　会L6

せいかつ　生活　vida; vivir　会L10
せいけいげか　整形外科　cirujano/na ortopédico/ca　会L12(e)
せいじ　政治　política　会L1, 会L12
せいせき　成績　nota (en un examen, etc.)　会L12
せいぶつがく　生物学　biología　会L1
せいり　生理　periodo　会L12(e)
せかい　世界　mundo　会L10
せがたかい　背が高い　alto (estatura) 会L7
せがひくい　背が低い　bajo (estatura) 会L7
せき　tos　会L12
せきがでる　せきが出る　toser [ru] 会L12
せなか　背中　espalda (cuerpo)　会L7(e)
ぜひ　是非　a toda costa; sin falta　会L9
せまい　狭い　estrecho; no espacioso 会L12
せんげつ　先月　el mes pasado 会L4(e), 会L9
せんこう　専攻　especialidad　会L1
せんしゅう　先週　la semana pasada 会L4, 会L4(e)
せんせい　先生　profesor/ra　会L1
ぜんぜん＋negativo　全然　no, en absoluto　会L3
せんたくする　洗濯する　lavar la ropa [irr.]　会L8
せんぱつ　先発　el que parte primero 会L10(e)

そ

そう　(creo que) sí　会L9
そうじする　掃除する　limpiar [irr.] 会L8
そうです　Así es.　会L1
そうですか　Ya veo.; ¿Es así?　会L1
そうですね　Así es.; A ver.　会L3
そこ　ahí　会L2
そして　y luego　読L9-II, 会L11
その　ese ...　会L2
それ　ese　会L2
それから　y luego　会L4
それに　además, ...　会L12

〜だい　〜代　tarifa; tasa　会L12
ダイエットする　ponerse a dieta [irr.] 会L11
たいおんけい　体温計　termómetro 会L12(e)
だいがく　大学　universidad; instituto 会L1
だいがくいんせい　大学院生　estudiante de posgrado　会L1
だいがくせい　大学生　estudiante universitario　会L1
だいきらい（な）　大嫌い　odiar　会L5
だいじょうぶ　大丈夫　Está bien.; No hay que preocuparse.; Todo está bajo control.　会L5
だいすき（な）　大好き　gustar mucho 会L5
たいてい　normalmente　会L3
だいとうりょう　大統領　presidente de un país　会L11
たいへん（な）　大変　difícil (situación) 読L5-II, 会L6
たかい　高い　caro; alto　会L2
だから　así que; por lo tanto　会L4
たくさん　muchos; mucho　会L4
〜だけ　solo ...　会L11
ただいま　Ya llegué (a casa).　会G
たつ　立つ　ponerse de pie [u]　会L6
たとえば　例えば　por ejemplo　会L11(e)
たのしい　楽しい　divertido　会L5
(〜を)たのしみにする　楽しみにする esperar (a) [irr.]　読L7-II
たばこをすう　たばこを吸う　fumar [u]　会L6
たぶん　多分　probablemente; tal vez 会L12
たべもの　食べ物　comida　会L5
たべる　食べる　comer [ru]　会L3
たまご　卵　huevo　会L12
たまねぎ　cebolla　会L8(e)
だれ　quién　会L2
たんご　単語　palabra; vocabulario　会L9
たんざく　papel para escribir poemas 読L12-II
たんじょうび　誕生日　cumpleaños 会L5

ち

ちいさい　小さい　pequeño　会L5
ちかく　近く　cerca; cercano　会L4
ちかてつ　地下鉄　metro　会L10
チケット　boleto　会L9

単語さくいん1　365

あいうえお　かきくけこ　さしすせそ　**ちつってと**　**な**にぬねの　はひふへほ　まみむめも　やゆよ　らりるれろ　わをん

ちこくする　遅刻する　llegar tarde (a una cita) [irr.]　会L11
ちち　父　(mi) padre　会L7
ちゃ　茶　té verde　会L3
ちゃいろい　茶色い　marrón　会L9(e)
ちゅうごく　中国　China　会L1, 会L2
ちゅうしゃ　注射　inyección　会L12(e)
ちょっと　un poco　会L3

ツアー　tour　会L10
ついたち　一日　el primer día del mes 会L4(e)
つかう　使う　utilizar [u]　会L6
つかれている　疲れている　estar cansado　読L8-II
つかれる　疲れる　cansarse [ru]　会L11
つぎ　次　siguiente　会L6
つぎに　次に　en segundo lugar　読L8-II
つぎは〜　次は〜　siguiente (parada) ... 会L10(e)
つくえ　机　escritorio　会L2(e), 会L4
つくる　作る　hacer [u]　会L8
つける　encender [ru]　会L6
つまらない　aburrido　会L5
つめたい　冷たい　frío (cosas/personas) 会L10
つり　pesca　会L11
つれてかえる　連れて帰る　traer (a una persona) de vuelta [u]　読L12-II
つれてくる　連れてくる　traer (a una persona) [irr.]　会L6

て　手　mano; brazo　会L7(e)
〜で　en (medio de transporte); con (una herramienta)　会L10
ティーシャツ　Tシャツ　camiseta; playera　会L2
ていきけん　定期券　pase de plazo fijo 会L10(e)
ていねいないいかた　ていねいな言い方　expresión cortés　会L11(e)
デート　cita (romántica)　会L3
でかける　出かける　salir (a comer, al cine) [ru]　会L5
てがみ　手紙　carta　会L9
できるだけ　lo más posible　会L12
でぐち　出口　salida　会L10(e)
〜です　Yo soy ...　会G
テスト　examen　会L5
てつだう　手伝う　ayudar [u]　会L6
テニス　tenis　会L3
では、おげんきで　では、お元気で　Cuídese.　読L5-II

デパート　grandes almacenes　会L7
てぶくろ　手袋　guantes　会L10
でも　pero　会L3
てら　寺　templo　会L4
でる　出る　aparecer; asistir; salir [ru] 読L6-I, 会L9
テレビ　TV　会L3
てん　天　los cielos; cielo　読L12-II
〜てん　〜点　... puntos　会L11
てんき　天気　tiempo (atmosférico)　会L5
でんき　電気　luz　会L2(e), 会L6
てんきよほう　天気予報　pronóstico del tiempo　会L8
でんしゃ　電車　tren　会L6
てんてき　点滴　alimentación intravenosa 会L12(e)
てんぷら　天ぷら　tempura　会L10
でんわ　電話　teléfono　会L1
でんわする　電話する　llamar [irr.] 会L6

と　戸　puerta　読L10-II
〜と　junto con (una persona); y　会L4
〜ど　〜度　... grados (temperatura)　会L8
ドア　puerta　会L2(e)
トイレ　cuarto de baño; WC　会L2
どう　cómo　会L8
どうして　por qué　会L4
どうぞ　Por favor.; Aquí tiene.　会L2
どうですか　¿Qué tal...?; ¿Cómo es...? 会L3
どうぶつえん　動物園　zoológico　会L10
どうも　Gracias.　会L2
どうやって　cómo; con qué medios　会L10
とお　十　diez　会L9
とおか　十日　el décimo día del mes 会L4(e)
とき　時　cuando ... ; durante ...　会L4
ときどき　時々　a veces　会L3
とけい　時計　reloj　会L2
どこ　dónde　会L2
ところ　所　lugar　会L8
ところで　por cierto; a propósito　会L9
とし　年　año　読L10-II
としうえ　年上　alguien mayor　会L10
としょかん　図書館　biblioteca　会L2
どちら　cuál　会L10
とっきゅう　特急　superexpreso 会L10(e)
どっち　cuál　会L10
とても　muy　会L5
となり　隣　siguiente　会L4
どの　cuál ...　会L2
どのぐらい　cuánto; cuánto tiempo 会L10
トマト　tomate　会L8

とまる　泊まる　alojarse (en un hotel, etc.) [u]　会L10
ともだち　友だち　amigo/ga　会L1
どようび　土曜日　sábado　会L3, 会L4(e)
ドライブ　paseo (en coche)　会L11
とりにく　鶏肉　pollo　会L8(e)
とる　取る　tomar (una clase); obtener (una nota) [u]　読L7-II, 会L11
とる　撮る　tomar (una foto) [u]　会L4
とる　quitarse [u]　読L10-II
どれ　cuál　会L2
とんかつ　chuleta de cerdo　会L2
どんな　qué tipo de ...　会L5

ないか　内科　médico/ca　会L12(e)
なか　中　adentro　会L4
ながい　長い　largo　会L7
なく　泣く　llorar　読L12-II
なくす　perder; extraviar [u]　会L12
なす　berenjena　会L8(e)
なつ　夏　verano　会L8
〜など　y así sucesivamente　読L12-II
ななつ　七つ　siete　会L9
ななふん　七分　siete minutos　会L1(e)
なに　何　qué　会L1
なにか　何か　algo　会L8
なにも + negativo　何も　no ... nada 会L7
なのか　七日　el séptimo día del mes 会L4(e)
なまえ　名前　nombre　会L1
ならう　習う　aprender [u]　会L11
なる　convertirse en; llegar a ser [u] 会L10
なん　何　qué　会L1

にかげつまえ　二か月前　hace dos meses 会L4(e)
にがつ　二月　febrero　会L4(e)
にぎやか (な)　animado　会L5
にく　肉　carne　会L2
にさんにち　二三日　dos o tres días 会L12
にし　西　oeste　会L6(e)
にじ　二時　las dos en punto　会L1(e)
にじっぷん　二十分　veinte minutos 会L1(e)
にじはん　二時半　las dos y media　会L1
にしゅうかんまえ　二週間前　hace dos semanas　会L4(e)
にじゅうよっか　二十四日　el día veinticuatro del mes　会L4(e)
にじゅっぷん　二十分　veinte minutos 会L1(e)

あいうえお　かきくけこ　さしすせそ　たちつてと　な**にぬねの**　**は**ひふへほ　まみむめも　やゆよ　らりるれろ　わをん

にちようび　日曜日　domingo 会L3, 会L4(e)
〜について　sobre ...; en relación con ... 会L8
にっき　日記　diario (de vida) 読L9-II
にふん　二分　dos minutos 会L1(e)
にほん　日本　Japón 会L1
にほんご　日本語　idioma japonés 会L1
にほんじん　日本人　los japoneses 会L1
にもつ　荷物　equipaje 会L6
〜にん　〜人　[contador de personas] 会L7
にんきがある　人気がある　ser popular [u] 会L9
にんじん　zanahoria 会L8(e)

ねがい　願い　deseo 読L12-II
ねこ　猫　gato/ta 会L4
ねつがある　熱がある　tener fiebre [u] 会L12
ねむい　眠い　somnoliento 会L10
ねる　寝る　dormir; irse a dormir [ru] 会L3
〜ねん　〜年　... años 会L10
〜ねんせい　〜年生　estudiante de ... año 会L1

ノート　cuaderno 会L2
のど　喉　garganta 会L12
のどがかわく　喉が渇く　tener sed [u] 会L12
のぼる　登る　escalar [u] 会L11
のみもの　飲み物　bebida 会L5
のむ　飲む　tomar; beber [u] 会L3
のりかえ　乗り換え　transbordo 会L10(e)
のる　乗る　montar; abordar [u] 会L5

は　歯　dientes 会L7(e), 会L12
パーティー　fiesta 会L8
バーベキュー　barbacoa 会L8
はい　sí 会L1
はいいろ　灰色　gris 会L9(e)
ばいてん　売店　tienda; puesto 会L10(e)
はいゆう　俳優　actor; actriz 会L11
はいる　入る　entrar [u] 会L6
はく　ponerse; llevar; usar (prendas bajo la cintura) [u] 会L7
はく　吐く　vomitar [u] 会L12(e)
はし　palillos 会L8
はじまる　始まる　(algo) comienza [u] 会L9

はじめて　初めて　por primera vez 会L12
はじめまして　Mucho gusto. 会G
はじめる　始める　empezar [ru] 会L8
はしる　走る　correr [u] 会L11
バス　autobús 会L5
バスてい　バス停　parada de autobús 会L4
パソコン　computadora personal 会L6
はたけ　畑　granja 読L12-II
はたらく　働く　trabajar [u] 会L7
はたをおる　はたを織る　tejer [u] 読L12-II
はちがつ　八月　agosto 会L4(e)
はちじ　八時　las ocho en punto 会L1(e)
はちふん　八分　ocho minutos 会L1(e)
ばつ　× (incorrecto) 会L11(e)
はつおん　発音　pronunciación 会L11(e)
はつか　二十日　el vigésimo día del mes 会L4(e)
はっしん　発疹　sarpullido 会L12(e)
はっぷん　八分　ocho minutos 会L1(e)
はな　花　flor 会L4
はな　鼻　nariz 会L7(e)
はなし　話　historia; charla 読L8-II
はなしをする　話をする　tener una charla [irr.] 読L9-II
はなす　話す　hablar; conversar [u] 会L3
はなみず　鼻水　gotear la nariz 会L12(e)
はは　母　(mi) madre 会L7
はやい　早い　temprano 会L3
はやい　速い　rápido 会L7
はやく　早く / 速く　(hacer algo) pronto; rápido 会L10
はらう　払う　pagar [u] 会L12
ハラルフード　halal 会L8(e)
はる　春　primavera 会L10
はれ　晴れ　soleado 会L8
はん　半　y media 会L1
パン　pan 会L4
〜ばん　〜番　número ... 会L1, 会L11(e)
ばんごう　番号　número 会L1
ばんごはん　晩ご飯　cena 会L3
〜ばんせん　〜番線　vía número ... 会L10(e)
バンド　banda 読L11-II
ハンバーガー　hamburguesa 会L3

ピアノ　piano 会L9
ピーナッツ　cacahuete, maní 会L8(e)
ビール　cerveza 会L11
ひがし　東　este 会L6(e)
ひく　弾く　tocar (un instrumento de cuerda o un piano) [u] 会L9

ひこうき　飛行機　avión 会L10
ピザ　pizza 読L6-III, 会L9
ひさしぶり　久しぶり　cuánto tiempo (sin vernos) 会L11
ビジネス　negocios 会L1, 会L2
びじゅつかん　美術館　museo de arte 会L11
ひだり　左　izquierda 会L4
ひだりがわ　左側　lado izquierdo 会L6(e)
びっくりする　sorprenderse [irr.] 読L10-II
ひと　人　persona 会L4
ひとつ　一つ　uno 会L9
ひとつめ　一つ目　primero 会L6(e)
ひとびと　人々　personas 読L12-II
ひとり　一人　una persona 会L7
ひとりで　一人で　solo 会L4
ひふか　皮膚科　dermatólogo/ga 会L12(e)
ひま(な)　暇　desocupado; libre (tiempo) 会L5
びようい ん　美容院　salón de belleza 会L10
びょういん　病院　hospital 会L4
びょうき　病気　enfermedad 会L9, 会L12(e)
ひる　昼　mediodía 読L9-II
ひるごはん　昼ご飯　almuerzo 会L3
ひろい　広い　amplio; espacioso 会L12
ピンク　rosado 会L9(e)

フィリピン　Filipinas 会L1
ふく　服　ropa 会L12
ふくろ　袋　bolsa de plástico o papel 会L8(e)
ふたつ　二つ　dos 会L9
ふたつめ　二つ目　segundo 会L6(e)
ぶたにく　豚肉　cerdo 会L8(e)
ふたり　二人　dos personas 会L7
ふたりずつ　二人ずつ　cada dos personas 会L11(e)
ふつう　普通　local 会L10(e)
ふつか　二日　el segundo día del mes 会L4(e)
ふつかよい　二日酔い　resaca 会L12
ぶどう　uva 会L8(e)
ふとっています　太っています　estar algo pasado de peso; con sobrepeso 会L7
ふとる　太る　ganar peso [u] 会L7
ふね　船　buque; barco 会L10
ふゆ　冬　invierno 会L8
(あめ/ゆきが)ふる　(雨/雪が)降る　caer (lluvia/nieve) [u] 会L8

単語さくいん 1 ◀ 367

あいうえお　かきくけこ　さしすせそ　たちつてと　なにぬねの　はひ**ふへほ**　**まみむめも**　**や**ゆよ　らりるれろ　わをん

ふるい　古い　viejo (cosa, no se usa para personas)　会L5
プレゼント　regalo　会L12
ふろ　風呂　baño　会L8
ふろにはいる　風呂に入る　bañarse [u]　会L8
ぶんか　文化　cultura　読L11-II
ぶんがく　文学　literatura　会L1, 読L7-II
ぶんぽう　文法　gramática　会L11(e)

へいじつ　平日　día laborable　読L11-II
ページ　página　会L6
ベージュ　beige　会L9(e)
へた (な)　下手　torpe; malo en ...　会L8
べつに + negativo　別に　nada en especial　会L7
へや　部屋　habitación　会L5
ペン　pluma; bolígrafo　会L2
べんきょうする　勉強する　estudiar [irr.]　会L3
べんごし　弁護士　abogado/da　会L1
へんじ　返事　respuesta　読L11-II
べんとう　弁当　caja de almuerzo　会L9
べんぴ　便秘　estreñimiento　会L12(e)
べんり (な)　便利　práctico　会L7

ほうげん　方言　dialecto　会L11(e)
ぼうし　帽子　sombrero; gorra　会L2
〜ほうめん　〜方面　en dirección a ...　会L10(e)
ホーム　andén　会L10(e)
ホームシック　morriña; nostalgia　会L12
ホームステイ　estancia con una familia anfitriona; vivir con una familia local　会L8
ほかに　cualquier otra cosa　会L11(e)
ぼく　僕　yo (utilizado por los hombres)　会L5
ほけんしょう　保険証　certificado del seguro médico　会L12(e)
〜ぼしゅう　〜募集　se busca ...　読L11-II
ホストファミリー　familia anfitriona　読L9-II, 会L11
ホテル　hotel　会L4
ホラー　horror　読L11-II
ボランティア　voluntario/ria　読L11-II
ほん　本　libro　会L2, 会L2(e)
ほんとうですか　本当ですか　¿De verdad?　会L6
ほんや　本屋　librería　会L4

まあまあ　ok; más o menos　会L11
〜まい　〜枚　[contador de objetos planos]　会L5
まいしゅう　毎週　todas las semanas　会L8
まいにち　毎日　todos los días　会L3
まいばん　毎晩　todas las noches　会L3
まえ　前　delante de　会L4
まがる　曲がる　girar (derecha/izquierda) [u]　会L6(e)
まじめ (な)　serio; sobrio; diligente　読L12-II
まず　en primer lugar　読L8-II
まだ + negativo　no ... todavía　会L8
まち　町　pueblo; ciudad　会L4
まつ　待つ　esperar [u]　会L4
まっすぐ　ir recto　会L6(e), 読L6-I
まつり　祭り　festival　会L11
〜まで　hasta (lugar/tiempo)　会L9
〜までに　antes de (hora/fecha)　読L12-II
まど　窓　ventana　会L2(e), 会L6
まゆげ　眉毛　cejas　会L7(e)
まる　○ (correcto)　会L11(e)
まんがか　漫画家　dibujante de manga　会L11
まんじゅう　manju (bollo dulce)　読L4-III

みかん　mandarina　会L8(e)
みぎ　右　derecha　会L4
みぎがわ　右側　lado derecho　会L6(e)
みじかい　短い　corto (longitud)　会L7
みず　水　agua　会L3
みずいろ　水色　celeste　会L9(e)
みずうみ　湖　lago　会L11
みせ　店　tienda; almacén　会L4-III
みっか　三日　el tercer día del mes　会L4(e)
みつける　見つける　encontrar [ru]　読L12-II
みっつ　三つ　tres　会L9
みっつめ　三つ目　tercero　会L6(e)
みなさん　皆さん　todos; todos ustedes　会L6-III
みなみ　南　sur　会L6(e)
みみ　耳　oído　会L7(e)
みやげ　土産　recuerdo; souvenir　会L5
みる　見る　ver; mirar; observar [ru]　会L3
みんな　todos　読L7-II, 会L9
みんなで　todos juntos　会L8

むいか　六日　el sexto día del mes　会L4(e)
むかしむかし　昔々　érase una vez　読L10-II
むこう　向こう　el otro lado; allí　会L12-II
むしば　虫歯　caries　会L12(e)
むずかしい　難しい　difícil　会L5
むすめ　娘　hija　読L12-II
むっつ　六つ　seis　会L9
むね　胸　pecho　会L7(e)
むらさき　紫　morado　会L9(e)

め　目　ojo(s)　会L7, 会L7(e)
メール　correo electrónico　会L9
めがね　眼鏡　lentes; gafas　会L7
メキシコ　México　読L5-II
メニュー　menú　会L2
めまいがする　sentirse mareado　会L12(e)
メンバー　miembro; integrante　読L11-II

も

もう　ya　会L9
もうすぐ　muy pronto; en unos momentos/días　会L12
もくようび　木曜日　jueves　会L4, 会L4(e)
もしもし　¿Aló?; ¿Bueno? (contestando el teléfono)　会L4
もち　pastel de arroz　読L10-II
もちろん　por supuesto　会L7
もつ　持つ　llevar; sostener [u]　会L6
もっていく　持っていく　tomar (una cosa) [u]　会L8
もってくる　持ってくる　traer (una cosa) [irr.]　会L6
もっと　más　会L11
もの　物　cosa (objeto concreto)　会L12
もも　melocotón; durazno　会L8(e)
もらう　obtener (de alguien) [u]　会L9

やきゅう　野球　béisbol　会L10
やけどをする　quemarse　会L12(e)
やさい　野菜　verdura　会L2
やさしい　fácil (problema); amable (persona)　会L5
やすい　安い　económico; barato (cosa)　会L5
やすみ　休み　vacaciones; día libre; ausencia　会L5

あいうえお　かきくけこ　さしすせそ　たちつてと　なにぬねの　はひふへほ　まみむめも　**やゆよ　らりるれろ　わ**をん

やすむ　休む　faltar (a ...); descansar [u]　会L6

やせています　ser delgado　会L7

やせる　perder peso [ru]　会L7

やっつ　八つ　ocho　会L9

やま　山　montaña　読L5-II, 会L11

やまみち　山道　camino de montaña　読L10-II

やめる　dejar; abandonar [ru]　会L11

やる　hacer; realizar [u]　会L5

ゆ

ゆうびんきょく　郵便局　oficina de correos　会L2

ゆうめい (な)　有名　famoso　会L8

ゆうめいじん　有名人　famoso (persona)　会L10

ゆき　雪　nieve　読L10-II, 会L8

ゆっくり　despacio; con calma; sin prisas　会L6

ゆび　指　dedo　会L7(e)

ゆめ　夢　sueño　会L11

よ

ようか　八日　el octavo día del mes　会L4(e)

ようじ　用事　asuntos de los que ocuparse　会L12

よかったら　si quieres　会L7

よく　a menudo; mucho　会L3

よじ　四時　las cuatro en punto　会L1(e)

よっか　四日　el cuarto día del mes　会L4(e)

よっつ　四つ　cuatro　会L9

よむ　読む　leer [u]　会L3

よやく　予約　reserva　会L10

よる　夜　noche　読L5-II, 会L6

よろしくおねがいします　よろしくお願いします　Encantado de conocerte.　会G

よんぷん　四分　cuatro minutos　会L1(e)

ら

らいがっき　来学期　próximo semestre　会L11

らいげつ　来月　el próximo mes　会L4(e), 会L8

らいしゅう　来週　la próxima semana　会L4(e), 会L6

らいねん　来年　el próximo año　会L4(e), 会L6

り

りゅうがくする　留学する　estudiar en el extranjero [irr.]　会L11

りゅうがくせい　留学生　estudiante extranjero/ra　会L1

りょう　寮　residencia estudiantil　読L9-II

りょうり　料理　cocina (método); comida　読L6-III, 会L10

りょうりする　料理する　cocinar [irr.]　会L8

りょこう　旅行　viaje　会L5

りょこうする　旅行する　viajar [irr.]　会L10

りんご　manzana　会L8(e), 会L10

る

ルームメイト　compañero de cuarto　会L11

れ

れい　例　ejemplo　会L11(e)

れきし　歴史　historia　会L1, 会L2

レストラン　restaurante　会L4

レポート　informe　会L4

れんしゅう　練習　ejercicio　会L11(e)

れんしゅうする　練習する　practicar [irr.]　会L10

レントゲン　radiografía　会L12(e)

ろ

ろくがつ　六月　junio　会L4(e)

ろくじ　六時　las seis en punto　会L1(e)

ろっぷん　六分　seis minutos　会L1(e)

わ

ワイン　vino　読L6-III

わかい　若い　joven　会L9

わかる　entender [u]　会L4

わかれる　別れる　romper; separarse [ru]　会L12

わすれる　忘れる　olvidar; dejar atrás [ru]　会L6

わたし　私　yo　会L1

わたしたち　私たち　nosotros　読L12-II

わたる　渡る　cruzar [u]　会L6(e)

わるい　悪い　malo　会L12

単語さくいん2 Índice de vocabulario (Es - Jp)

会……会話・文法編
　　　（Sección de Conversación y gramática）
読……読み書き編
　　　（Sección de Lectura y escritura）
G ……あいさつ（Saludos）
(e)……Expresiones útiles
Ⅰ・Ⅱ・Ⅲ……問題番号（読み書き編）
　　　（número de ejercicio en la sección de Lectura y escritura）
[u] verbo en -u　[ru] verbo en -ru
[irr.] verbo irregular

A

a menudo　よく　会L3
a partir de ahora　これから　読L11-Ⅱ
a pie　あるいて　歩いて　会L10
a propósito　ところで　会L9
a toda costa　ぜひ　是非　会L9
a veces　ときどき　時々　会L3
A ver.　そうですね　会L3
a.m.　ごぜん　午前　会L1
abandonar　やめる　[ru]　会L11
abogado/da　べんごし　弁護士　会L1
abordar　のる　乗る　[u]　会L5
abril　しがつ　四月　会L4(e)
abrir (algo)　あける　開ける　[ru]　会L6
abuela　おばあさん　会L7
abuelo　おじいさん　会L7
aburrido　つまらない　会L5
actividad del club　サークル　会L7
actividades al aire libre　アウトドア
　読L11-Ⅱ
actor　はいゆう　俳優　会L11
actriz　はいゆう　俳優　会L11
además, ...　それに　会L12
adentro　なか　中　会L4
Adiós.　さようなら　会G
adulto　おとな　大人　読L12-Ⅱ
agosto　はちがつ　八月　会L4(e)
agua　みず　水　会L3
aguacate　アボカド　会L8(e)
aguas termales　おんせん　温泉　会L11
ahí　そこ　会L2
ahora　いま　今　会L1
aire acondicionado　エアコン　会L6
ajá　うん　会L8
alegre　あかるい　明るい　読L11-Ⅱ
alergia　アレルギー　会L8(e), 会L12
alergia al polen　かふんしょう　花粉症
　会L12(e)
algo　なにか　何か　会L8
alguien mayor　としうえ　年上　会L10
alimentación intravenosa　てんてき
　点滴　会L12(e)

allí　むこう　向こう　読L12-Ⅱ
allí/á　あそこ　会L2
almacén　みせ　店　読L4-Ⅲ
almuerzo　ひるごはん　昼ご飯　会L3
¿Aló?　もしもし　会L4
alojarse (en un hotel, etc.)　とまる
　泊まる　[u]　会L10
alrededor de (medida aproximada)
　～ぐらい　会L4
alto　たかい　高い　会L2
alto (estatura)　せがたかい　背が高い
　会L7
ama de casa　しゅふ　主婦　会L1
amable　しんせつ（な）　親切　会L7
amable (persona)　やさしい　会L5
amarillo　きいろい　黄色い　会L9(e)
amigo/ga　ともだち　友だち　会L1
amplio　ひろい　広い　会L12
analgésico　いたみどめ　痛み止め
　会L12(e)
anciana　おばあさん　会L7
anciano　おじいさん　会L7
andén　ホーム　会L10(e)
animado　にぎやか（な）　会L5
antes de (hora/fecha)　～までに　読L12-Ⅱ
antes de ayer　おととい　会L4(e)
antibiótico　こうせいぶっしつ　抗生物
　質　会L12(e)
año　とし　年　読L10-Ⅱ
año antepasado, el　おととし　会L4(e)
Año Nuevo　（お）しょうがつ　（お）正月
　読L10-Ⅱ, 会L11
año pasado, el　きょねん　去年
　会L4(e), 会L9
año subsiguiente, el　さらいねん　再来
　年　会L4(e)
... años　～ねん　～年　会L10
... años de edad　～さい　～歳　会L1
apagar　けす　消す　[u]　会L6
aparecer　でる　出る　[ru]　読L6-Ⅰ, 会L9
aperitivo　（お）かし　（お）菓子　会L11
aprender　ならう　習う　[u]　会L11
apresurarse　いそぐ　急ぐ　[u]　会L6
aquel (el de allí)　あれ　会L2
aquel ... (de allí)　あの　会L2
aquí　ここ　会L2
Aquí tiene.　どうぞ　会L2
arroz　ごはん　ご飯　会L4
arte teatral tradicional japonés　かぶき
　歌舞伎　会L9
aseo　おてあらい　お手洗い　会L12
Así es.　そうです　会L1
Así es.　そうですね　会L3
así que　だから　会L4
asiento no numerado　じゆうせき
　自由席　会L10(e)

asiento reservado　していせき　指定席
　会L10(e)
asistir　でる　出る　[ru]　読L6-Ⅰ, 会L9
astronauta　うちゅうひこうし　宇宙飛
　行士　会L11
astuto　あたまがいい　頭がいい　会L7
asuntos　こと　読L11-Ⅱ
asuntos de los que ocuparse　ようじ
　用事　会L12
atleta　スポーツせんしゅ　スポーツ選
　手　会L11
atrás　うしろ　後ろ　会L4
ausencia　やすみ　休み　会L5
Australia　オーストラリア　会L1, 会L11
auto　くるま　車　会L7
autobús　バス　会L5
avión　ひこうき　飛行機　会L10
ayer　きのう　昨日　会L4, 会L4(e)
ayudar　てつだう　手伝う　[u]　会L6
azul　あおい　青い　会L9, 会L9(e)
azul marino　こんいろ　紺色　会L9(e)

B

bailar　おどる　踊る　[u]　会L9
bajarse　おりる　降りる　[ru]　会L6
bajo　した　下　会L4
bajo (estatura)　せがひくい　背が低い
　会L7
banco　ぎんこう　銀行　会L2
banda　バンド　読L11-Ⅱ
bañarse　（お）ふろにはいる　（お）風呂
　に入る　[u]　会L8
baño　おてあらい　お手洗い　会L12
baño　（お）ふろ　（お）風呂　会L8
barato (cosa)　やすい　安い　会L5
barbacoa　バーベキュー　会L8
barco　ふね　船　会L10
barrio　きんじょ　近所　読L11-Ⅱ
beber　のむ　飲む　[u]　会L3
bebida　のみもの　飲み物　会L5
bebida alcohólica　（お）さけ　（お）酒
　会L3
beige　ベージュ　会L9(e)
béisbol　やきゅう　野球　会L10
berenjena　なす　会L8(e)
biblioteca　としょかん　図書館　会L2
bicicleta　じてんしゃ　自転車　会L2
Bienvenido (a casa).　おかえり（なさい）
　会G
Bienvenido (a nuestra tienda).　いらっ
　しゃいませ　会L2
billete (de embarque)　じょうしゃけん
　乗車券　会L10(e)
billetera　さいふ　財布　会L2
biología　せいぶつがく　生物学　会L1
blanco　しろい　白い　会L9, 会L9(e)

A **B** **C** D E F G H I J K L M N O P Q R S T U V W X Y Z

blanco y negro　しろくろ　白黒　会L9(e)
boca　くち　口　会L7, 会L7(e)
boleto　チケット　会L9
bolígrafo　ペン　会L2
bolsa　かばん　会L2
bolsa de plástico o papel　ふくろ　袋
　　　　会L8(e)
bolso　かばん　会L2
bombero/ra　しょうぼうし　消防士
　　　　会L11
bonito　きれい（な）　会L5
bonito　すてき（な）　素敵　会L12
borrador　けしゴム　消しゴム　会L2(e)
borrar　けす　消す [u]　会L6
brazo　て　手　会L7(e)
brillante　あたまがいい　頭がいい　会L7
buena acción　いいこと　読L10-II
Buenas noches (antes de irse a dormir).
　　おやすみ（なさい）　会G
Buenas tardes.　こんにちは　会G
Buenas tardes/noches.　こんばんは
　　　　会G
bueno　いい　会L3
bueno en ...　じょうず（な）　上手　会L8
¿Bueno? (contestando el teléfono)
　　もしもし　会L4
Buenos días.　おはよう　会G
Buenos días (cortés).　おはようござい
　　ます　会G
buque　ふね　船　会L10

C

cabeza　あたま　頭　会L7(e)
cacahuete, maní　ピーナッツ　会L8(e)
cada dos personas　ふたりずつ　二人
　　ずつ　会L11(e)
caer (lluvia/nieve)　（あめ／ゆき）ふる
　　（雨／雪が）降る [u]　会L8
café　コーヒー　会L3
cafetería　カフェ　会L3
cafetería　しょくどう　食堂　会L7
caja de almuerzo　（お）べんとう
　　（お）弁当　会L9
cálido　あたたかい　暖かい　会L10
caliente (cosa)　あつい　熱い　会L5
caluroso (tiempo)　あつい　暑い　会L5
cámara　カメラ　会L8
caminar　あるく　歩く [u]　会L12
camino de montaña　やまみち　山道
　　　　読L10-II
camiseta　ティーシャツ　Tシャツ　会L2
campamento　キャンプ　会L11
Canadá　カナダ　会L1
canción　うた　歌　会L7
cansarse　つかれる　疲れる [ru]　会L11
cantante　かしゅ　歌手　会L11
cantar　うたう　歌う [u]　会L7
cara　かお　顔　会L7(e), 会L10
caracter chino　かんじ　漢字　会L6

caries　むしば　虫歯　会L12(e)
carne　にく　肉　会L2
caro　たかい　高い　会L2
carro　くるま　車　会L7
carta　てがみ　手紙　会L9
cartera　さいふ　会L2
casa　いえ　家　会L3
casa　うち　会L3
casarse　けっこんする　結婚する [irr.]
　　　　会L7
castillo　（お）しろ　（お）城　読L5-II
catorce minutos　じゅうよんぷん
　　十四分　会L1(e)
cebolla　たまねぎ　会L8(e)
cejas　まゆげ　眉毛　会L7(e)
celeste　みずいろ　水色　会L9(e)
celular　スマホ　会L2
cena　ばんごはん　晩ご飯　会L3
cerca　ちかく　近く　会L4
cercano　ちかく　近く　会L4
cerdo　ぶたにく　豚肉　会L8(e)
cerrar (algo)　しめる　閉める [ru]　会L6
certificado del seguro médico　ほけん
　　しょう　保険証　会L12(e)
cerveza　ビール　会L11
charla　はなし　話　読L8-II
chef　シェフ　読L6-III, 会L11
China　ちゅうごく　中国　会L1, 会L2
chuleta de cerdo　とんかつ　会L2
cielo　てん　天　読L12-II
cielos, los　てん　天　読L12-II
cinco　いつつ　五つ　会L9
cinco en punto, las　ごじ　五時　会L1(e)
cinco minutos　ごふん　五分　会L1(e)
cirugía　しゅじゅつ　手術　会L12(e)
cirujano/na　げか　外科　会L12(e)
cirujano/na ortopédico/ca　せいけいげ
　　か　整形外科　会L12(e)
cita (romántica)　デート　会L3
ciudad　まち　町　会L4
clase　クラス　会L4
clase　じゅぎょう　授業　会L11
coche　くるま　車　会L7
cocina (método)　りょうり　料理
　　　　読L6-III, 会L10
cocinar　りょうりする　料理する [irr.]
　　　　会L8
col　キャベツ　会L8(e)
color　いろ　色　会L9
comedores　しょくどう　食堂　会L7
comer　たべる　食べる [ru]　会L3
comida　ごはん　ご飯　会L4
comida　たべもの　食べ物　会L5
comida　りょうり　料理　読L6-III, 会L10
comida excelente　ごちそう　読L9-II
comienza　はじまる　始まる [u]　会L9
cómo　どう　会L8
cómo　どうやって　会L10
¿Cómo es...?　どうですか　会L3

compañero de cuarto　ルームメイト
　　　　会L11
composición　さくぶん　作文　会L9
comprar　かう　買う [u]　会L4
compras　かいもの　買い物　会L4
computadora personal　パソコン　会L6
con (una herramienta)　〜で　会L10
con calma　ゆっくり　会L6
con destino a ...　〜いき　〜行き
　　　　会L10(e)
con qué medios　どうやって　会L10
con sobrepeso　ふとっています　太っ
　　ています　会L7
concierto　コンサート　会L9
conducir　うんてんする　運転する [irr.]
　　　　会L8
conocer　あう　会う [u]　会L4
conocer　しる　知る [u]　会L7
[contador de objetos planos]　〜まい
　　〜枚　会L5
[contador de personas]　〜にん　〜人
　　　　会L7
conversar　はなす　話す [u]　会L3
convertirse en　なる [u]　会L10
Corea (del Sur)　かんこく　韓国
　　　　会L1, 会L2
correcto（○）　まる　会L11(e)
correo electrónico　メール　会L9
correr　はしる　走る [u]　会L11
cortar　きる　切る [u]　会L8
cortina　カーテン　会L2(e)
corto (longitud)　みじかい　短い　会L7
cosa (objeto concreto)　もの　物　会L12
cosas　こと　読L11-II
cruzar　わたる　渡る [u]　会L6(e)
cuaderno　ノート　会L2
cuál　どちら／どっち　会L10
cuál　どれ　会L2
cuál ...　どの　会L2
cualquier otra cosa　ほかに　会L11(e)
cuándo　いつ　会L3
cuando ...　とき　時　会L4
cuánto　いくら　会L2
cuánto　どのぐらい　会L10
cuánto tiempo　どのぐらい　会L10
cuánto tiempo (sin vernos)　ひさしぶ
　　り　久しぶり　会L11
cuarto de baño　トイレ　会L2
cuarto día del mes, el　よっか　四日
　　　　会L4(e)
cuatro　よっつ　四つ　会L9
cuatro en punto, las　よじ　四時
　　　　会L1(e)
cuatro minutos　よんぷん　四分
　　　　会L1(e)
cuello　くび　首　会L7(e)
cuestionario　アンケート　読L8-II
cuidarse a sí mismo　からだにきをつけ
　　る　体に気をつける [ru]　読L7-II

単語さくいん2 ▸371

A B **C D E** F G H I J K L M N O P Q R S T U V W X Y Z

Cuídate. おだいじに お大事に 会L12

Cuídese. では、おげんきで では、お元気で 読L5-II

cultura ぶんか 文化 読L11-II

cumpleaños たんじょうび 誕生日 会L5

cumplirse かなう [u] 読L12-II

D

dar un paseo さんぽする 散歩する [irr.] 会L9

de inmediato すぐ 会L6

¿De verdad? ほんとうですか 本当ですか 会L6

deberes しゅくだい 宿題 会L5

decidir きめる 決める [ru] 会L10

décimo día del mes, el とおか 十日 会L4(e)

decimocuarto día del mes, el じゅうよっか 十四日 会L4(e)

decir いう 言う [u] 会L8

decir una mentira うそをつく [u] 会L11

dedo ゆび 指 会L7(e)

deidad tutelar de los niños じぞう / おじぞうさん 読L10-II

dejar やめる [ru] 会L11

dejar atrás わすれる 忘れる [ru] 会L6

delante de まえ 前 会L4

delicioso おいしい 会L2

dentista しか 歯科 会L12(e)

deportes スポーツ 会L3

derecha みぎ 右 会L4

dermatólogo/ga ひふか 皮膚科 会L12(e)

desayuno あさごはん 朝ご飯 会L3

descansar やすむ 休む [u] 会L6

descuento para estudiantes がくわり 学割 会L10(e)

desde ... ～から 読L7-II, 会L9

deseo ねがい 願い 読L12-II

desocupado ひま（な）暇 会L5

despacio ゆっくり 会L6

después あとで 後で 会L6

después (de un evento) （～の）あと 後 読L8-II, 会L11

después de ... ～ご ～後 会L10

después de las comidas しょくご 食後 会L12(e)

devolver (una cosa) かえす 返す [u] 会L6

día laborable へいじつ 平日 読L11-II

día libre やすみ 休み 会L5

día veinticuatro del mes, el にじゅうよっか 二十四日 会L4(e)

dialecto ほうげん 方言 会L11(e)

diario (de vida) にっき 日記 読L9-II

diarrea げり 下痢 会L12(e)

dibujante de manga まんがか 漫画家 会L11

diccionario じしょ 辞書 会L2(e)

diciembre じゅうにがつ 十二月 会L4(e)

diecinueve minutos じゅうきゅうふん 十九分 会L1(e)

dieciocho minutos じゅうはちふん / じゅうはっぷん 十八分 会L1(e)

dieciséis minutos じゅうろっぷん 十六分 会L1(e)

diecisiete minutos じゅうななふん 十七分 会L1(e)

dientes は 歯 会L7(e), 会L12

diez とお 十 会L9

diez en punto, las じゅうじ 十時 会L1(e)

diez minutos じゅっぷん / じっぷん 十分 会L1(e)

difícil むずかしい 難しい 会L5

difícil (situación) たいへん（な）大変 読L5-II, 会L6

diligente まじめ（な）読L12-II

dinero （お）かね （お）金 会L6

Dios かみさま 神様 読L12-II

Disculpe. すみません 会G

disgustar きらい（な）嫌い 会L5

divertido おもしろい 面白い 会L5

divertido たのしい 楽しい 会L5

doce en punto, las じゅうにじ 十二時 会L1(e)

doce minutos じゅうにふん 十二分 会L1(e)

doctor/ra いしゃ 医者 会L1, 会L10

dolor いたい 痛い 会L12

doloroso いたい 痛い 会L12

domingo にちようび 日曜日 会L3, 会L4(e)

dónde どこ 会L2

dorado きんいろ 金色 会L9(e)

dorado ゴールド 会L9(e)

dormir ねる 寝る [ru] 会L3

dos ふたつ 二つ 会L9

dos en punto, las にじ 二時 会L1(e)

dos minutos にふん 二分 会L1(e)

dos o tres días にさんにち 二三日 会L12

dos personas ふたり 二人 会L7

dos y media, las にじはん 二時半 会L1

ducha シャワー 会L6

ducharse シャワーをあびる シャワーを浴びる [ru] 会L6

dulce あまい 甘い 会L12

durante ... とき 時 会L4

durazno もも 会L8(e)

E

economía けいざい 経済 会L1, 会L2

económico やすい 安い 会L5

EE.UU. アメリカ 会L1

Egipto エジプト 会L1

ejemplo れい 例 会L11(e)

ejercicio れんしゅう 練習 会L11(e)

él かれ 彼 会L12

ella かのじょ 彼女 会L12

empezar はじめる 始める [ru] 会L8

empresa かいしゃ 会社 会L7

en (medio de transporte) ～で 会L10

En absoluto. いいえ 会G

en dirección a ... ～ほうめん ～方面 会L10(e)

en primer lugar まず 読L8-II

en punto ～じ ～時 会L1

en relación con ... ～について 会L8

en segundo lugar つぎに 次に 読L8-II

en unos momentos/días もうすぐ 会L12

Encantado de conocerte. よろしくおねがいします よろしくお願いします 会G

encender つける [ru] 会L6

encontrar みつける 見つける [ru] 読L12-II

enérgico げんき（な）元気 会L5

enero いちがつ 一月 会L4(e)

enfadarse おこる 怒る [u] 読L12-II

enfermedad びょうき 病気 会L9, 会L12(e)

enfermero/ra かんごし 看護師 会L1, 会L11

ensayo さくぶん 作文 会L9

enseñar おしえる 教える [ru] 会L6

entender わかる [u] 会L4

entonces ... じゃあ 会L2

entrada いりぐち 入口 会L10(e)

entrar はいる 入る [u] 会L6

entre あいだ 間 会L4

entrenar うんどうする 運動する [irr.] 会L9

equipaje にもつ 荷物 会L6

érase una vez むかしむかし 昔々 読L10-II

¿Es así? そうですか 会L1

Es una pena. ざんねん（ですね）残念（ですね）会L8

escalar のぼる 登る [u] 会L11

escaleras かいだん 階段 会L10(e)

escribir かく 書く [u] 会L4

escritor/ra さっか 作家 会L11

escritorio つくえ 机 会L2(e), 会L4

escuchar きく 聞く [u] 会L3

escuela がっこう 学校 会L3

escuela intensiva じゅく 塾 読L7-II

A B C D **E F G H** I J K L M N O P Q R S T U V W X Y Z

escuela secundaria superior　こうこう　高校　会L1

ese　それ　会L2

ese ...　その　会L2

espacioso　ひろい　広い　会L12

espalda (cuerpo)　せなか　背中　会L7(e)

España　スペイン　会L8

especialidad　せんこう　専攻　会L1

espeluznante　こわい　怖い　会L5

esperar　まつ　待つ [u]　会L4

esperar (a)　（～を）たのしみにする　楽しみにする [irr.]　読L7-II

esquí　スキー　会L9

esquina　かど　角　会L6(e)

Está bien.　だいじょうぶ　大丈夫　会L5

está en ... (una persona)　いる [ru]　会L4

esta mañana　けさ　今朝　会L8

esta noche　こんばん　今晩　会L3

esta persona (cortés)　こちら　会L11

esta semana　こんしゅう　今週　会L4(e), 会L6

estación　きせつ　季節　会L10

estación (de trenes)　えき　駅　読L6-I, 会L10

estancia con una familia anfitriona　ホームステイ　会L8

estar algo pasado de peso　ふとっています　太っています　会L7

estar cansado　つかれている　疲れている　読L8-II

estar interesado (en ...)　きょうみがある　興味がある [u]　会L12

estar pálido　かおがあおい　顔が青い　会L9(e)

Estaría bien.　けっこうです　結構です　会L6

este　これ　会L2

este　ひがし　東　会L6(e)

este ...　この　会L2

este año　ことし　今年　会L4(e), 会L10

este mes　こんげつ　今月　会L4(e), 会L8

este semestre　こんがっき　今学期　会L11

estómago　おなか　会L7(e), 会L12

estornudo　くしゃみ　会L12(e)

estrecho　せまい　狭い　会L12

estreñimiento　べんぴ　便秘　会L12(e)

estrés　ストレス　読L8-II

estudiante　がくせい　学生　会L1

estudiante de ... año　～ねんせい　～年生　会L1

estudiante de posgrado　だいがくいんせい　大学院生　会L1

estudiante de primer año　いちねんせい　一年生　会L1

estudiante de secundaria superior　こうこうせい　高校生　会L1

estudiante extranjero/ra　りゅうがくせい　留学生　会L1

estudiante universitario　だいがくせい　大学生　会L1

estudiar　べんきょうする　勉強する [irr.]　会L3

estudiar en el extranjero　りゅうがくする　留学する [irr.]　会L11

estudios asiáticos　アジアけんきゅう　アジア研究　会L1

examen　しけん　試験　会L9

examen　テスト　会L5

expresión coloquial　くだけたいいかた　くだけた言い方　会L11(e)

expresión cortés　ていねいないいかた　ていねいな言い方　会L11(e)

expresión de libro　かたいいいかた　かたい言い方　会L11(e)

expreso　きゅうこう　急行　会L10(e)

extraviar　なくす [u]　会L12

extremadamente　すごく　会L5

F

fácil　かんたん（な）　簡単　会L10

fácil (problema)　やさしい　会L5

faltar (a ...)　やすむ　休む [u]　会L6

faltar a clases (sin permiso)　サボる [u]　会L11

familia　かぞく　家族　会L7

familia anfitriona　ホストファミリー　読L9-II, 会L11

famoso　ゆうめい（な）　有名　会L8

famoso (persona)　ゆうめいじん　有名人　会L10

febrero　にがつ　二月　会L4(e)

feliz　しあわせ（な）　幸せ　読L10-II

festival　（お）まつり　（お）祭り　会L11

fiesta　パーティー　会L8

Filipinas　フィリピン　会L1

fin de semana　しゅうまつ　週末　会L3

flor　はな　花　会L4

fotografía　しゃしん　写真　会L4

fracturarse (un hueso)　こっせつする　骨折する　会L12(e)

fresa　いちご　会L8(e)

fresco (tiempo, no cosas)　すずしい　涼しい　会L10

frío (cosas/personas)　つめたい　冷たい　会L10

frío (tiempo, no cosas)　さむい　寒い　会L5

fruta　くだもの　果物　会L5

fumar　たばこをすう　たばこを吸う [u]　会L6

fútbol　サッカー　会L10

futuro　しょうらい　将来　会L11

futuro cercano　こんど　今度　会L9

G

gafas　めがね　眼鏡　会L7

ganar peso　ふとる　太る [u]　会L7

garganta　のど　喉　会L12

gato/ta　ねこ　猫　会L4

girar (derecha/izquierda)　まがる　曲がる [u]　会L6(e)

golosinas　（お）かし　（お）菓子　会L11

goma　けしゴム　消しゴム　会L2(e)

gorra　ぼうし　帽子　会L2

gotear la nariz　はなみず　鼻水　会L12(e)

Gracias.　ありがとう　会G

Gracias.　どうも　会L2

Gracias (cortés).　ありがとうございます　会G

Gracias por la comida (antes de comer).　いただきます　会G

Gracias por la comida (después de comer).　ごちそうさま（でした）　会G

... grados (temperatura)　～ど　～度　会L8

gramática　ぶんぽう　文法　会L11(e)

Gran Bretaña　イギリス　会L1, 会L2

grande　おおきい　大きい　会L5

grandes almacenes　デパート　会L7

granja　はたけ　畑　読L12-II

gripe　インフルエンザ　会L12

gris　グレー　会L9(e)

gris　はいいろ　灰色　会L9(e)

guantes　てぶくろ　手袋　会L10

guapo　かっこいい　会L5

guitarra　ギター　会L9

gustar　すき（な）　好き　会L5

gustar mucho　だいすき（な）　大好き　会L5

H

haber muchos ...　おおい　多い　会L12

hábil　じょうず（な）　上手　会L8

habitación　へや　部屋　会L5

hablar　はなす　話す [u]　会L3

hace dos meses　にかげつまえ　二か月前　会L4(e)

hace dos semanas　にしゅうかんまえ　二週間前　会L4(e)

hacer　する [irr.]　会L3

hacer　つくる　作る [u]　会L8

hacer　やる [u]　会L5

halal　ハラルフード　会L8(e)

hamburguesa　ハンバーガー　会L3

hasta (lugar/tiempo)　～まで　会L9

hay ...　ある [u]　会L4

helado　アイスクリーム　会L3

hermana mayor　おねえさん　お姉さん　会L1, 会L7

(mi) hermana mayor　あね　姉　会L7

hermana menor　いもうと　妹　会L1, 会L7

hermano mayor　おにいさん　お兄さん　会L1, 会L7

(mi) hermano mayor　あに　兄　会L7

単語さくいん2 ◀373

A B C D E F G **H I J K L M** N O P Q R S T U V W X Y Z

hermano menor　おとうと　弟　会L1, 会L7
hermanos y hermanas　きょうだい　兄弟　会L7
hija　むすめ　娘　読L12-II
historia　はなし　話　読L8-II
historia　れきし　歴史　会L1, 会L2
hogar　いえ　家　会L3
hogar　うち　会L3
hombre　おとこのひと　男の人　読L5-II, 会L7
hombro　かた　肩　会L7(e)
hora, una　いちじかん　一時間　会L4
... horas　〜じかん　〜時間　会L4
horror　ホラー　読L11-II
hospital　びょういん　病院　会L4
hotel　ホテル　会L4
hoy　きょう　今日　会L3, 会L4(e)
hoy en día　このごろ　会L10
huevo　たまご　卵　会L12

ida y vuelta　おうふく　住復　会L10(e)
idioma ...　〜ご　〜語　会L1
idioma japonés　にほんご　日本語　会L1
igual　おなじ　同じ　会L12
imagen　しゃしん　写真　会L4
incorrecto (×)　ばつ　会L11(e)
India, la　インド　会L1
informática　コンピューター　会L1, 会L2
informe　レポート　会L4
ingeniería　こうがく　工学　会L1
inglés (idioma)　えいご　英語　会L2
instituto　だいがく　大学　会L1
instruir　おしえる　教える [ru]　会L6
integrante　メンバー　読L11-II
inteligente　あたまがいい　頭がいい　会L7
interesante　おもしろい　面白い　会L5
investigador/ra　けんきゅうしゃ　研究者　会L11
invierno　ふゆ　冬　会L8
inyección　ちゅうしゃ　注射　会L12(e)
ir　いく　行く [u]　会L5
ir recto　まっすぐ　会L6(e), 読L6-I
irse a dormir　ねる　寝る [ru]　会L3
Italia　イタリア　読L6-III
izquierda　ひだり　左　会L4

J

Japón　にほん　日本　会L1
japoneses, los　にほんじん　日本人　会L1
jeans　ジーンズ　会L2
joven　わかい　若い　会L9
juego　ゲーム　会L4
juego　しあい　試合　会L12

jueves　もくようび　木曜日　会L4, 会L4(e)
jugar　あそぶ　遊ぶ [u]　会L6
jugo　ジュース　会L12
juguete　おもちゃ　会L11
julio　しちがつ　七月　会L4(e)
junio　ろくがつ　六月　会L4(e)
junto con (una persona)　〜と　会L4
juntos　いっしょに　一緒に　会L5

K

Kabuki　かぶき　歌舞伎　会L9
kanji　かんじ　漢字　会L6
karaoke　カラオケ　会L8
kimono　きもの　着物　読L9-II

L

lado derecho　みぎがわ　右側　会L6(e)
lado izquierdo　ひだりがわ　左側　会L6(e)
lago　みずうみ　湖　会L11
lamentable　かわいそう（な）　読L12-II
lápiz　えんぴつ　鉛筆　会L2(e)
largo　ながい　長い　会L7
lavar　あらう　洗う [u]　会L8
lavar la ropa　せんたくする　洗濯する [irr.]　会L8
leche　ぎゅうにゅう　牛乳　会L10
leer　よむ　読む [u]　会L3
lenguaje común　きょうつうご　共通語　会L11(e)
lentes　めがね　眼鏡　会L7
lento　おそい　遅い　会L10
lesión　けが　会L12(e)
levantarse　おきる　起きる [ru]　会L3
libre (tiempo)　ひま（な）　暇　会L5
librería　ほんや　本屋　会L4
libro　ほん　本　会L2, 会L2(e)
libro de texto　きょうかしょ　教科書　会L6
limpiar　そうじする　掃除する [irr.]　会L8
limpio　きれい（な）　会L5
lindo　かわいい　会L7
literatura　ぶんがく　文学　会L1, 読L7-II
llamar　でんわする　電話する [irr.]　会L6
llegar a ser　なる [u]　会L10
llegar tarde　おそくなる　遅くなる [u]　会L8
llegar tarde (a una cita)　ちこくする　遅刻する [irr.]　会L11
llevar　もつ　持つ [u]　会L6
llevar (prendas bajo la cintura)　はく [u]　会L7
llevar (prendas de cintura hacia arriba)　きる　着る [ru]　会L7
llorar　なく　泣く　読L12-II
lluvia　あめ　雨　会L8

lo más posible　できるだけ　会L12
lo sé　しっています　知っています　会L7
Lo siento.　ごめんなさい　会L4
Lo siento.　すみません　会G
local　ふつう　普通　会L10(e)
lugar　ところ　所　会L8
lugar de origen　くに　国　会L6
lunes　げつようび　月曜日　会L4, 会L4(e)
luz　でんき　電気　会L2(e), 会L6
luz verde (del semáforo)　あおしんごう　青信号　会L9(e)

M

madre　おかあさん　お母さん　会L1, 会L2
(mi) madre　はは　母　会L7
maestro/ra de escuela　きょうし　教師　会L11
malicioso　いじわる（な）　意地悪　会L9
malo　わるい　悪い　会L12
malo en ...　へた（な）　下手　会L8
mandarina　みかん　会L8(e)
manju (bollo dulce)　（お）まんじゅう　読L4-III
mano　て　手　会L7(e)
manzana　りんご　会L8(e), 会L10
mañana　あした　明日　会L3, 会L4(e)
mar　うみ　海　会L5
marrón　ちゃいろい　茶色い　会L9(e)
martes　かようび　火曜日　会L4, 会L4(e)
marzo　さんがつ　三月　会L4(e)
más　もっと　会L11
más o menos　まあまあ　会L11
mayo　ごがつ　五月　会L4(e)
medicina　くすり　薬　会L9
médico/ca　ないか　内科　会L12(e)
mediodía　ひる　昼　読L9-II
mejor　いちばん　一番　会L10
melocotón　もも　会L8(e)
memorizar　おぼえる　覚える [ru]　会L9
menú　メニュー　会L2
mes pasado, el　せんげつ　先月　会L4(e), 会L9
mes subsiguiente, el　さらいげつ　再来月　会L4(e)
(por) ... meses　〜かげつ　〜か月　会L10
metro　ちかてつ　地下鉄　会L10
México　メキシコ　読L5-II
mi casa　うち　会L3
miembro　メンバー　読L11-II
miércoles　すいようび　水曜日　会L4, 会L4(e)
millonaria　（お）かねもち　（お）金持ち　会L10
minuto, un　いっぷん　一分　会L1(e)
mirar　みる　見る [ru]　会L3
mismo　おなじ　同じ　会L12
montaña　やま　山　読L5-II, 会L11
montar　のる　乗る [u]　会L5

A B C D E F G H I J K L **M N O** P Q R S T U V W X Y Z

morado　むらさき　紫　会L9(e)
morir　しぬ　死ぬ [u]　会L6
morriña　ホームシック　会L12
mostrar a alguien los alrededores　あんないする　案内する [irr.]　読L9-II
móvil　スマホ　会L2
mucho　たくさん　会L4
mucho　よく　会L3
Mucho gusto.　はじめまして　会G
muchos　たくさん　会L4
mujer　おんなのひと　女の人　読L5-II, 会L7
mundo　せかい　世界　会L10
museo de arte　びじゅつかん　美術館　会L11
música　おんがく　音楽　会L3
muy　とても　会L5
muy pronto　もうすぐ　会L12

N

nacido en　しゅっしん　出身　会L11
nada en especial　べつに + negativo　別に　会L7
nadar　およぐ　泳ぐ [u]　会L5
nalgas　（お）しり　（お）尻　会L7(e)
naranja　オレンジ　会L9(e)
nariz　はな　鼻　会L7(e)
necesitar　いる [u]　会L8
negocios　ビジネス　会L1, 会L2
negro　くろい　黒い　会L9, 会L9(e)
nieve　ゆき　雪　読L10-II, 会L8
niño/ña　こども　子供　会L4
niño bueno　いいこ　いい子　会L9
no　ううん　会L8
No.　いいえ　会G
no ... nada　なにも + negativo　何も　会L7
no ... todavía　まだ + negativo　会L8
no espacioso　せまい　狭い　会L12
no gustar　きらい（な）　嫌い　会L5
No hay que preocuparse.　だいじょうぶ　大丈夫　会L5
no lo sé　しりません　知りません　会L7
no mucho　あまり + negativo　会L3
no parece sano/animado　げんきがない　元気がない　会L12
no se ve bien　げんきがない　元気がない　会L12
No sería necesario.　けっこうです　結構です　会L6
no tanto　あまり + negativo　会L3
no, en absoluto　ぜんぜん + negativo　全然　会L3
noche　よる　夜　読L5-II, 会L6
nombre　なまえ　名前　会L1
normalmente　たいてい　会L3
norte　きた　北　会L6(e)
nosotros　わたしたち　私たち　読L12-II
nostalgia　ホームシック　会L12

nota (en un examen, etc.)　せいせき　成績　会L12
noveno día del mes, el　ここのか　九日　会L4(e)
novia　かのじょ　彼女　会L12
noviembre　じゅういちがつ　十一月　会L4(e)
novio　かれ / かれし　彼 / 彼氏　会L12
nublado　くもり　曇り　会L8
nueve　ここのつ　九つ　会L9
nueve en punto, las　くじ　九時　会L1(e)
nueve minutos　きゅうふん　九分　会L1(e)
nuevo　あたらしい　新しい　会L5
número　ばんごう　番号　会L1
número ...　〜ばん　〜番　会L1, 会L11(e)
número de línea ...　〜ぎょうめ　〜行目　会L11(e)

O

o　〜か〜　会L10
observar　みる　見る [ru]　会L3
obstetra y ginecólogo/ga　さんふじんか　産婦人科　会L12(e)
obtener (de alguien)　もらう [u]　会L9
obtener (una nota)　とる　取る [u]　読L7-II, 会L11
ocho　やっつ　八つ　会L9
ocho en punto, las　はちじ　八時　会L1(e)
ocho minutos　はっぷん / はちふん　八分　会L1(e)
octavo día del mes, el　ようか　八日　会L4(e)
octubre　じゅうがつ　十月　会L4(e)
ocupación　しごと　仕事　会L8
ocupado (personas/días)　いそがしい　忙しい　会L5
odiar　だいきらい（な）　大嫌い　会L5
oeste　にし　西　会L6(e)
oficina de correos　ゆうびんきょく　郵便局　会L2
oficinista　かいしゃいん　会社員　会L1, 会L8
oftalmólogo/ga　がんか　眼科　会L12(e)
oh, oh　ううん　会L8
oído　みみ　耳　会L7(e)
oír　きく　聞く [u]　会L3
ojo(s)　め　目　会L7, 会L7(e)
ok　まあまあ　会L11
olvidar　わすれる　忘れる [ru]　会L6
once en punto, las　じゅういちじ　十一時　会L1(e)
once minutos　じゅういっぷん　十一分　会L1(e)
operación　しゅじゅつ　手術　会L12(e)
otoño　あき　秋　会L10

otorrinolaringólogo/ga　じびか　耳鼻科　会L12(e)
otro día, el　このあいだ　この間　読L8-II
otro lado, el　むこう　向こう　読L12-II

P

padre　おとうさん　お父さん　会L1, 会L2
(mi) padre　ちち　父　会L7
pagar　はらう　払う [u]　会L12
página　ページ　会L6
país　くに　国　会L6
país extranjero　がいこく　外国　会L11
palabra　たんご　単語　会L9
palillos　はし　会L8
palta　アボカド　会L8(e)
pan　パン　会L4
papel para escribir poemas　たんざく　読L12-II
parada de autobús　バスてい　バス停　会L4
paraguas　かさ　傘　会L2
paréntesis　かっこ　会L11(e)
parque　こうえん　公園　会L4
partido　しあい　試合　会L11
pasado mañana　あさって　会L4(e), 会L8
pasar un rato agradable　あそぶ　遊ぶ [u]　会L6
pase de plazo fijo　ていきけん　定期券　会L10(e)
paseo (en coche)　ドライブ　会L11
pastel　ケーキ　会L10
pastel de arroz　（お）もち　読L10-II
patata　じゃがいも　会L8(e)
pecho　むね　胸　会L7(e)
pedir prestado　かりる　借りる [ru]　会L6
pelear　けんかする [irr.]　会L11
película　えいが　映画　会L3
pelo　かみ　髪　会L7, 会L7(e)
pensar　おもう　思う [u]　会L8
pepino　きゅうり　会L8(e)
pequeño　ちいさい　小さい　会L5
perder　なくす [u]　会L12
perder peso　やせる [ru]　会L7
Perdón.　ごめんなさい　会L4
periódico　しんぶん　新聞　会L2
periodista　ジャーナリスト　会L11
periodo　せいり　生理　会L12(e)
pero　でも　会L3
..., pero　〜が　読L5-II, 会L7
perro/rra　いぬ　犬　会L4
persona　ひと　人　会L4
persona de ... [como gentilicio]　〜じん　〜人　会L1
persona rica　（お）かねもち　（お）金持ち　会L10
persona, una　ひとり　一人　会L7

単語さくいん 2 ◀ 375

A B C D E F G H I J K L M N O **P Q R S** T U V W X Y Z

personas　ひとびと　人々　読L12-II
pesca　つり　会L11
pescado　さかな　魚　会L2
piano　ピアノ　会L9
pie　あし　足　会L7(e), 会L12
pierna　あし　足　会L7(e), 会L12
pizarra de tiza　こくばん　黒板　会L2(e)
pizza　ピザ　読L6-III, 会L9
plateado　ぎんいろ　銀色　会L9(e)
plateado　シルバー　会L9(e)
playera　ティーシャツ　Tシャツ　会L2
plazo　しめきり　締め切り　会L11(e)
pluma　ペン　会L2
p.m.　ごご　午後　会L1
poco, un　すこし　少し　読L7-II
poco, un　ちょっと　会L3
policía　けいさつかん　警察官　会L11
política　せいじ　政治　会L1, 会L12
pollo　とりにく　鶏肉　会L8(e)
poner (un sombrero) en la cabeza de
　una persona　かぶせる [ru]　読L10-II
ponerse (lentes/gafas)　（めがねを）か
　ける　（眼鏡を）かける [ru]　会L7
ponerse (prendas bajo la cintura)　はく
　[u]　会L7
ponerse (prendas de cintura hacia
　arriba)　きる　着る [ru]　会L7
ponerse (un sombrero)　かぶる [u]
　　　　会L7
ponerse a dieta　ダイエットする [irr.]
　　　　会L11
ponerse de pie　たつ　立つ [u]　会L6
ponerse nervioso　きんちょうする　緊
　張する [irr.]　会L12
por cierto　ところで　会L9
por ejemplo　たとえば　例えば
　　　　会L11(e)
Por favor.　どうぞ　会L2
..., por favor.　（〜を）おねがいします
　　　　会L2
Por favor, deme ...　（〜を）ください
　　　　会L2
por la mañana　あさ　朝　会L3
por la mañana　ごぜんちゅう　午前中
　　　　読L9-II
por lo tanto　だから　会L4
por primera vez　はじめて　初めて
　　　　会L12
por qué　どうして　会L4
por supuesto　もちろん　会L7
por último　さいごに　最後に　読L8-II
practicar　れんしゅうする　練習する
　[irr.]　会L10
práctico　べんり（な）　便利　会L7
pregunta　しつもん　質問　会L11(e)
preguntar　きく　聞く [u]　会L5
preocuparse　しんぱいする　心配する
　[irr.]　会L12

presentar　しょうかいする　紹介する
　[irr.]　会L11
presidente de una empresa　しゃちょう
　社長　会L11
presidente de un país　だいとうりょう
　大統領　会L11
primavera　はる　春　会L10
primer día del mes, el　ついたち　一日
　　　　会L4(e)
primero　ひとつめ　一つ目　会L6(e)
probablemente　たぶん　多分　会L12
profesor/ra　せんせい　先生　会L1
pronóstico del tiempo　てんきよほう
　天気予報　会L8
(hacer algo) pronto　はやく　早く／
　速く　会L10
pronunciación　はつおん　発音
　　　　会L11(e)
proveniente de　しゅっしん　出身
　　　　会L11
próxima semana, la　らいしゅう　来週
　　　　会L4(e), 会L6
próximo año, el　らいねん　来年
　　　　会L4(e), 会L6
próximo mes, el　らいげつ　来月
　　　　会L4(e), 会L8
próximo semestre　らいがっき　来学
　期　会L11
pueblo　まち　町　会L4
puerta　かいさつ　改札　会L10(e)
puerta　と　戸　読L10-II
puerta　ドア　会L2(e)
puesto　ばいてん　売店　会L10(e)
... puntos　〜てん　〜点　会L11

Q

qué　なん／なに　何　会L1
que da miedo　こわい　怖い　会L5
que parte después, el　じはつ　次発
　　　　会L10(e)
que parte primero, el　せんぱつ　先発
　　　　会L10(e)
¿Qué tal...?　どうですか　会L3
Que te mejores.　おだいじに　お大事に
　　　　会L12
Que te vaya bien (lit., ve y vuelve).　いっ
　てらっしゃい　会G
qué tipo de ...　どんな　会L5
quedarse en casa sin hacer nada　ごろ
　ごろする [irr.]　会L10
quemarse　やけどをする　会L12(e)
quién　だれ　会L2
quince minutos　じゅうごふん　十五分
　　　　会L1(e)
quinto día del mes, el　いつか　五日
　　　　会L4(e)
quitarse　とる [u]　読L10-II

R

radiografía　レントゲン　会L12(e)
rápido　はやい　速い　会L7
rápido　はやく　早く／速く　会L10
realizar　やる [u]　会L5
recuerdo　（お）みやげ　（お）土産　会L5
regalo　プレゼント　会L12
regresar　かえる　帰る [u]　会L3
relaciones internacionales　こくさいか
　んけい　国際関係　会L1
relajarse en casa　ごろごろする [irr.]
　　　　会L10
reloj　とけい　時計　会L2
resaca　ふつかよい　二日酔い　会L12
reserva　よやく　予約　会L10
resfriado　かぜ　風邪　会L12
resfriarse　かぜをひく　風邪をひく [u]
　　　　会L12
residencia estudiantil　りょう　寮
　　　　読L9-II
responder　こたえる　答える [ru]
　　　　会L8-II
respuesta　こたえ　答／答え　会L11(e)
respuesta　（お）へんじ　（お）返事
　　　　読L11-II
restaurante　レストラン　会L4
revista　ざっし　雑誌　会L3
río　かわ　川　会L11
rojo　あかい　赤い　会L9, 会L9(e)
romper　わかれる　別れる [ru]　会L12
ropa　ふく　服　会L12
rosado　ピンク　会L9(e)

S

sábado　どようび　土曜日　会L3, 会L4(e)
sake　（お）さけ　（お）酒　会L3
salida　でぐち　出口　会L10(e)
salir　でる　出る [ru]　読L6-I, 会L9
salir (a comer, al cine)　でかける　出か
　ける [ru]　会L5
salón de belleza　びよういん　美容院
　　　　会L10
¡Salud! (brindis)　かんぱい　乾杯　会L8
saludable　げんき（な）　元気　会L5
sandía　すいか　会L8(e)
santuario　じんじゃ　神社　会L11
sarpullido　はっしん　発疹　会L12(e)
se busca ...　〜ぼしゅう　〜募集
　　　　読L11-II
se queda en ...　いる [ru]　会L4
segundo　ふたつめ　二つ目　会L6(e)
segundo día del mes, el　ふつか　二日
　　　　会L4(e)
seis　むっつ　六つ　会L9
seis en punto, las　ろくじ　六時　会L1(e)
seis minutos　ろっぷん　六分　会L1(e)
semáforo　しんごう　信号　会L6(e)

A B C D E F G H I J K L M N O P Q R S T U V W X Y Z

semana pasada, la　せんしゅう　先週
　　　　　　　　　会L4, 会L4(e)

semana subsiguiente, la　さらいしゅう
　再来週　会L4(e)

(por) … semanas　〜しゅうかん　〜週
　間　会L10

sentarse　すわる　座る [u]　会L6

sentirse enfermo　きぶんがわるい
　気分が悪い　会L12(e)

sentirse mareado　めまいがする
　　　　　　　　　会L12(e)

separarse　わかれる　別れる [ru]　会L12

septiembre　くがつ　九月　会L4(e)

séptimo día del mes, el　なのか　七日
　　　　　　　　　会L4(e)

ser delgado　やせています　会L7

ser popular　にんきがある　人気がある
　[u]　会L9

serio　まじめ (な)　読L12-II

sexto día del mes, el　むいか　六日
　　　　　　　　　会L4(e)

Shinkansen　しんかんせん　新幹線
　　　　　　　　　会L10

sí　うん　会L8

sí　ええ　会L3

sí　はい　会L1

(creo que) sí　そう　会L9

si ese es el caso, …　じゃあ　会L2

si quieres　よかったら　会L7

siempre　いつも　読L6-III, 会L8

siete　ななつ　七つ　会L9

siete en punto, las　しちじ　七時
　　　　　　　　　会L1(e)

siete minutos　ななふん　七分　会L1(e)

significado　いみ　意味　会L11(e), 会L12

siguiente　つぎ　次　会L6

siguiente　となり　隣　会L4

siguiente (parada) …　つぎは〜　次は〜
　　　　　　　　　会L10(e)

silla　いす　会L2(e), 会L4

simple　かんたん (な)　簡単　会L10

sin falta　ぜひ　是非　会L9

sin prisas　ゆっくり　会L5

smartphone　スマホ　会L2

sobre　うえ　上　会L4

sobre …　〜について　会L8

sobre las …　〜ごろ　会L3

sobrio　まじめ (な)　読L12-II

soleado　はれ　晴れ　会L8

solitario　さびしい　寂しい　会L9

solo　ひとりで　一人で　会L4

solo …　〜だけ　会L11

solo ida　かたみち　片道　会L10(e)

sombrero　ぼうし　帽子　会L2

sombrero de bambú　かさ　読L10-II

somnoliento　ねむい　眠い　会L10

sorprenderse　びっくりする [irr.]
　　　　　　　　　読L10-II

sostener　もつ　持つ [u]　会L6

souvenir　(お) みやげ　(お) 土産　会L5

spa　おんせん　温泉　会L11

Sr./Sra. …　〜さま　〜様　読L5-II

Sr./Sra. …　〜さん　会L1

sueño　ゆめ　夢　会L11

superexpreso　とっきゅう　特急
　　　　　　　　　会L10(e)

supermercado　スーパー　会L4

sur　みなみ　南　会L6(e)

surf　サーフィン　会L5

sushi　すし　会L10

T

tal vez　たぶん　多分　会L12

talla L　エルサイズ　L サイズ　会L5

tarde　おそく　遅く　読L4-III, 会L8

tarde　おそい　遅い　会L10

tareas　しゅくだい　宿題　会L5

tarifa　〜だい　〜代　会L12

tarjeta recargable como Suica, Icoca,
　Pasmo, etc.　こうつうけいアイシー
　カード　交通系 IC カード　会L10(e)

tasa　〜だい　〜代　会L12

té verde　(お) ちゃ　(お) 茶　会L3

tejer　はたをおる　はたを織る [u]
　　　　　　　　　読L12-II

teléfono　でんわ　電話　会L1

temperatura (clima, no cosas)　きおん
　気温　会L8

templo　(お) てら　(お) 寺　会L4

temprano　はやい　早い　会L3

tempura　てんぷら　天ぷら　会L10

tener (una mascota)　かう　飼う [u]
　　　　　　　　　会L11

tener fiebre　ねつがある　熱がある [u]
　　　　　　　　　会L12

tener hambre　おなかがすく [u]　会L11

tener sed　のどがかわく　喉が渇く [u]
　　　　　　　　　会L12

tener una charla　はなしをする　話を
　する [irr.]　読L9-II

tenis　テニス　会L3

tercer día del mes, el　みっか　三日
　　　　　　　　　会L4(e)

tercero　みっつめ　三つ目　会L6(e)

(algo) termina　おわる　終わる [u]
　　　　　　　　　会L9

termómetro　たいおんけい　体温計
　　　　　　　　　会L12(e)

ternera　ぎゅうにく　牛肉　会L8(e)

tibio　あたたかい　暖かい　会L10

ticket (de tren)　きっぷ　切符　会L12

tiempo　じかん　時間　会L10

tiempo (atmosférico)　てんき　天気
　　　　　　　　　会L5

tienda　ばいてん　売店　会L10(e)

tienda　みせ　店　読L4-III

tienda de conveniencia　コンビニ　会L2

tierno　かわいい　会L7

tirar　すてる　捨てる [ru]　会L8

tocar (un instrumento de cuerda o un
　piano)　ひく　弾く [u]　会L9

todas las noches　まいばん　毎晩　会L3

todas las semanas　まいしゅう　毎週
　　　　　　　　　会L8

Todo está bajo control.　だいじょうぶ
　大丈夫　会L5

todos　みなさん　皆さん　読L6-III

todos　みんな　読L7-II, 会L9

todos juntos　みんなで　会L8

todos los días　まいにち　毎日　会L3

todos ustedes　みなさん　皆さん
　　　　　　　　　読L6-III

tomar (cantidad de tiempo/dinero)
　かかる [u]　会L10

tomar (una clase)　とる　取る [u]
　　　　　　　　　読L7-II, 会L11

tomar (una cosa)　もっていく　持って
　いく [u]　会L8

tomar (una foto)　とる　撮る [u]　会L4

tomar medicamentos　くすりをのむ
　薬を飲む [u]　会L9

tomar, beber　のむ　飲む [u]　会L3

tomate　トマト　会L8

torpe　へた (な)　下手　会L8

tos　せき　会L12

toser　せきがでる　せきが出る [ru]
　　　　　　　　　会L12

tour　ツアー　会L10

trabajar　はたらく　働く [u]　会L7

trabajo　しごと　仕事　会L8

trabajo a tiempo parcial　アルバイト
　　　　　　　　　会L4

trabajo en horas extras　ざんぎょう
　残業　読L8-II

traer (a una persona)　つれてくる
　連れてくる [irr.]　会L6

traer (a una persona) de vuelta　つれて
　かえる　連れて帰る [u]　読L12-II

traer (una cosa)　もってくる　持って
　くる [irr.]　会L6

traje tradicional japonés　きもの　着物
　　　　　　　　　読L9-II

tranquilo　しずか (な)　静か　会L5

transbordo　のりかえ　乗り換え
　　　　　　　　　会L10(e)

trece minutos　じゅうさんぷん　十三分
　　　　　　　　　会L1(e)

treinta minutos　さんじっぷん / さん
　じゅっぷん　三十分　会L1(e)

tren　でんしゃ　電車　会L6

«tren bala»　しんかんせん　新幹線
　　　　　　　　　会L10

tres　みっつ　三つ　会L9

tres en punto, las　さんじ　三時　会L1(e)

tres minutos　さんぷん　三分　会L1(e)

triste　かなしい　悲しい　読L10-II

TV　テレビ　会L3

A B C D E F G H I J K L M N O P Q R S T **U V W** X **Y Z**

último tren　しゅうでん　終電　会L10(e)
um...　あのう　会L1
un ...　ある〜　読L12-II
una, la　いちじ　一時　会L1, 会L1(e)
undécimo día del mes, el　じゅういち
　　にち　十一日　会L4(e)
universidad　だいがく　大学　会L1
uno　ひとつ　一つ　会L9
uno mismo　じぶん　自分　会L10-II
usar (prendas bajo la cintura)　はく [u]
　　会L7
usar (prendas de cintura hacia arriba)
　　きる　着る [ru]　会L7
usted　あなた　会L4
utilizar　つかう　使う [u]　会L6
uva　ぶどう　会L8(e)

vaca　うし　牛　読L12-II
vacaciones　やすみ　休み　会L5
vagón n.º 1　いちごうしゃ　一号車
　　会L10(e)
vaqueros　ジーンズ　会L2
varios　いろいろ（な）　読L9-II
veinte minutos　にじゅっぷん / にじっ
　　ぷん　二十分　会L1(e)
vender　うる　売る [u]　読L10-II
venir　くる　来る [irr.]　会L3
ventana　まど　窓　会L2(e), 会L6

ver　みる　見る [ru]　会L3
ver (a una persona)　あう　会う [u]
　　会L4
verano　なつ　夏　会L8
verde　グリーン　会L9(e)
verde　みどり　緑　会L9(e)
verdura　やさい　野菜　会L2
vez al año, una　いちねんにいちど
　　一年に一度　読L12-II
Vía Láctea, la　あまのがわ　天の川
　　読L12-II
vía número ...　〜ばんせん　〜番線
　　会L10(e)
viajar　りょこうする　旅行する [irr.]
　　会L10
viaje　りょこう　旅行　会L5
vida　せいかつ　生活　会L10
viejo (cosa, no se usa para personas)
　　ふるい　古い　会L5
viernes　きんようび　金曜日
　　会L4, 会L4(e)
vigésimo día del mes, el　はつか　二十
　　日　会L4(e)
vino　ワイン　読L6-III
vivir　せいかつ　生活　会L10
vivir con una familia local　ホームステ
　　イ　会L8
vivir en　すむ　住む [u]　会L7
vocabulario　たんご　単語　会L9
voluntario/ria　ボランティア　読L11-II
volver　かえる　帰る [u]　会L3

vomitar　はく　吐く [u]　会L12(e)
Voy y vuelvo.　いってきます　会G
voz　こえ　声　会L10-II

WC　トイレ　会L2

y　〜と　会L4
y así sucesivamente　〜など　読L12-II
y luego　そして　読L9-II, 会L11
y luego　それから　会L4
y media　はん　半　会L1
ya　もう　会L9
Ya llegué (a casa).　ただいま　会G
Ya veo.　そうですか　会L1
... yenes　〜えん　〜円　会L2
yo　わたし　私　会L1
yo (utilizado por los hombres)　ぼく
　　僕　会L5
Yo soy ...　〜です　会G

zanahoria　にんじん　会L8(e)
zapatos　くつ　靴　会L2
zona de venta de billetes　きっぷうり
　　ば　切符売り場　会L10(e)
zoológico　どうぶつえん　動物園
　　会L10
zumo　ジュース　会L12

日本地図 Mapa de Japón

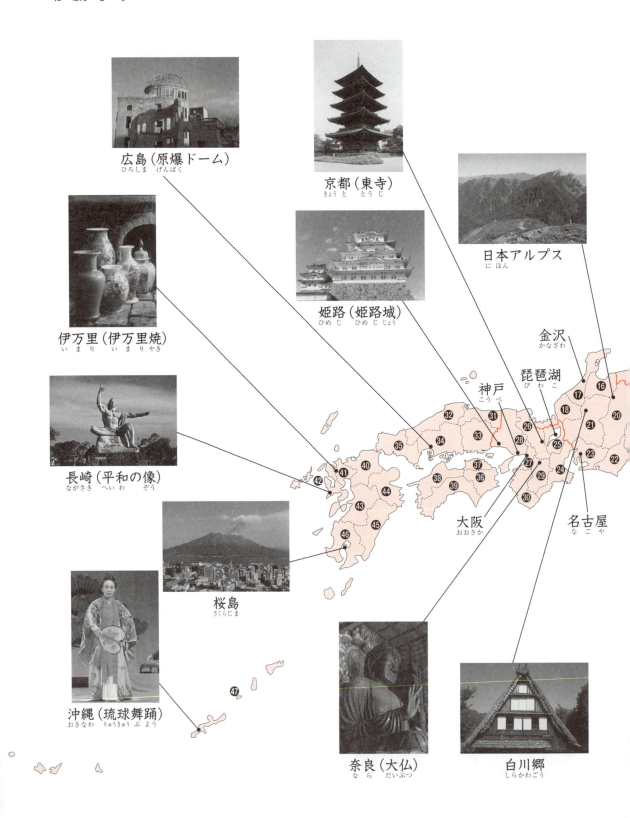

日本地図

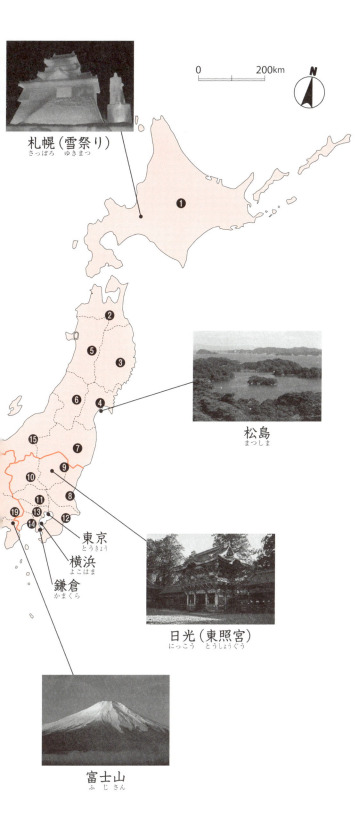

札幌（雪祭り）
さっぽろ ゆきまつり

松島
まつしま

東京
とうきょう

横浜
よこはま

鎌倉
かまくら

日光（東照宮）
にっこう とうしょうぐう

富士山
ふじさん

北海道地方
ほっかいどうちほう
① 北海道
ほっかいどう

東北地方
とうほくちほう
② 青森県
あおもりけん
③ 岩手県
いわてけん
④ 宮城県
みやぎけん
⑤ 秋田県
あきたけん
⑥ 山形県
やまがたけん
⑦ 福島県
ふくしまけん

関東地方
かんとうちほう
⑧ 茨城県
いばらきけん
⑨ 栃木県
とちぎけん
⑩ 群馬県
ぐんまけん
⑪ 埼玉県
さいたまけん
⑫ 千葉県
ちばけん
⑬ 東京都
とうきょうと
⑭ 神奈川県
かながわけん

中部地方
ちゅうぶちほう
⑮ 新潟県
にいがたけん
⑯ 富山県
とやまけん
⑰ 石川県
いしかわけん
⑱ 福井県
ふくいけん
⑲ 山梨県
やまなしけん
⑳ 長野県
ながのけん
㉑ 岐阜県
ぎふけん
㉒ 静岡県
しずおかけん
㉓ 愛知県
あいちけん

近畿地方
きんきちほう
㉔ 三重県
みえけん
㉕ 滋賀県
しがけん
㉖ 京都府
きょうとふ
㉗ 大阪府
おおさかふ
㉘ 兵庫県
ひょうごけん
㉙ 奈良県
ならけん
㉚ 和歌山県
わかやまけん

中国地方
ちゅうごくちほう
㉛ 鳥取県
とっとりけん
㉜ 島根県
しまねけん
㉝ 岡山県
おかやまけん
㉞ 広島県
ひろしまけん
㉟ 山口県
やまぐちけん

四国地方
しこくちほう
㊱ 徳島県
とくしまけん
㊲ 香川県
かがわけん
㊳ 愛媛県
えひめけん
㊴ 高知県
こうちけん

九州地方
きゅうしゅうちほう
㊵ 福岡県
ふくおかけん
㊶ 佐賀県
さがけん
㊷ 長崎県
ながさきけん
㊸ 熊本県
くまもとけん
㊹ 大分県
おおいたけん
㊺ 宮崎県
みやざきけん
㊻ 鹿児島県
かごしまけん
㊼ 沖縄県
おきなわけん

写真提供・協力：東寺／東大寺（撮影：三好和義）／一般財団法人奈良県ビジターズビューロー／姫路市／伊万里市観光戦略課

数 Números

	regular				h→p	h→p/b	p	k
1	いち				いっp	いっp	(いっ)	いっ
2	に							
3	さん				p	b		
4	よん	し	よ	よ	p			
5	ご							
6	ろく				ろっp	ろっp	(ろっ)	ろっ
7	なな	しち	しち					
8	はち				(はっp)	はっp	(はっ)	はっ
9	きゅう	く	く					
10	じゅう				じゅっp じっp	じゅっp じっp	じゅっ じっ	じゅっ じっ
cuántos	なん				p	b		
	～ドル dólares ～枚 hojas ～度 grados ～十 diez ～万 diez mil	～月 mes	～時 en punto ～時間 horas	～年 año ～年間 años ～人 personas ～円 yen	～分 minuto ～分間 minutos	～本 palos ～杯 tazas ～匹 animales ～百 cien	～ページ página ～ポンド libras	～か月 meses ～課 lección ～回 veces ～個 objetos pequeños

Esta tabla muestra cómo cambian los sonidos de los números (1 a 10) y de los contadores según su combinación.

1. Los *hiragana* indican los cambios de sonido en los números, y las letras muestran los cambios en la consonante inicial de los contadores.
2. Los paréntesis ( ) significan que el cambio es opcional.
3. Los recuadros vacíos significan que no se produce ningún cambio de sonido.

k→g	s	s→z	t	vocabulario especial para los números			
いっ	いっ	いっ	いっ	ひとつ	ついたち	ひとり	1
				ふたつ	ふつか	ふたり	2
g		z		みっつ	みっか		3
				よっつ	よっか		4
				いつつ	いつか		5
ろっ				むっつ	むいか		6
				ななつ	なのか		7
はっ	はっ	はっ	はっ	やっつ	ようか		8
				ここのつ	ここのか		9
じゅっ じっ	じゅっ じっ	じゅっ じっ	じゅっ じっ	とお	とおか		10
g		z		いくつ			cuántos
～階 (かい) *piso* ～軒 (けん) *casas*	～セント *centavos* ～週間 (しゅうかん) *semanas* ～冊 (さつ) *libros* ～歳 (さい) *años de edad*	～足 (そく) *zapatos* ～千 (せん) *mil*	～通 (つう) *cartas* ～丁目 (ちょうめ) *dirección de una calle*	*objetos pequeños años de edad* cf. はたち (20 años)	*cita* cf. じゅうよっか (14) はつか (20) にじゅうよっか (24) なんにち (cuántos)	*personas* cf. ～人 (にん) (tres o más personas)	

活用表 Tabla de conjugación

Tipos de verbos	formas diccionario	formas largas (*masu*) (L3)	formas-*te* (L6)	pasado, corta (L9)	corta, presente, neg. (L8)	corto, pasado, neg. (L9)
irr.	する	します	して	した	しない	しなかった
irr.	くる	きます	きて	きた	こない	こなかった
ru	たべる	〜ます	〜て	〜た	〜ない	〜なかった
u	かう	〜います	〜って	〜った	〜わない	〜わなかった
u	まつ	〜ちます	〜って	〜った	〜たない	〜たなかった
u	とる	〜ります	〜って	〜った	〜らない	〜らなかった
u	ある	〜ります	〜って	〜った	*ない	*なかった
u	よむ	〜みます	〜んで	〜んだ	〜まない	〜まなかった
u	あそぶ	〜びます	〜んで	〜んだ	〜ばない	〜ばなかった
u	しぬ	〜にます	〜んで	〜んだ	〜なない	〜ななかった
u	かく	〜きます	〜いて	〜いた	〜かない	〜かなかった
u	いく	〜きます	*〜って	*〜った	〜かない	〜かなかった
u	いそぐ	〜ぎます	〜いで	〜いだ	〜がない	〜がなかった
u	はなす	〜します	〜して	〜した	〜さない	〜さなかった

Las formas con * son excepciones.